竞争与产业规制文丛

孟雁北　总主编

国家社科基金一般项目“垄断行业反垄断执法问题研究”研究成果
项目批准号：12BFX097

管制行业反垄断执法问题研究

孟雁北——著

法律出版社 | LAW PRESS

总　序

我国经济已由高速增长阶段转向高质量发展阶段，确立竞争政策的基础性地位，是建立“市场机制有效、微观主体有活力、宏观调控有度”的经济体制，提升经济发展质量的重要保障。我国实施竞争政策的路径是多元的，正是这种多元化路径，使我国竞争政策与其他经济政策、竞争法律与其他政府调控经济的法律、竞争执法与其他政府管理调控经济的职能能够实现有机协调融合。

我国实施竞争政策的路径之一，是《反垄断法》与《反不正当竞争法》的立法完善与有效实施。目前，我国反垄断领域进行的工作主要有：(1)《反垄断法》的修订；(2)《反垄断法》配套规章的制定与完善；(3)反垄断执法与司法；(4)竞争倡导；(5)反垄断合规审查。我国反不正当竞争法领域进行的主要工作是配套规章的制定、司法解释的制定以及新修订的《反不正当竞争法》在执法与司法领域的准确实施。

其中,我国《反垄断法》的立法与实践一直都面临挑战。这些挑战可以分为两大类:一是中国与世界站在同一起跑线上,正在共同面对的挑战。例如,反垄断法规制平台企业,大数据运用行为、算法合谋、算法歧视、数据驱动型的合并都面临哪些挑战以及如何应对?如何规制知识产权领域的权利行使行为,尤其是标准必要专利的规制问题?数字经济背景下,反垄断法的立法目标、基本分析框架是否发生变化,以及反垄断分析中的考量要素与分析工具都发生了哪些变化,等等。二是具有中国个性特征的挑战,如《反垄断法》在管制行业的实施,行政垄断的有效规制等问题,都需要我们去寻找属于中国的答案。无论面对多少挑战,我们都知道,《反垄断法》的不断完善与有效实施是我国竞争政策实施的最重要路径,而《反垄断法》的有效实施则需要反垄断法共同体尤其是反垄断执法队伍的壮大。

我国实施竞争政策的路径之二,是竞争中性原则的提出与实现。竞争中性原则为不同所有制市场主体营造公平竞争的市场环境,要求在要素获取、准入许可、经营运行、政府采购和招投标等方面,对包括民营企业、外资企业在内的各类所有制企业平等对待。竞争中性原则在我国的实现最引发关注的是政府行为与国有企业两大问题,当然,竞争中性原则的提出与实现与大多数的经济领域法律制度都有着内在的逻辑联系,如我国《外商投资法》《政府采购法》等。我国竞争中性原则的实现会衡量政府干预或影响市场的尺度合理与否,政府的行为会受到更多的关注与约束,这种关注是全方位的,不仅包括政府管理行为,也包括政府投资行为,我国 2019 年 5 月 5 日颁布的《政府投资条例》就是例证。我国竞争中性原则的提出与实现关注的另一个重点,是国有企业改革是否能够促进公平竞争。在竞争中性原则实现的过程中,国有企业必将通过改革增强自身的市场竞争力来适应新的国内、国际竞争环境。需要关注的是，我们在国有企业改革中，应区分所有制的特殊性与行业的特殊性，不能将两者混杂在一起讨论。

我国实施竞争政策的路径之三，是公平竞争审查制度的推进。我国公平竞争审查制度不断推进的举措主要有：(1)按照竞争中性原则，清理妨碍公平竞争、束缚民营企业发展、有违内外资一视同仁的政策措施；(2)严格做好新出台文件的审查，实现国家、省、市、县四级政府全覆盖审查；(3)进一步改革完善公平竞争审查制度，修订实施细则，建立定期的评估清理机制，推行第三方评估工作；(4)强化公平竞争审查的监督机制，定期开展文件的抽查，将公平竞争审查纳入相关考核体系；(5)公平竞争审查制度法治化等。随着公平竞争审查制度的推进，可以预见的是，政府管制对市场竞争的影响将会是有界限的、适度的、必要的、合理的，也必将强化竞争政策的基础性地位。

我国实施竞争政策的路径之四，是推进外资管理、产业管制、财政税收、政府投资等制度的改革。改革以竞争为导向，用竞争来检验市场环境。例如，《外商投资法》是我国打造法治化、国际化、便利化营商环境的重要举措，是我国对外开放基本国策、外资政策、外资管理制度改革的法治化，内外资一致原则、平等适用原则以及准入前的国民待遇等条款也表明中国的外资管理制度改革也正在强化竞争政策的基础性地位。我国需要持续推进产业管制的法治化以及垄断行业改革，需要最大限度向各类市场主体开放。在改革中，我国的产业管制从本质上讲不应当作为竞争政策的对立面存在，而应当与竞争政策融合在一起，通过改革转型为竞争友好型的产业管制政策，从而实现竞争政策的基础性地位。中国的财政税收制度、政府投资制度也在进行改革。我国竞争友好型的外资政策、产业政策、财政政策、投资政策正在形成与实现之中，也正在强化竞争政策的基础性地位。

总之,我国实施竞争政策是一项系统性工程,其核心问题仍是处理好政府与市场的关系,也是"市场在资源配置中起决定性作用和更好发挥政府作用"的过程。我国竞争政策推进与实施仍面临诸多挑战,亟须理论研究对这些挑战予以学术支撑。基于此,法律出版社法治与经济分社、中国人民大学法学院数字经济竞争法研究中心、中国人民大学国家发展战略研究院反垄断与竞争政策研究中心共同组织出版"竞争与产业规制文丛",力图为推动我国竞争法和产业法的理论研究尽绵薄之力。

孟雁北*

2020 年 1 月 14 日

---

* 中国人民大学法学院数字经济竞争法研究中心主任、国家发展战略研究院反垄断与竞争政策研究中心执行主任,教授、博士研究生导师。

目　录

下篇 我国管制行业反垄断执法之典型行业问题研究

导 论

管制行业并非严谨的法律概念，其内涵和外延从不同视角出发会有不同的界定。尽管“垄断行业”的称谓人们已耳熟能详且广泛使用，但本书作者认为，“管制行业”是更严谨和准确描述社会生活中受到产业管制的一些特殊行业或垄断行业的提法。[①] 我国《反垄断法》第 7 条是以“国有经济占控制地位的关系国民经济命脉和国家安全的行业以及依法实行专营专卖的行业”的提法来界定“管制行业”的，即管制行业，是指需要执行国家特殊的社会经济政策，关系国民经济命脉、重大民生、国家安全的行业以及依法实行专营专卖的行业。中国电信、中国联通反垄断调查案等不断出现的管制行业反垄断执法案件，带来了一系列的挑战，也因此凸显出系统、深入地研究管制行业反垄断执法问题的重要理论

① “垄断行业”在本书一些特定的情形下仍会使用，其含义与“管制行业”“特殊行业”大体相当。

价值和实践意义。

一、选题的研究背景与意义

我国学术界对管制行业改革的研究已经有了诸多成果,对管制行业的反垄断执法问题也开始进行研究,学术论文主要有:《自然垄断行业反垄断规制模式构建》(张占江、徐士英)、《论中国石油行业的反垄断法适用》(江山、黄勇)等;硕士学位论文主要有:《垄断行业的反垄断法豁免》(张申党)、《自然垄断行业的反垄断法规制》(何家奎)等。但是,我国在管制行业反垄断执法问题的研究上,还是存在如下几个问题:(1)以学位论文、报刊文章、会议讲话等为载体的研究成果较多,而以专著、研究报告等为载体的研究成果较少,这表明对管制行业反垄断执法问题的研究相对缺乏系统性;(2)关于某一管制行业反垄断执法的某个具体问题的研究成果较多,但缺少对重要的、典型的管制行业反垄断执法问题进行全方位的研究;(3)关于管制行业反垄断执法的理论和静态制度层面的研究成果较多,实证的、历史的、对策性的研究成果相对较少。

国外对管制行业反垄断执法问题也进行了较为有价值的研究,例如,赫伯特·霍温坎普:《联邦反托拉斯政策——竞争法律及其实践》,雷博尔兹(Ray S. Bolze)、约翰·皮尔斯(John C. Peirce)、琳达·沃尔什(Linda L. Walsh):《反垄断法规制:聚焦竞争性的能源产业》(Antitrust Law Regulation:A New Focus for a Competitive Energy Industry),敏明·多岐川(Toshiaki Takigawa):《经济国家主义与并购规制的趋同》(Economic Nationalism and Convergence in Merger Regulation)等。但是,关于管制行业反垄断执法问题的研究存在如下问题:(1)国外大多数国家的反垄断法,植根于以私有制和竞争为基础的市场经济体制,并不存在当代中国语境中的“管制行业”问题,因此,关于管制行业反垄断执法问题的研究成果较少;(2)国外反垄断执法制度的研究往往以其本国实践为基础,很难对中国管制行业进行准确的把握,因此,其相关的研究成果很难与中国国情相适应,也较难为中国提供更多可借鉴的经验。

观察与思考我国已经出现的管制行业反垄断执法甚至司法案例,我国在管制行业反垄断执法中如何看待国有企业的属性,如何考量电信等管制行业的产业特点等一系列实践问题,已经提出了反垄断法理论研究的需求;同时,当代中国特殊的国情和发展轨迹,也决定了我国管制行业反垄断执法制度的构建和实施很难照搬国外的理论和经验,而需要放在我国管制行业改革的时代背景下进行思考。管制行业反垄断执法中出现的诸多问题源于实践,这些问题的解决又需要系统化的理论作为支撑,鉴于目前我国学术界尚缺乏对相关问题的系统研究,因此,亟须学术界对管制行业反垄断执法问题进行深入系统的理论研究。

我国管制行业是与行政垄断、自然垄断以及高度的政府管制交织在一起的行业,性质较为复杂,进而凸显出在我国管制行业反垄断执法中研究下列议题的重要性:(1)我国《反垄断法》是否适用于关系国家经济安全、国计民生的管制行业?我国管制行业广泛存在的政府产业规制行为是否会影响《反垄断法》的适用范围?确定我国《反垄断法》在管制行业的适用范围时会面临哪些问题并如何应对?(2)在逐渐强调竞争政策基础性地位的当下,我国管制行业是否还需要产业政策?产业政策与竞争政策是否存在冲突?我国管制行业产业政策的发展方向是怎样的并如何实现?(3)政府产业规制部门是否有维护市场竞争的法定职权?在政府产业规制部门有效地对涉嫌垄断的行为进行规制后,反垄断执法机构的执法是否要保持必要的谦抑性?在维护市场竞争的问题上，反垄断执法机构和政府产业规制部门各自的权力边界在哪里？是否会存在执法上的重合或冲突？这种冲突如何协调？是否存在反垄断执法机构与政府产业规制部门执法融合的可能性？（4）我国管制行业是否需要行业规制制度？在什么情况下需要行业规制制度？如何预防管制行业规制措施对市场竞争产生不必要的、不适当的影响？在预防行政垄断行为产生的过程中，管制行业规制行为的公平竞争审查制度将发挥怎样的作用？（5）社会公共利益是反垄断法立法目标之一，社会公共利益最大化的实现可能与竞争要素有关，也可能与非竞争要素相联，反垄断执法考量非竞争要素的理论基础、立法基础是否充分？反垄断执法在规制不同的垄断行为时如何考量非竞争要素？管制行业与社会公共利益具有更密切的关联度，是不是需要更多地考量非竞争要素问题？（6）我国目前反垄断执法中适用经营者承诺制度的案件大多发生在管制行业，进而提出的问题是，反垄断执法中经营者承诺制度如何构建？尤其是适用范围、适用条件和适用程序是怎样的？我国管制行业反垄断执法是否比其他行业更容易或者说更适合适用经营者承诺制度？（7）在我国管制行业反垄断执法中，管制行业不同，市场结构、竞争状况以及企业对市场竞争的影响力是否存在较大的差别？同一管制行业是否在不同的环节或领域也有不同的反竞争问题？与非管制行业相比，反垄断执法中的分析框架是否也会发生变化？是否存在制定不同的管制行业反垄断执法指南的可能性与必要性？本书也将会围绕这些问题展开思考与论述。

二、研究方法与基本思路

本书立足于多学科的视角，综合运用文献分析方法、比较分析方法、实证分析方法、成本效益分析方法、系统分析方法、历史分析方法、逻辑分析方法，坚持国情分析研究与国际经验借鉴研究相结合，理论研究与对策研究相结合，实证研究与抽象研究相结合的理念，对我国管制行业反垄断执法问题进行系统化研究。

本书有一明一暗两条逻辑主线。

明的逻辑主线，是按照提出问题→理论视角研究→典型管制行业视角研究→得出结论的逻辑思路来对我国管制行业的反垄断执法问题进行研究。首先，在对管制行业进行界定与划分的基础上，观察和归纳我国管制行业反垄断执法中需要深入研究的主要问题。其次，对我国管制行业反垄断执法中出现的典型问题进行理论研究，具体为：我国《反垄断法》在管制行业的适用范围问题研究；我国管制行业竞争友好型产业政策问题研究；我国反垄断执法机构与政府产业规制部门关系问题研究；我国管制行业规制行为公平竞争审查问题研究；我国管制行业反垄断执法中非竞争要素问题研究；我国管制行业反垄断执法中经营者承诺制度研究。再次，以四大典型管制行业的反垄断执法为研究对象进行分行业研究，研究电信、石油天然气、电力、盐业这四大管制行业反垄断执法中面临的具体问题。最后，总结我国管制行业反垄断执法中的共性与个性特征，力求为我国反垄断配套规章、指南的制定及反垄断执法工作提供有针对性的对策建议。

暗的逻辑主线，是按照提出问题→核心理论问题研究（如何准确地处理反垄断执法与管制行业规制之间的关系）→我国管制行业反垄断执法个性特征→得出结论的逻辑思路来对我国管制行业的反垄断执法问题进行研究。首先，在对管制行业进行界定与划分的基础上，观察和归纳我国管制行业反垄断执法中需要深入研究"如何协调反垄断执法与管制行业规制之间的关系"以及"管制行业反垄断执法个性特征"这两大核心问题。其次，鉴于我国管制行业面临更多的政府产业规制，政府产业规制更看重社会公共利益或产业发展，反垄断执法更倾向于关注竞争是否受到影响，但很难得出结论认定，竞争目标优先于社会公共利益目标或产业发展目标，因此，如何准确处理管制行业规制与反垄断执法的关系问题就成为一个核心理论问题。进而具体分为四大问题进行探析，即我国《反垄断法》在管制行业的适用范围问题；我国管制行业竞争友好型产业政策问题；我国反垄断执法机构与政府产业规制部门关系问题以及我国管制行业规制行为公平竞争审查问题。再次，不同的管制行业面临的反垄断执法问题和挑战既有共性也有个性，管制行业的分行业研究非常重要。管制行业反垄断执法中的共性理论问题重点关注了我国管制行业反垄断执法中的非竞争要素问题以及我国管制行业反垄断执法中的经营者承诺制度，随后，主要以四大典型管制行业的反垄断执法为研究对象进行分行业研究，研究电信、石油天然气、电力、盐业这四大管制行业反垄断执法中面临的具体问题。最后，总结我国管制行业反垄断执法中的共性与个性特征，力求为我国反垄断配套规章、指南的制定及反垄断执法工作提供有针对性的对策建议。

三、研究的重点与创新

我国的管制行业是一个受到政府严格管制的行业，尽管这些年来，政府主导管制行业进行了多轮改革，但很多改革仍没有到位，管制行业还存在较多体制和机制问题。我国《反垄断法》在管制行业的实施并不能解决管制行业存在的所有问题，而且，管制行业的特殊性也给反垄断法理论提出了一系列具有挑战性的问题，尤其是“如何准确处理反垄断执法与管制行业规制行为的关系”以及“我国管制行业反垄断执法的个性特征”更是研究的核心与重点问题。

由于我国经济体制及管制行业的特殊性，国外相关理论及实践经验关于管制行业反垄断执法问题的研究成果不是很丰硕，可供本书进行借鉴的域外经验相对较少，因此，本书基于本土化视角，得出的我国管制行业反垄断执法中关于诸多理论与实践问题的分析框架和研究结论，具有一定的创新性。本书提出的理论观点与对策建议具体如下。

第一，我国《反垄断法》当然适用于管制行业，管制行业要想获得反垄断法的适用除外必须要有法律法规的明确规定，但管制行业广泛存在的政府产业规制行为会使反垄断法的适用范围受到一定的限制。我国政府产业规制行为，尤其是产业政策法治化和产业规制行为法治化是准确界定我国《反垄断法》在管制行业适用范围的关键举措，我国在产业政策法治化和产业规制行为法治化过程中，产业立法的条款设计应尽可能实现产业规制与反垄断规制的协调互动。与此同时，我国《反垄断法》在管制行业的适用，同样可以制衡政府的产业规制行为，进而推动我国管制行业的改革，推动我国经济体制改革的逐步深入。

第二，产业政策的独特价值使我国管制行业的发展不会放弃产业政策，但发展方向应当是构建竞争友好型的产业政策。竞争友好型产业政策，可以实现竞争政策与产业政策的融合或者达成竞争政策与产业政策微妙的平衡，可以预防产业政策失灵，推动不合理限制市场竞争的产业政策的及时退出，而产业政策的自我重塑、公平竞争审查制度的构建以及反垄断法的有效实施，则是实现我国管制行业竞争友好型产业政策的主要路径。

第三，管制行业产业政策在我国经济生活中的地位淡化会强化竞争政策的作用，也会逐步减少竞争政策和产业政策冲突的可能性，进而通过构建“竞争友好型”的产业政策，实现我国管制行业竞争政策和产业政策的融合，进而实现反垄断法与产业规制法律制度较好的互动协调。从实现社会整体利益最大化的目标出发,反垄断执法机构与政府产业规制部门在执法过程中并不存在终极利益上的冲突和矛盾,会形成各司其职、约束制衡、重叠执法与互动协调并存的关系模式,并各自保持必要的谦抑性,从而可以实现反垄断执法机构与政府产业规制部门的执法协调甚至执法融合。

第四,我国管制行业经过多年改革已经取得了很大的进步,但仍存在一些问题,使管制行业规制进一步改革势在必行。公平竞争审查制度在我国的适时构建,可以有效地对即将出台或已经实施的管制行业规制措施进行竞争评估,致力于将规制措施对市场竞争的损害降到最低,进而成为现阶段我国管制行业规制改革的重要举措之一。我国管制行业规制制度会因公平竞争审查而开始重视规制措施对市场竞争的影响,进而可以推动管制行业规制措施的完善与改革,可以预防和减少行政垄断行为的产生,也可以纠正政府部门可能存在的将扭曲市场竞争视为促进产业发展的不正确做法,使管制行业规制行为的负面效应能够得到有效抑制,使行业规制措施对市场竞争的影响是有界限的、适度的、必要的、合理的。

第五,反垄断法的价值追求、立法目的条款以及制度设计本身已经蕴含了对非竞争要素的考量,由于管制行业与社会公共利益、国家整体经济利益具有更密切的关联性,社会公共利益在我国管制行业的反垄断执法中如何被考量本身就是利益衡量的结果,我国管制行业反垄断执法在关注竞争要素的同时,也会比其他行业更多地考量非竞争性要素。

第六,反垄断法构建和实施经营者承诺制度的目标不是宽大或者宽恕,而是通过中止或终止反垄断调查来实现对市场竞争的维护和社会整体利益的维护。我国经营者承诺制度的适用范围、适用条件等与我国管制行业反垄断执法具有天然的契合性,经营者承诺制度在管制行业的实施还可以避免反垄断规制与产业规制之间的冲突并推动管制行业的改革。

第七,管制行业不同,市场结构、竞争状况以及企业对市场竞争的影响力并不完全一样,我国石油天然气、电信、电力、烟草专卖、盐业等行业的市场结构和竞争压力就存在较大的差异。在理论研究和案例积累相对丰富的时候,建议国务院反垄断委员会关注和研究不同的管制行业反垄断执法指南的制定工作,参照正在向社会公开征求意见的《关于汽车业的反垄断指南》,制定关于电信业的反垄断指南、关于石油天然气行业的反垄断指南、关于电力行业的反垄断指南等管制行业的分行业反垄断执法指南,对不同管制行业反垄断执法的分析框架、容易涉嫌垄断的市场经营行为等进行有针对性的规定。

第八,管制行业具有特殊性,但是在管制行业的反垄断执法中,反垄断法规制垄断协议行为、滥用市场支配地位行为、经营者集中行为时的分析框架不会发生实质变化,只是需要考量基于管制行业市场机构、市场行为而出现的新要素。我国管制行业与行政垄断、自然垄断以及高度政府管制交织在一起,性质特别复杂。因此,我国《反垄断法》的实施不可能也无力解决管制行业出现的所有问题,解决这些问题要进行归类研究,通过《反垄断法》与产业规制法律制度的良性互动来系统性应对。

四、研究的基本框架与主要内容

本书在剖析选题的缘起、提出研究问题之后,分我国管制行业反垄断执法之理论问题和我国管制行业反垄断执法之典型行业问题两大部分,展开了有针对性的研究,进而得出相关的研究结论。

本书除“导论”和“结论”两个部分外,共包括10章内容。

我国管制行业反垄断执法之理论问题研究包括6章内容。第一章是我国《反垄断法》在管制行业的适用范围问题研究，该章在《反垄断法》在管制行业的适用范围受政府产业规制的限制、《反垄断法》在管制行业的适用范围不受企业所有制差异的影响、《反垄断法》在管制行业适用范围界定上面临的挑战进行研究的基础上，提出了界定我国《反垄断法》在管制行业适用范围的对策建议。第二章是我国管制行业竞争友好型产业政策问题研究，该章在对我国管制行业产业政策仍将存续并会进行系统性改革、我国管制行业产业政策向竞争友好型方向的自我重塑等进行研究的基础上，提出了公平竞争审查制度是实现管制行业竞争友好型产业政策的重要举措、反垄断法的有效实施是实现管制行业竞争友好型产业政策的另一路径的结论。第三章是我国反垄断执法机构与政府产业规制部门关系问题研究，该章在对动态变化中的我国竞争政策与产业政策、法治化进程中的我国反垄断法与产业规制法律制度进行研究的基础上，探讨了政府与市场关系重构中的反垄断执法机构与政府产业规制部门的关系。第四章是我国管制行业规制行为之公平竞争审查问题研究，该章在对管制行业规制的理论和我国管制行业规制之改革进行梳理的基础上，研究了我国管制行业规制行为公平竞争审查制度的构建与实施。第五章是我国管制行业反垄断执法中非竞争要素问题研究，该章在梳理反垄断执法考量非竞争要素的理论、立法与实践的基础上，研究了我国管制行业反垄断执法规制垄断协议、滥用市场支配地位、经营者集中的非竞争要素的考量问题。第六章是我国管制行业反垄断执法中经营者承诺制度研究，该章在界定与解读经营者承诺制度及其逻辑主线、关注我国反垄断执法中经营者承诺制度的构建与完善的基础上，提出了我国管制行业反垄断执法中适用经营者承诺制度具有天然契合性的结论。

我国管制行业反垄断执法之典型行业问题研究共包括4章内容。第七章是我国电信行业反垄断执法问题研究,该章在对我国电信业的发展历程与立法沿革、电信行业改革进程中的反垄断执法进行探讨的基础上,重点研究了我国电信行业反垄断执法中的必需设施原则和滥用市场支配地位行为的分析框架。第八章是我国石油天然气行业反垄断执法问题研究,该章在梳理我国石油天然气产业的发展历程与石油天然气体制改革历程的基础上,研究了我国石油天然气产业非自然垄断领域与自然垄断领域的反垄断执法问题,以及我国石油天然气行业反垄断执法重点关注的行为。第九章是我国电力行业反垄断执法问题研究,该章在梳理我国电力产业的发展历程与电力体制改革的基础上,研究了我国电网公司的自然垄断属性、电力行业协会的双重性与反垄断执法的关系,以及我国电力行业反垄断执法重点关注的行为。第十章是我国盐业反垄断执法问题研究,该章在梳理我国盐业的发展历程与立法沿革的基础上,研究了我国食盐专营制度、中国盐业集团有限公司与反垄断执法的关系,以及我国盐业反垄断执法重点关注的行为。

上篇　我国管制行业反垄断执法之理论问题研究

第一章　我国《反垄断法》在管制行业的适用范围问题研究*

一、引言

2012年4月初，国务院总理温家宝在广西、福建等地就经济运行情况调研时指出，民营资本进入金融领域就是要打破垄断，温州试点的有些成功经验要在全国推广。[①] 2012年4月，针对中石油、中石化2012年或将进一步加大停止对民营加油站和中间贸易商批发成品油的力度一事，有观点认为，"停批成品油"应用"反垄断法"查究。[②] 上述事件引发了关于我国《反垄断

---

* 本章部分内容曾以《我国〈反垄断法〉之于垄断行业适用范围问题研究》为题发表于《法学家》2012年第6期。

① 参见肖志涛、张华杰：《温家宝：中央已经统一思想要打破银行垄断》，载中国新闻网：http://www.chinanews.com/gn/2012/04-04/3795136.shtml，最后访问日期：2020年6月6日。

② 参见余明辉：《"停批成品油"应用〈反垄断法〉查究》，载《新京报》2012年4月9日，第B02版。

法》在管制行业如何适用问题的广泛思考，例如，我国《反垄断法》是否适用于关系国家经济安全、国计民生的行业？我国管制行业广泛存在的政府产业规制行为是否会影响《反垄断法》的适用范围？确定我国《反垄断法》在管制行业的适用范围时会面临哪些问题并如何应对？等等。我国管制行业在市场经济发展中具有重要地位，也面临更多的政府产业规制，因此，我国《反垄断法》在管制行业的适用范围研究是与我国现阶段国情相适应的《反垄断法》实施中的一个重要问题。

二、我国《反垄断法》在管制行业的适用范围受政府产业规制的限制

管制行业的经营者追求营利性目标，同时，要担负提供公共产品以及实现国家经济政策等任务，并不能将营利作为其唯一经营目的，法律法规或政策也往往要求其不能只追求营利性的价值目标，有时甚至需要牺牲企业效益来确保社会整体利益的实现。① 管制行业的政府产业规制程度较高，这种规制表现在市场准入控制、价格规制等方面。② 因此，管制行业本身会有专门的法律、法规或者政策对其进行调整和规范。③ 我国《反垄断法》当然要适用

---

① 参见孟雁北：《论特殊行业经营者集中行为的反垄断执法原则》，载《上海交通大学学报》（哲学社会科学版）2010年第6期。

② 以邮政产业为例，政府对邮政产业进行规制的法律、法规、规章、政策主要有：《邮政法》《邮政法实施细则》《邮政行业安全监督管理办法》《邮政行业统计管理办法》《集邮市场管理办法》《邮票发行监督管理办法》《快递业务经营许可管理办法》《邮政普遍服务监督管理办法》《国家邮政局关于快递企业兼并重组的指导意见》等。

③ 我国目前颁布实施的管制行业相关立法主要有：《电力法》（电力业）、《电信条例》（电信业）、《铁路法》（铁路运输业）、《民航法》（民航运输业）、《邮政法》（邮政业）、《广播电视管理条例》（广播电台、无线或有线电视台业）、《烟草专卖法》（烟草业）、《市政公用事业管理条例》（城市自来水、城市燃气供给、城市居民供热、城市排污等公用事业）、《商业银行法》（银行业）、《保险法》（保险业）等。

于管制行业，但是其适用范围会因政府产业规制而受到一定的限制。

第一，管制行业不能当然除外适用我国《反垄断法》，在是否适用《反垄断法》的问题上不会被特别对待。管制行业存在专门对其进行规制的法律、法规或者政策，但这些与政府产业规制有关的法律、法规或者政策的存在并不意味着管制行业获得了豁免适用我国《反垄断法》的特权。我国《反垄断法》第 7 条的规定也不意味着管制行业当然豁免《反垄断法》的适用；行业主管部门的产业规制行为同样不代表对反垄断执法机构在管制行业的执法权的排除，中国电信、中国联通反垄断案已经证明了这一点。在美国，也存在类似的情况，例如，在依据《谢尔曼法》（Sherman Antitrust Act）第 1 条被提交到美国联邦最高法院的第一案——"合众国诉跨密苏里运输联盟案"中，跨密苏里运输联盟辩称，他们不应当受《谢尔曼法》的约束，因为他们是《州际贸易法》（Interstate Commerce Act）规制的承运人，但联邦最高法院拒绝仅仅因为另一个联邦制定法也规制铁路公司就给予铁路业《谢尔曼法》的豁免。美国联邦最高法院在该案中确立了一项原则，即联邦的产业或贸易规制并不能当然产生反托拉斯法的豁免效果。①

第二，管制行业要想获得反垄断法的适用除外，必须要有法律法规的明确规定。管制行业存在豁免适用反垄断法的可能性，但必须要有明确的法律规定。我国《反垄断法》规定了农业中联合或者协调行为的适用除外制度，即第 56 条规定："农业生产者及农村经济组织在农产品生产、加工、销售、运输、储存等经营活动中实施的联合或者协同行为，不适用本法。"美国《麦克伦—弗克森法》（McCarran-Ferguson Act）明确规定，只要保险业受到了州

① See U. S. v. Trans-Missouri Freight Association, 166, U. S. 290, (1897).

政府的监管,它就不受联邦反垄断法的约束;美国《克莱顿法》(Clayton Act)第 7 条规定,联邦电力委员会、地面交通委员会授权完成的交易,不受反垄断执法机构的审查。日本 1947 年《禁止私人垄断及确保公正交易法》第 21 条规定:本法规定不适用于电力事业、煤气事业及其他性质上为自然垄断事业的经营者所实施的其事业所固有的生产、销售或供应行为。因此,只要有法律的明确规定,管制行业可以获得反垄断法的适用除外。但同时需要注意的是,各国法律关于反垄断法适用除外的范围正在逐渐缩小。例如,德国 1998 年修订《反对限制竞争法》时,删除了原有法律第 103 条和第 103a 条关于对电力和天然气适用除外的特殊规定,而且在第 130 条专门规定"《能源经济法》的规定并不影响第 19 条和第 20 条规定的适用",这表明电力和天然气等行业在德国不再是反垄断法适用除外的领域,反垄断法对普通行业经营者垄断行为的规制也完全适用于能源经济部门。再如,从 2008 年 1 月 1 日起,德国邮政市场完全开放,对这个传统的管制行业全面适用《反对限制竞争法》。①

第三,管制行业广泛存在的政府产业规制会使反垄断法的适用范围在管制行业受到一定的限制。政府产业规制,是指为了维护社会公共利益,实现有效竞争和产业发展,由政府相关部门根据法律、法规、规章和政策的规定对经营者的市场经营行为所进行的规制。政府产业规制的措施既包括对市场准入、价格制定等方面的经济性规制措施,也包括对技术、环境等方面的社会性规制措施。反垄断规制更倾向于关注竞争是否受到影响,而政府产业规制更看重社会公共利益或产业发展,因此,很难得出结论认

---

① 参见张占江:《反垄断法与行业监管制度关系的建构——以自然垄断行业内限制竞争问题的规制为中心》,载《当代法学》2010 年第 1 期。

定竞争目标优先于社会公共利益目标或产业发展目标。即使在美国,当行业主管部门从提高效率的角度出发而允许一些并购或卡特尔行为时,即使遭到反垄断执法机构的指控,法院也仍然以支持行业主管部门的决定为主。[①] 事实上,任何法律的适用范围都会受到限制,反垄断法也不例外。例如,“州行为原则”(State action doctrine)会使美国反垄断法适用州政府行为的范围受到限制,即在州政府的行为符合程序性审查的要求下,反托拉斯法被豁免适用。在“帕克诉布朗案”(Parker v. Brown)中,美国最高法院也认为,如果该市场贸易方案仅仅是由生产者作出并实施的,则必然违反了《谢尔曼法》的规定;但是,《谢尔曼法》的目的是“禁止私人或企业限制竞争的联合或图谋垄断的行为”,而不是“限制一个州或者其官员及代理机构依据该州立法作出的活动”。[②] 在大多数情形下,政府产业规制与反垄断规制并不冲突,但在政府相关部门对产业进行市场准入控制、限定或者控制价格,或者允许经营者从事某些反垄断法通常禁止的行为时,政府产业规制与反垄断规制之间还是会产生一定程度的冲突,而有合法依据的政府产业规制会使反垄断法的适用范围受到一定的限制。

反垄断法规制管制行业的目标是规制管制行业中经营者的行为,而不是规制产业主管部门对管制行业的产业规制行为,除非该产业主管部门的行为构成了“滥用行政权力,排除、限制竞争行为”。[③] 政府产业规制具有合理性和合法性的基础,并不与反垄

---

① See Mclean Trucking Co. v. United States, 321 U. S. 67 (1944); also see United States v. ICC, 396 U. S. 491 (1970).

② See Park v. Brown, 317 U. S. 314, 63 S. Ct, 307, 87 L. Ed. 315 (1943).

③ 根据我国《反垄断法》的规定,即便是产业主管机关的行为构成了“滥用行政权力,排除、限制竞争行为”,反垄断法对其的规制也是有限的,反垄断执法机构也只有“向有关上级机关提出依法处理的建议”的权力,而没有对产业主管机关直接进行反垄断执法和处罚的权力。

断法必然冲突,美国判例也表明了相似的看法,在“雅阁米德兰电视广播案”(Accord Midland Telecasting)中,法院认为,旨在促进有线电视市场竞争的管制标准与反托拉斯法的标准之间没有冲突。① 事实上,反垄断执法机构本身也无权对这些政府产业规制措施的立法进行审查和执法,经营者遵守政府产业规制措施的行为,只要其有充分的法律依据,就可以被推定为不适用反垄断法,或者可以称之为豁免适用于反垄断法的审查。进而也可以认为,政府产业规制的相关法律规定会或明或暗地排除或者限制反垄断法的适用。例如,我国《邮政法》第5条规定:“国务院规定范围内的信件寄递业务,由邮政企业专营”;第51条第2款规定:“外商不得投资经营信件的国内快递业务。”尽管从维护竞争和管制行业改革的视角出发对上述法律规定可能会存在不同的观点,但我国《反垄断法》不会也无法挑战《邮政法》授权的邮政企业专营业务以及国内信件快递业务禁止外商经营的法律规定的有效性,反垄断执法机构无权也不会对《邮政法》授权的邮政企业专营业务以及国内信件快递业务禁止外商经营的法律规定进行反垄断审查。从这个角度来说,我国《邮政法》关于产业规制的法律规定就已经限制了我国《反垄断法》在邮政行业的适用范围。

三、我国《反垄断法》在管制行业的适用范围不受企业所有制差异的影响

在中国电信、中国联通反垄断案中,人们不免会关注电信、联通公司的国有企业身份是否会影响我国《反垄断法》的适用;在探

---

① See Accord Midland Telecasting Co. v. Midessa Television Co. ,617 F. 2d 1141 (5th Cir.),cert. denied,449 U. S. 954,101 S. Ct. 361(1980).

讨我国商业银行或者石油企业是否构成滥用市场支配地位行为时，也会关注国有商业银行或石油企业的国有产权属性会不会异化我国《反垄断法》的适用。国有企业，是指企业的资本全部或部分属于国家所有，并为国家直接或间接控制的企业。[①] 其外延大致等同于我国《企业国有资产法》第5条对国家出资企业的界定，即国家出资的国有独资企业、国有独资公司，以及国有资本控股公司、国有资本参股公司。国有企业在不同程度上受到中央或地方政府的控制，其运营与国有资产管理制度密切相关。国有，强调的是企业的产权属性，我国《反垄断法》在规制国有企业的市场经营行为时遵循平等适用原则，国有企业在《反垄断法》的适用上不应有任何的特殊待遇，也不会对《反垄断法》的适用范围产生任何限制。

第一，我国《反垄断法》在规制管制行业时会关注国有企业问题。根据国务院办公厅2006年12月5日转发国有资产监督管理委员会《关于推进国有资本调整和国有企业重组的指导意见》，我国要推进国有资本向重要行业和关键领域集中，增强国有经济控制力，发挥主导作用。重要行业和关键领域主要包括：涉及国家安全的行业，重大基础设施和重要矿产资源，提供重要公共产品和服务的行业，以及支柱产业和高新技术产业中的重要骨干企业。[②] 尽管我国管制行业的经营者并不全部是国有企业，但国有经济在管制行业保持了比较强的控制力，中央企业在我国一些行

---

① 关于国有企业的定义在我国理论和实务界存在不同观点，但这并不是本书的研究内容。本书对国有企业的定义可参见史际春：《国有企业法论》，中国法制出版社1997年版，第15页。

② 国务院办公厅转发《国务院国有资产监督管理委员会关于推进国有资本调整和国有企业重组指导意见的通知》，载中央人民政府网：http://www.gov.cn/zwgk/2006-12/29/content_483477.htm，最后访问日期：2020年2月18日。

业中处于垄断地位是一个客观事实。[①] 国有经济要在关系国家安全、国民经济命脉的重要行业和关键领域保持控制力,必然会出现这种现象;因为许多行业的“排头兵”企业是国有企业,提高行业集中度也会出现国有企业垄断地位加剧的现象。[②] 正因为管制行业的国有企业具有较强的市场力量,所以我国《反垄断法》在研究是否规制、如何规制管制行业,以及政府对管制行业的产业规制对《反垄断法》适用的影响时,也会关注国有企业问题。但是,我国《反垄断法》实施中不能将管制行业与国有企业混同,甚至将两者视为一个问题。管制行业,是从产业角度界定的实行特殊的社会经济政策的行业,其市场结构和竞争状况明显区别于充分竞争的非管制行业。国有企业,是从主体角度界定企业产权属性和所有制性质的概念,其可以是非公司形式的国有独资企业,也可以采用公司的组织形式。在我国管制行业中,国有企业数量较多,规制管制行业的相关立法会对管制行业中的国有企业进行规范,深化管制行业改革在相当程度上也就必须要推进国有企业改革,但国有企业与管制行业并不存在必然联系。例如,在我国现有的100多家中央企业中,既有垄断行业企业,又有非垄断行业企业,而且大多数企业属于非垄断行业的企业。[③] 随着民间资本

---

① 按照政府管理权限划分,我国的国有企业可以分为中央企业(由中央政府监督管理的国有企业)和地方企业(由地方政府监督管理的国有企业)。广义的中央企业包括三类:(1)由国务院国资委管理的企业,从经济作用上分为提供公共产品的,如军工、电信;提供自然垄断产品的,如石油;提供竞争性产品的,如一般工业、建筑、贸易。(2)由银监会、保监会、证监会管理的企业,属于金融行业。(3)由国务院其他部门或群众团体管理的企业,属于烟草、黄金、铁路客货运、港口、机场、广播、电视、文化、出版等行业。狭义的中央企业通常指由国务院国资委监督管理的企业。

② 参见季晓南:《全面认识社会主义市场经济下的垄断与竞争》,载《经济日报》2012年4月6日,第15版。

③ 同上。

不断进入管制行业,[①]我国管制行业中必然会出现越来越多的非国有企业。因此,在我国《反垄断法》实施中,不能想当然地将管制行业混同于国有企业。在其他国家,石油、电信甚至铁路等管制行业被私人资本控制的情况也不鲜见。

第二,我国反垄断立法并没有关于国有企业的任何特殊的规定。尽管我国《反垄断法》第7条和第31条[②]曾经引发过广泛关注,但正如有学者指出的那样,我国《反垄断法》第7条是针对特殊行业所作的专门规定,对第7条最大的误读就是将其解释为《反垄断法》在保护国有企业。[③] 该法第31条虽然出现了"外资""境内企业"等词语,但其是从维护国家安全的视角出发所作的规定,并没有任何所有制视角的思考维度。2011年国务院办公厅《关于建立外国投资者并购境内企业安全审查制度的通知》(国办发〔2011〕6号)和商务部《实施外国投资者并购境内企业安全审查制度的规定》(商务部公告2011年第53号)构建了我国外资并购的国家安全审查制度,从而使我国《反垄断法》第31条的实施已经独立并脱离了反垄断法的实施工作,进而从另一个角度证明了,我国《反垄断法》的实施不仅不进行"国有"与"非国有"的区

---

① 参见国家电力监管委员会:《加强电力监管支持民间资本投资电力的实施意见》(2012年6月14日),载中国政府网:http://www.gov.cn/gzdt/2012-06/19/content_2164442.htm,最后访问日期:2020年2月1日。相关规范性意见还有铁道部:《关于鼓励和引导民间资本投资铁路的实施意见》(2012年5月16日);银监会:《关于鼓励和引导民间资本进入银行业的实施意见》(2012年5月26日);住房和城乡建设部:《进一步鼓励和引导民间资本进入市政公用事业领域的实施意见的通知》(2012年6月8日);等等。

② 我国《反垄断法》第31条规定:"对外资并购境内企业或者以其他方式参与经营者集中,涉及国家安全的,除依照本法规定进行经营者集中审查外,还应当按照国家有关规定进行国家安全审查。"

③ 参见时建中:《我国〈反垄断法〉的特色制度、亮点制度及重大不足》,载《法学家》2008年第1期。

分,也不进行“内资”与“外资”的区分。

第三,许多国家的反垄断法都没有对国有企业作出特殊规定,我国市场经济的国情特点也要求我国《反垄断法》不能对国有企业作出特别的规定。欧盟竞争法特别规定,对国有企业和私营企业一视同仁。经济合作与发展组织(Organization for Economic Co-operation and Development,OECD)在其《竞争法的基本框架》“竞争法的适用范围”部分也指出:“竞争法应该被尽可能地运用于所有市场交易,而无论其属于哪个领域;它应被尽可能地运用于所有从事商业性交易的实体,而无论其所有制和法律形式。所有豁免本法的情况都应在恰当的法规中加以严格限定。”真正竞争性的市场,应当是国有和私有经济成分都有机会参与的多样化的竞争性市场,而不是某种经济成分垄断的市场。[①] 因此,我国《反垄断法》没有必要也不会作出关于国有企业适用《反垄断法》的特别规定。在经济实践中,我国也应“杜绝政府有关部门基于‘父爱’对具体企业运营的干预”。[②] 我国建立和发展社会主义市场经济以及推动国有企业改革的根本目的,就是要把公有制与市场经济结合起来,使公有制企业,特别是国有企业适应市场竞争的要求,并在市场竞争中得到发展壮大。[③] 有学者指出,在我国国有企业在国民经济中占有主导地位的现实没有发生变化的情况下,如果作为市场经济条件下普遍性行为规则的反垄断法不适用于国有企业,那么这样的反垄断法也就没有什么实质意义了。[④]

---

① 参见敖双红:《公共行政民营化法律问题研究》,法律出版社 2007 年版,第 61 页。

② 史际春、肖竹:《公用事业民营化及其相关法律问题研究》,载《北京大学学报》(哲学社会科学版)2004 年第 4 期。

③ 参见史际春、赵忠龙:《行政垄断及其规制的再审视》,载《社会科学》2011 年第 9 期。

④ 参见王先林:《论我国反垄断法的平等适用》,载《法治研究》2007 年第 5 期。

在我国市场经济中，既有因在市场竞争中获胜而不断强大的非国有企业，也有因国际竞争力和影响力而受到各国反垄断执法机构关注的跨国企业，还有在国际市场上崭露头角的我国国有企业。国家发展和改革委员会作为价格垄断行为的执法机构，在启动中国电信、中国联通反垄断调查案的同时，也发出了一个强烈的信号，即我国《反垄断法》会平等地适用于所有的经营者。我国原反价格垄断执法机构的官员在介绍执法工作时，也提出了"一视同仁"的执法原则；[①]商务部反垄断局官员在"2011年反垄断工作主要情况"专题新闻发布会上回答记者的提问时也谈道："我国的反垄断执法是公平和公正的，我们不因企业所有制形式不同，而给予他们不同的待遇。就经营者集中而言，我们颁布的一系列配套规则，从经营者申报门槛的设定、经营者申报程序到审查标准，从没有区分企业不同的性质。"[②]因此，我国《反垄断法》在规制国有企业时遵循平等适用原则，国有企业在我国《反垄断法》实施中没有任何特别"优待"，企业所有制的差异不会影响更不会限制我国《反垄断法》在管制行业的适用范围。

四、我国《反垄断法》在管制行业界定适用范围面临的挑战

尽管我国《反垄断法》对国有企业的适用没有任何的"国情特色"，但管制行业广泛存在的政府产业规制，还是会使我国《反垄断法》的适用范围面临诸多挑战。

第一，我国《反垄断法》适用于管制行业时，存在界定政府产

---

① 参见李青：《国家发改委反价格垄断工作进展》，载《反垄断法实施前沿问题国际研讨会论文集》，2012年8月13～14日，杭州，第15页。

② 《商务部召开"2011年反垄断工作主要情况"发布会》，载中央人民政府网：http://www.gov.cn/gzdt/2011-12/27/content_2031109.htm，最后访问日期：2020年2月18日。

业规制措施限制《反垄断法》适用范围边界的难题。与非管制行业相比,管制行业一直以来都受到政府更多的产业规制,而且不同的管制行业、同一管制行业的不同发展阶段、同一管制行业的不同业务,对其的政府产业规制措施都是不同的。尽管有学者认为,反垄断法体现的是对市场的推崇和对干预本身的谨慎,政府管制体现的是对竞争的取代和获取完美竞争结果的野心,这样的制度本质,以及反垄断法"经济性宪法"的地位和反垄断执法机构相比管制机构处理竞争问题所具有的更大的权威性,决定了反垄断执法机构在干预竞争中拥有主导权的正当性、合法性。[①] 但由于法律对管制行业的规制除追求维护竞争的价值目标外,还有经济安全、产业发展、公平正义等价值目标,因此很难得出结论证明,在我国现阶段甚至在主要发达国家,竞争政策已经取得了优先于产业政策的地位,反垄断法已经取得了优先于产业规制法律制度的地位。

反垄断法在适用于管制行业时,必须尊重立法机构对"竞争与管制"边界的确定。正如美国"加利福尼亚零售酒商协会诉中铝公司案"(California Retail Liquor Dealers Association v. Midcal Aluminum, Inc.)所指出的那样:反垄断执法机构无权也不必划分"竞争与管制"的边界,而只应努力"维护竞争"。[②] 例如,政府定价行为作为政府产业规制措施之一,只要符合我国《价格法》的规定,便很难被反垄断执法机构质疑或评判。在"中国电信、中国联通反垄断案"中,我国《电信条例》要求网间互联的费用结算与分摊应当执行国家有关规定,不得在规定标准之外加收费用。费用结算办法和具体管理规定,由国务院信息产业主管部门制定。工

---

① 参见张占江:《竞争倡导研究》,载《法学研究》2010 年第 5 期。

② See California Retail Liquor Dealers Association v. Midcal Aluminum, Inc., 445 U. S. 97, 100 S. Ct. 937, 63 L. Ed. 2d 233 (1980).

业和信息化部于2007年颁布的《互联网交换中心网间结算办法》规定,[①]其他互联单位在与中国电信集团公司、中国网络通信集团公司进行互联网骨干网网间互联时,应依据网间数据通信速率,按照不高于其确定的标准[结算费用(元/月) = 1000(元/Mbps 月)×结算速率(Mbps)],向中国电信集团公司、中国网络通信集团公司支付结算费用。从这个意义上来说,该案中的批发价格属于政府指导价,中国电信、中国联通可以在低于或等于此标准的范围内自主定价。如果从是否构成价格垄断行为的角度分析,中国电信、中国联通反垄断案首先需要关注的一个问题就是,中国电信和中国联通在争议的经营行为中,到底有多大的自主定价权。对于企业完全没有自主定价权的经营行为,解决问题的措施就是要求有关主管部门修改结算费用的限价,从而降低主导电信运营商实施价格挤压的空间;对于企业具有全部或部分自主定价权的经营行为,则可以通过反垄断法去规制企业的价格行为,判断其是否构成了反垄断法禁止的滥用市场支配地位行为或其他价格垄断行为。

管制行业的政府产业规制措施有可能会影响竞争,但是对这种政府产业规制的质疑更多应来自对产业规制立法的质疑,进而可以提出修改产业规制立法的建议,而有法律依据的政府产业规制行为并不属于我国《反垄断法》的适用范围。我国《反垄断法》第7条"国家对其经营者的合法经营活动予以保护"的法律规定表明,对于经营者遵守政府产业规制法律制度的经济活动,在大多数情况下可以被推定为不适用我国《反垄断法》。如果管制行业经营者的经济活动没有遵守政府产业规制的法律、法规、规章或政策,或者从

---

① 参见《互联网交换中心网间结算办法》,载中国网:http://www. China. com. cn/txt/2006 - 12/24/conteut_7549887. htm,最后访问日期:2020年2月18日。

事的经营活动没有充分的法律依据，则当然属于我国《反垄断法》的适用范围。由此可知，合理地界定管制行业中政府产业规制与反垄断规制的关系，准确地界定政府产业规制措施限制我国《反垄断法》适用范围的边界，是由诸多因素及相关立法所决定的。

第二，我国政府产业规制立法存在的诸多空白和不足，使政府产业规制法律制度对《反垄断法》适用范围的限制面临更多难题。仅以能源产业为例，石油、天然气、原子能等领域的专门法律，如《石油天然气法》《原子能法》等仍未颁布。尽管从维护社会整体利益的目标来看，反垄断规制与政府产业规制之间并不存在根本冲突，两者可以形成“重叠与互补”的规制模式。重叠模式，是指反垄断法和政府产业规制立法在维护竞争问题上有重合的规定；互补模式，是指反垄断法维护公平自由竞争以确保效率及实现消费者福利，而政府产业规制立法发挥促进产业发展、保护消费者利益等作用。但是，由于我国目前政府产业规制立法的基本法律缺失和内容存在缺陷等问题，这种“重叠与互补”的规制模式无法发挥其应有的作用，也无法使政府产业规制立法对管制行业《反垄断法》适用范围的限制具体化和明确化。

由于我国管制行业产业规制法律制度的法律文本存在空缺，并且不可能通过法律解释来解决这种法律的完备性缺陷，因而就不可避免地产生了剩余立法权问题。任何制定法都会与社会现实之间存在裂隙，剩余立法权的存在使政策成为更有效的法律渊源的组成部分，其重要性甚至超过了传统意义上的立法和法典。[①] 在我国管制行业的政府产业规制实践中，立法空白和不足更是为产业政策

---

① See David A. Caragliano, “Administrative Governance as Corporate Governance: A Partial Explanation for the Growth of China’s Stock Markets”, 30 *Mich. J. Int’l L.* 1273. 转引自史际春、赵忠龙：《竞争政策——经验与文本的交织进化》，载《法学研究》2010 年第 5 期。

发挥作用预留了很大空间，从而使产业政策能否以及如何限制管制行业的《反垄断法》适用范围问题也凸显出来。

第三，法律效力级别的冲突也会使我国政府产业规制法律制度在限制《反垄断法》在管制行业的适用范围时面临诸多困惑。《反垄断法》是针对整个市场竞争的规范性文件，其适用于所有市场领域（不包括适用除外领域），是维护竞争的专门法律；而我国《电信法》《电力法》等产业规制法律的适用范围是特定的行业，是规范行业的专门法律。① 反垄断法与产业规制法互为边界，互为一般法和特别法的关系，在大多数的情况下，两者并无冲突。例如，美国管制铁路和货车运输的联邦法律允许企业制定共同费率，企业的上述行为不会触犯禁止通谋的反托拉斯法的规定。② 在美国的“桑德尔·诉美国电话电报公司案”（Sound v. AT & T）中，面对被告涉嫌针对那些希望与其电话线路互联互通的企业实施的排挤性行为，法院也认定对这种排挤性行为适用反托拉斯法与政府管制并无矛盾。③ 而且，即便反垄断法与产业规制法的立法规定存在一定程度的冲突，在我国也可以根据《立法法》的相关规定，或按照“特别法优于一般法”“新法优于旧法”等原则处理法律规定冲突的问题，从而正确界定《反垄断法》在管制行业的适用范围。

但是，我国《反垄断法》第 7 条规定的“国家对其经营者的合

---

① 参见史际春、肖竹：《〈反垄断法〉与行业立法、反垄断机构与行业监管机构的关系之比较研究及立法建议》，载《政法论丛》2005 年第 4 期。

② See Staggers Rail Act of 1980, 49 U. S. C. A. 10706(a); Motor Carrier Act of 1980, 49 U. S. C. A. 10706(b).（一家铁路运输企业参加一项由两家或两家以上铁路运输企业达成的……关于费率……的协议，则该企业应当向委员会提出申请，请求批准这个协议……如果委员会批准了这项协议，则对于该协议的制定或实施问题……《谢尔曼法》《克莱顿法》《联邦贸易委员会法》……均不适用。）

③ See Sound Inc. v. AT & T, 631 F. 2d 1324(8th Cir. 1980).

法经营活动予以保护”中的“合法”,不仅包括政府产业规制法律,也包括政府产业规制的法规、规章,甚至产业政策等。即使我国在管制行业的政府产业规制的法治化进程能够较快地完成,即使《反垄断法》与《电力法》《民用航空法》等产业规制立法的关系是互为一般法与特别法的关系,但当反垄断法与产业规制法律制度的法律级别效力不同时,由于我国《立法法》明确规定了适用“特别法优于一般法”“新法优于旧法”的条件必须是由“同一机关制定”的同位法,①产业规制立法对《反垄断法》适用范围的限制就会遇到困惑和难题。例如,中共中央、国务院《关于进一步加强土地管理切实保护耕地的通知》将我国《土地管理法》中有关国家建设征用耕地审批的法律规定冻结了一年多。② 再如,我国《电信条例》的法律级别低于《反垄断法》,但这并不意味着《电信条例》中有关产业规制条款不会使《反垄断法》在电信业的适用范围受到限制。因此,属于法规或者规章层次的产业规制立法甚至产业政策,是否能对《反垄断法》在管制行业中的适用范围产生限制作用,如何产生限制作用,是我国管制行业反垄断法实施必须面对的一个问题,这甚至还对我国《立法法》关于法律效力级别的规定提出了挑战。

五、我国《反垄断法》在管制行业界定适用范围的对策建议

第一,应当正确界定管制行业中政府产业规制的边界,寻找政府产业规制与反垄断规制的合理衔接点,力图使我国《反垄断法》对管制行业的规制,既不缺位,也不越位。尽管管制行业的政

---

① 我国2000年《立法法》第83条规定:“同一机关制定的法律、行政法规、地方性法规、自治条例和单行条例、规章,特别规定与一般规定不一致的,适用特别规定;新的规定与旧的规定不一致的,适用新的规定。”

② 参见史际春、赵忠龙:《竞争政策——经验与文本的交织进化》,载《法学研究》2010年第5期。

府产业规制措施不一定全部来自对市场失灵的纠正,而有可能是企业寻求垄断的结果,[①]但是政府产业规制措施上升为立法,如市场准入控制、价格控制等还是很难被反垄断法所质疑,也鲜有接受反垄断法审查的情况。例如,我国管制行业的商品或服务的价格分为政府定价、政府指导价和市场调节价。实行政府定价的商品或服务,管制行业的经营者没有自主定价权,其也就不可能从事价格垄断行为;实行政府指导价的商品或服务,管制行业经营者的自主定价权是有限的,其从事价格垄断行为的空间较小;只有实行市场调节价的商品或服务,管制行业的经营者才有较大空间从事价格垄断行为。由此可见,政府对管制行业商品或服务价格的干预,尤其是政府对某种商品或服务的定价权,并不属于反垄断法的适用范围,上述商品或服务定价权的规定即便不合理,也只能通过价格法律制度的修订来完善。但是,如果政府的价格制定或价格干预行为缺乏合法依据,或者程序违法,并且造成排除、限制市场竞争的后果,则可能涉嫌构成"滥用行政权力,排除、限制竞争行为";如果经营者滥用自主定价权排除、限制竞争,也当然属于我国《反垄断法》的适用范围。因此,我国在界定政府产业规制的边界和《反垄断法》的适用范围时,要警惕政府产业规制行为的不合理和反垄断法的异化,既不能使反垄断执法演变为产业监管,也不能弱化反垄断法的作用,出现以政府产业规制代替反垄断执法的情形。

第二,我国政府产业规制行为,尤其是产业政策法治化和产业规制行为法治化,是准确界定我国《反垄断法》在管制行业适用范围的关键举措。政府产业规制对竞争的限制作为国家干预经

---

① See George J. Stigler, Claire Friedland, "What can Regulators Regulate? the Case of Electricity.", *Journal of Law and Economics*, Vol. 5, 1962, pp. 1 - 16.

济的一种方式,在一定限度内是合理的;而超过必要的界限,就需要反垄断法的制约。“合理的限度”的判断标准源于产业规制立法,而鉴于目前我国产业规制立法相对滞后的现状,产业政策法治化和产业规制行为法治化应成为一项重要工作,这不仅是完善我国产业规制立法的要求,也是《反垄断法》正确实施的需要。在产业政策法治化和产业规制行为法治化的过程中,我国应预防以政府产业规制为名对市场竞争进行不合理的限制,预防以不合理的政府产业规制来排除适用反垄断法的情形,否则,不仅会严重影响竞争,也会严重损害经济效率,使产业规制立法和反垄断法的立法目的同时落空。

在产业政策法治化和产业规制行为法治化过程中,我国相关立法部门或机构应进行与反垄断法相关的专业及公众咨询;反垄断执法机构也要主动提出立法建议,以避免政府产业规制对竞争的损害,或者在政府产业规制不可避免地影响竞争时,尽可能选择对竞争损害最小的方案。美国《联邦贸易委员会法》(Federal Trade Commission Act)第46条就规定:“美国联邦贸易委员会有权向国会针对其他法案中涉及竞争事项者提出建议。”而当美国能源部颁布规则批准或制定一项商业标准时,必须听取竞争主管部门对其潜在竞争影响的评估意见。① 韩国《规制垄断与公平交易法》第63条也规定,有关行业监管部门的行政长官,在希望制定或者修订以决定价格、不正当的共同行为等限制竞争事项为内容的法令时,需事先咨询公平交易委员会(Korea Fair Trade Commission,KFTC)的意见。公平交易委员会将检查相关立法草案是否包含反竞争条款,诸如确定贸易条件、价格、限制市场进入、企业行为等。如果发现问题,公平交易委员会向有关机构提

---

① 15 U.S.C. §788(c)(2010).

出修改建议，并且确保它的建议在整个立法过程中能最大限度得到反映。[①]

我国在产业政策法治化和产业规制行为法治化过程中，产业立法的条款设计应尽可能实现产业规制与反垄断规制的协调互动。例如，美国《电信法》中有许多促进竞争的法律规定，“这些规定甚至超过了反垄断法”，极大地降低了可能产生的损害竞争的风险。当反垄断法的要求已经很好地被产业规制机构执行时，反垄断法已经没有进入的必要，因为“对竞争产生进一步改善的可能性几乎不存在”了。[②] 在我国起草《能源法》的过程中，也有专家建议《能源法》应规定如下内容：“第二十八条【市场竞争与规制】国家建立和完善开放、竞争、有序的能源市场机制。能源监督管理机构有权依法对能源市场进行监督管理。”“第二十九条【禁止滥用】能源企业不得从事滥用其市场垄断地位和市场优势地位的行为。”[③]此外，产业立法的条款设计如果能够关注反垄断执法并且尊重反垄断执法机构在产业规制中的作用，则能够更好地实现产业政策与竞争政策的融合性，保障产业规制立法与反垄断法之间的协调。例如，美国司法部反托拉斯局有权参与和影响任何对竞争有影响的管制；[④]美国内政部在作出外层大陆架石油勘探租赁决定之前，必须征求反垄断执法机构关于竞争影响的评估意见。[⑤] 美国《深海矿物法》（Deep Seabed Hard Minerals Act）也规

---

① 具体条文可参见金河禄、蔡永浩：《中韩两国竞争法比较研究》，中国政法大学出版社2012年版，第256页。

② See Verizon Communications Inc. v. Law Offices of Curtis V. Trinko, LLP, 540 U. S. (2004), p. 12.

③ 清华大学环境资源与能源法研究中心课题组编著：《中国能源法（草案）专家建议稿与说明》，清华大学出版社2008年版，第93～98页。

④ See U. S. Code of Federal Regulations, Title 28 Chapter 1, Part O, Subpart H.

⑤ See 43 U. S. C. § 1337(c)(3)(2010).

定,其执法机构在收到联邦贸易委员会的意见前,不能采取任何影响竞争的举措。如果按照与联邦贸易委员会意见不一致的方式行事就必须在行动前告知其理由。[①]

第三,我国产业规制法律制度限制《反垄断法》在管制行业的适用范围时不能完全拘泥于法律的效力级别。当前,我国竞争政策和产业政策的法治化程度是不同的,两者的差异使我国不能简单地通过识别规范性文件的立法等级,来判断竞争政策和产业政策、反垄断规制与政府产业规制之间的关系,界定我国《反垄断法》在管制行业的适用范围时,也不能完全拘泥于法律规范的效力级别。尽管这可能与我国《立法法》的规定有冲突,但却更能客观准确地反映我国政府产业规制与反垄断规制之间的关系,我国经济生活的实践也要求《反垄断法》在适用于管制行业时不能完全拘泥于法律的效力级别。例如,我国 2000 年《立法法》第 79 条规定:"法律的效力高于行政法规、地方性法规、规章。行政法规的效力高于地方性法规、规章。"《对外合作开采陆上石油资源条例》第 7 条规定:"中国石油天然气集团公司、中国石油化工集团公司(以下简称中方石油公司)负责对外合作开采陆上石油资源的经营业务;负责与外国企业谈判、签订、执行合作开采陆上石油资源的合同;在国务院批准的对外合作开采陆上石油资源的区域内享有与外国企业合作进行石油勘探、开发、生产的专营权。"我国《对外合作开采海洋石油资源条例》第 6 条规定:"中华人民共和国对外合作开采海洋石油资源的业务,由中国海洋石油总公司全面负责。中国海洋石油总公司是具有法人资格的国家公司,享有在对外合作海区内进行石油勘探、开发、生产和销售的专营权。"尽管《对外合作开采陆上石油资源条例》《对外合作开采海

---

① See 30 U. S. C. sec. 1413(d).

洋石油资源条例》的法律效力级别低于《反垄断法》，但是，根据我国《反垄断法》第 7 条"国家对其经营者的合法经营活动予以保护"的规定，中国石油天然气集团公司、中国石油化工集团公司在对外合作开采陆上石油资源的区域内享有的与外国企业合作进行石油勘探、开发、生产的专营权以及中国海洋石油总公司在对外合作海区内享有的进行石油勘探、开发、生产和销售的对外合作专营权属于"合法经营活动"，应当受到国家保护，而并不属于我国《反垄断法》的适用范围。此时，产业规制法律制度与反垄断法之间的法律效力级别的差异在界定《反垄断法》在管制行业中的适用范围时已经被淡化。

当然，我国反垄断执法机构在适用《反垄断法》时，不能仅关注反垄断法与产业规制法律制度之间的关系和效力级别问题，还需要与政府产业规制部门进行必要的沟通和互动，以便准确地界定管制行业中《反垄断法》的适用范围，而不是各自为政。这种机构间合作在其他国家的竞争执法中也有比较成功的经验。例如，1999 年 10 月，加拿大竞争局（Canada Competition Bureau）和加拿大广播电视和电信委员会（Canadian Radio-television and Telecommunications Commission，CRTC）就"电信管制机构和竞争局竞合部分"就曾发布一个联合声明，展示了两个机构对如何依据加拿大《电信法》和《竞争法》实施它们各自对电信市场的管辖权的理解，包括电信管制机构和竞争局在哪里有权对某一特定事务共同进行管制；电信管制机构在哪里可以根据《电信法》和其他特别法的授权实施排他管辖权；竞争局在哪里可根据《竞争法》享有单独管辖权等。[①]

第四，我国《反垄断法》的实施不可能解决管制行业出现的所

---

① 参见龚微、洪永红：《一般竞争管制与行业竞争管制在电信管制中的冲突与协调——加拿大电信管制的经验及对我国的启示》，载《法学论坛》2005 年第 1 期。

有问题，解决这些问题要进行归类研究，通过反垄断法与产业规制法律制度的良性互动来系统性应对。有什么样的市场结构，就会有什么样的市场行为。作为理性的经济主体，在寡头垄断市场格局下，[①]我国对管制行业中存在的种种不当行为进行法律规制，需要实施有效的竞争管制，以及包括价格、服务标准、成本控制、收入分配、资源配置和行业限制等措施在内的产业管制。有学者指出，我国管制行业改革涉及竞争、产权、规制与治理等多个层面，它们之间的不同组合及其协同互动关系共同决定了特定行业的产业绩效。[②] 我国《反垄断法》对于解决管制行业存在的问题也只能起到有限的作用，例如，我国电信业是一个受到政府严格管制的行业，尽管这些年来，政府主导电信行业进行了多轮改革，但由于现有体制基础的局限性，很多电信改革仍没有到位，电信业还存在很多体制和机制的扭曲，《反垄断法》在电信行业的实施并不能解决电信行业存在的所有问题。在讨论银行垄断这一话题时，会有很多观点认为，利差空间是银行垄断的根源所在，要打破银行垄断应该让利率市场化，而我国利率能否市场化、何时市场化以及如何市场化也是《反垄断法》无力也无权涉及的领域。[③]

我国《反垄断法》第 1 条明确规定，反垄断法的目标是预防和制止垄断行为，保护市场公平竞争，提高经济运行效率，维护消费者利益和社会公共利益，促进社会主义市场经济健康发展。其追求的核心价值通过对竞争的维护来实现国家经济的发展和社会

---

① 参见单东：《我国石油行业行政垄断的成因、危害及解决之对策》，载《经济社会体制比较》2010 年第 5 期。

② 参见张耀伟：《双重垄断下我国管制行业改革：逻辑次序与路径选择》，载《经济理论与经济管理》2008 年第 8 期。

③ 参见孟雁北：《打破行业垄断是项系统工程》，载《法制日报》2012 年 5 月 2 日，第 7 版。

整体利益最大化。我们应当对管制行业存在的诸多问题进行梳理和细分，探究哪些问题的解决是通过我国《反垄断法》的实施可以完成的，哪些问题的解决是需要《反垄断法》和其他法律的共同实施来完成的，哪些问题的解决只能由其他法律的实施和我国经济体制改革、政治体制改革来完成。例如，在中国电信、中国联通反垄断案中，引发广泛关注和讨论的互联互通问题、三网融合问题、电信产业竞争度不够问题就很难通过我国《反垄断法》一部法律的实施来完成，其中，互联互通问题要根据我国《电信条例》第17条的实施来完成，①电信消费者福利最大化问题需要反垄断法、电信产业法的共同实施来完成。只有针对电信市场竞争的排除和限制行为，如中国电信、中国联通的经营行为是否排挤了竞争对手，限制了电信相关市场的竞争等，才可以并应该通过《反垄断法》的实施来解决。我国打破行业垄断目标的实现，并非只是《反垄断法》的使命，也不是《反垄断法》能够独自完成的历史任务，《反垄断法》并不是唯一对管制行业进行规制的法律，其应该融合在我国法律体系中，与其他法律相互配合、共同发挥效力。

六、结论

管制行业中广泛存在的政府产业规制会使我国《反垄断法》的适用范围受到一定程度的限制。在市场经济条件下，政府产业规制对于管制行业的干预越少，反垄断法发挥作用的空间就会越大；反之亦然。我国管制行业存在较多的政府产业规制措施，反垄断法在规制管制行业时，发挥作用的空间也因此受到较多的限制，我国《反垄断法》在管制行业中适用范围受到的限制与政府对

---

① 我国《电信条例》第17条规定：电信网之间应当按照技术可行、经济合理、公平公正、相互配合的原则，实现互联互通……

管制行业的产业规制法律制度密切相关。政府对管制行业的产业规制措施会对《反垄断法》适用范围的界定产生影响，但是管制行业中国有资本经营与私人资本经营的利弊分析及政策选择，对《反垄断法》适用范围的界定不会产生任何影响。

因此，我国管制行业的健康发展，需要《反垄断法》与产业规制法律制度的良好互动。需要指出的是，不仅产业规制法律制度可以限制我国《反垄断法》在管制行业中的适用范围，我国《反垄断法》在管制行业的适用，同样可以制衡和约束政府的产业规制行为，从而推动我国管制行业的改革，推动产业政策的法治化和产业规制行为的法治化，推动我国经济体制改革以及政治体制改革的逐步深入。当我国管制行业改革逐步引入竞争机制并呈现放松管制的趋势时，我国反垄断法发挥作用的空间也会越来越大，反垄断法在市场经济中的重要性也将更加凸显。

第二章　我国管制行业竞争友好型产业政策问题研究*

一、引言

作为国家经济政策之一的产业政策，是国家规划、引导产业的形成和发展，促进或限制产业发展所采取的一项公共经济政策，其主要作用是在市场机制进行资源配置的基础上对产业结构、产业发展进行干预和影响，以实现产业结构的合理化、现代化并推动产业的协调和可持续发展。① 产业政策在我国经济发展的不同阶段，已发挥了重要的作用，在较长的一段历史时期，我国也习惯于依靠产业政策拉动经济增长，管制行业更是如此。但随着产业政策

---

* 本章部分内容曾以《产业政策公平竞争审查论》为题发表于《法学家》2018年第2期。

① 关于产业政策的概念自20世纪中叶被提出来以后，其确切含义在理论界和实务界一直都存在争议，但能够达成共识的是，产业政策体现了政府对市场运行和产业发展的干预和影响，是公共经济政策的一部分。

弊端的陆续显现,关于产业政策出现了诸多批评声音和理论反思。与此同时,我国竞争政策也经历了从产生到地位逐步提升再到被确立为基础性地位的发展历程。[①] 因此,在逐渐强调竞争政策基础性地位的当下,我国是否还需要产业政策?产业政策与竞争政策是否存在冲突?产业政策是否能够以及如何与竞争政策有机地融合?产业政策的发展趋势是怎样的?应当说,这些关于产业政策的有效性、必要性、发展方向的争议在我国从来就没有停止过。需要关注的是,产业政策的存在源于市场体制调节经济活动的不足与失灵,同时受一个国家的经济体制、经济发展水平、经济发展道路、产业国际竞争力等诸多复杂要素的影响,而不能依据产业政策"好"或者"坏"的简单评价就可以作出放弃与否的选择。

任何一个国家的经济发展和经济政策选择都不会有预先已经为其准备好的理论,而需要在经济运行过程中不断探索。正如阿洪(Aghion,2012)等学者所强调的那样,政策制定者已不应再继续关于发展中的经济体"需要"或者"不需要"产业政策的二元化争论,而应当将工作的重点转向如何科学设计和如何有效实施合理的产业政策上来,[②]转向到在产业政策和竞争政策之间建立起良好的沟通协调机制上来,尤其对于后发国家和发展中国家来说更应如此。产业政策未来的重构和改革是我国实现政府职能转变,最大限度减少政府对微观经济的干预,促进和保护市场主体公平竞争,保障市场配置资源的决定性作用得到

---

① 2015年10月12日《中共中央国务院关于推进价格机制改革的若干意见》明确提出:我国应逐步确立竞争政策的基础性地位。

② Aghion P., Dewatripont M., Du L., Harrison A., Legros P., "Industrial Policy and Competition", *NBER Working Paper*, 2012, Scholars at HARVARD, http://scholar.harvard.edu/files/aghion/files/industrial_policy_and_competition.pdf, December 21, 2017.

充分发挥的重要举措，我国产业政策的发展方向问题，也因此成为现阶段经济发展以及管制行业改革需要关注的重大议题之一。

二、我国管制行业产业政策仍将存续并会进行系统性改革

我国经济发展中出现的一些深层次问题，如产能过剩、创新不足、国际竞争力不强等，在一定程度上可能源于政府对市场干预过多或干预不当，使市场竞争优胜劣汰和引导资源配置的功能无法充分发挥，也可能是市场自发运行出现的失灵造成的。因此，尽管我国产业政策的效用存在不尽如人意之处，但这并不意味着，在我国经济发展的现阶段当然要放弃作为重要的政府干预经济措施之一的产业政策，管制行业的发展更是不会放弃产业政策，而仅仅意味着我国产业政策已经到了不得不重构和改革的历史阶段。

第一，产业政策的独特价值使我国的经济发展不会放弃产业政策。自发的市场机制并不能自行趋向于充分就业、物价稳定和适度的经济增长，这一点早已为创立现代宏观经济理论与政策体系的凯恩斯学派所证明。[①] 市场对于资源配置的劣势主要表现在自然垄断、高交易成本以及产业转型等方面，鉴于有些行业，如自然垄断行业，对于竞争者的规模有一定的要求，不太可能实现完全竞争的状态；高交易成本会严重阻碍市场的形成；而转型期国家需要采取多种措施来集中配置资源，迅速推动产业升级，缩短单纯依赖市场机制进行转型的时间。[②] 当市场机制本身无法解决

---

① 参见高培勇编著：《公共经济学》（第3版），中国人民大学出版社2012年版，第8页。

② 参见陈秀山：《我国竞争制度与竞争政策目标模式的选择》，载《中国社会科学》1995年第3期。

如竞争失灵、竞争过度、信息不对称、信息滞后、外部性、公共产品等诸多问题时，当市场机制本身面对充分就业、国际竞争力、产业安全等存在调节作用有限性问题时，政府对市场机制的介入就在所难免，产业政策就是政府调控经济的手段之一，属于可以更好地发挥政府作用的范畴。

产业政策并不必然扭曲、否定市场机制，竞争政策在资源配置中的基础性地位和积极效应不能成为否定产业政策的当然理由，竞争政策和产业政策本来就应当交替发挥作用。产业政策关注的常常是国家经济发展中全局性、基础性、宏观性或战略性的问题，如应对经济危机、经济整体布局、产业协调发展等，其中，我国高铁产业的形成和发展以及中国南车股份有限公司和中国北车股份有限公司的合并就是产业政策在发挥作用的良好例证。应当说，产业政策在我国经济发展中一直发挥着重要作用。进入21世纪，我国的产业政策更为细化、全面和系统，相继发布了《当前国家重点鼓励的产业、产品和技术目录》(2000年修订)、《当前优先发展的高技术产业化重点领域指南》、《国家产业技术政策》、《促进产业结构调整的暂行规定》、《产业结构调整指导目录》等产业政策纲要性文件；陆续制定了钢铁、水泥、煤炭、铝、电力、纺织等行业的结构调整政策并颁布了《汽车产业发展政策》《钢铁产业发展政策》《水泥工业产业发展政策》等政策文件，颁布了我国十大重点产业调整与振兴规划以及与之配套的实施细则160余项。[①] 目前，面对我国经济发展的后发优势逐渐减弱，产业发展的制约因素日益显现，传统的要素成本优势正在快速消失，劳动密集型产业也在加速向其他后发国家转移的经济现实，当然需要通

① 参见江飞涛、李晓萍：《直接干预市场与限制竞争：中国产业政策的取向与根本缺陷》，载《中国工业经济》2010年第9期。

过产业政策的制定和实施将稀缺资源和稀缺资本,向决定宏观经济发展格局、对国民经济产生系统性影响的产业集中,从而推动经济向更高水平的均衡跃迁,[①]因此,尽管产业政策的局限性和不足一直被诟病,但我国仍会也必然会选择实施产业政策而不会全面放弃产业政策。

第二,产业政策在典型市场经济国家也一直或强或弱地发挥作用。对产业政策贬大于褒的评价,并没有影响典型市场经济国家在不同的历史时期,或明或暗地通过实施一定的产业政策来促进经济发展,解决经济发展过程中市场可能无法解决但又事关经济发展整体利益的事宜。即便是在官方文件中很少出现"产业政策"字样并且对产业政策略有抵触的美国,也存在"事实上的产业政策",只不过其产业政策相对比较弱化、隐蔽化和法治化而已。例如,美国在重视保护农业的同时,会将相关农业保护政策法治化,使政府对农业的影响具有合法性,使农业产业政策具有透明性、公正性和法律上的可问责性,并随着经济、社会的变化而不断进行修改。[②] 再如,因主张自由贸易当选美国总统的乔治·布什在2002年3月,对进口钢铁征收非常重的保护关税,在这之后不久,又签署了一个对农场增加联邦财政补贴的法案。[③] 而美国主导的《跨太平洋伙伴关系协定》(Trans-Pacific Partnership Agreement,简称TPP协定)关于农业和纺织品的规定,在某个侧面也能表明美国的产业政策主张

① 参见张小军:《把竞争政策与产业政策有机结合起来》,载《中国价格监督与反垄断》2015年第4期。

② 参见宾雪花、何强:《美国产业政策立法及对中国的三启示》,载《法学杂志》2013年第8期。

③ 参见[英]约翰·亚当斯、王德章等主编:《公共经济学——理论、论据和案例研究》,科学出版社2010年版,第1页。

和价值取向。[①]

产业政策在欧盟经济发展史上也曾发挥过重要作用。欧洲在第二次世界大战中基础设施受到重创,社会可利用资源处于崩溃的边缘,在美国"马歇尔计划"的扶植之下,绝大部分欧洲国家都采用产业政策来培育基础工业,以期带动其他行业的发展。[②]当然,由于产业政策自身的不足,欧盟最终选择了以竞争政策为主的经济发展模式,但产业政策在欧盟还是一直发挥着或大或小的作用。1992 年签署的《马斯特里赫特条约》(Treaty of Maastricht)第 130 条对欧洲共同体的产业政策就作了专门规定,并授权委员会具体执行其产业政策。2007 年签署的《里斯本条约》(Lisbon Treaty)又将该条改为第 173 条,即"联盟和各成员国应保证有利于联盟工业竞争力的必要条件得以存在。为此目的,联盟和各成员国应根据开放和竞争的市场原则采取行动,旨在(1)加速工业调整以适应结构变化;(2)为联盟内的企业,尤其是中小企业的创立和发展营造有利的环境;(3)为企业间的合作营造有利的环境;(4)更好地挖掘创新、研究与技术开发政策的工业潜力"。

从国际经验来看,通过或强或弱、活明或暗的产业政策推动经济协调、稳定、可持续的发展,已逐渐成为大多数国家的重要选择,我国也不例外。

第三,我国现阶段的产业政策应当进行整体性重构和系统性改革。我国市场经济是从计划经济转轨而来,虽然经过 30 多年

---

① 《跨太平洋伙伴关系协定》(TPP)中译本全文,载商务部国际贸易经济合作院网:http://www.caitec.org.cn/n5/sy_gzdt_xshd/json/3839.html,最后访问日期:2020 年 2 月 18 日。

② 参见侯利阳:《产业政策何以向竞争政策转变:欧盟的经验与上海的现实》,载《上海交通大学学报》(哲学社会科学版)2016 年第 1 期。

的经济体制改革,已经初步建立起了社会主义市场经济体系,但计划经济和公有制理论仍然影响着经济领域的方方面面。如果政府借助产业政策过度地干预经济,可能会产生诸多的负面效应。例如,从2006年开始,我国政府制定了一系列的产业政策,扶持光伏产业,但在政策的扶持下,产业却陷入了“越过剩越投资,越投资越过剩”的怪圈。[①] 再如,产业政策对有些特定产业实行保护,但却使这些产业内的企业形成依赖心理,不愿意培育企业创新能力和国际竞争力。我国要有效提高产业发展和技术进步的速度,就需要在充分尊重市场竞争机制的基础上,针对不同产业的特点,合理设计产业政策,要保证企业间具有较高的竞争程度,防止企业利用产业政策的扶持寻求行政保护下的利润而不是追求创新带来的利润,[②]要防止产业政策的功能异化架空竞争政策,尽可能避免产业政策所产生的负面效应。2016年3月我国《国民经济和社会发展第十三个五年规划纲要(2016—2020)》(以下简称“十三五”规划)指出:中国要发挥产业政策导向和促进竞争功能,构建有利于新技术、新产品、新业态、新模式发展的准入条件、监管规则和标准体系。[③] 因此,随着我国经济体制改革和政府职能转变,政府应逐渐从配置资源和组织生产的领域中退出,产业政策本身也到了不得不尽快进行整体性重构和系统性改革的历史阶段。

第四,我国应遵循比例原则进行产业政策的重构和改革。比

---

① 参见张杰:《基于产业政策视角的中国产能过剩形成与化解研究》,载《经济问题探索》2015年第2期。

② 参见陆剑:《发展中国家产业政策和竞争政策的选择与协调》,载《宏观经济研究》2015年第4期。

③ “十三五”规划的具体内容,载新华网:http://news.xinhuanet.com/politics/2016lh/2016-03/17/c_1118366322.htm,最后访问日期:2016年3月20日。

例原则要求,国家对基本权利的限制与由此得以实现的目的之间必须有合理的、适度的、成比例的、相称的、平衡的关系,①力图确保基本权利即使在"必要"的情况下受到限制,也不会受到"过度"和不当的侵害。我国产业政策作为政府调节经济运行的重要手段之一,也应遵循比例原则的理念来进行重构和改革,以保证产业政策的制定和实施是合理的、必要的、适度的。如果影响经济运行的产业政策有可能损害市场竞争并可能超过必要的、合理的限度,则应当在实施产业政策与限制市场主体的经营自主权的目的和手段之间进行衡量。即便产业政策是政府基于公共利益的考量而进行的市场管制或介入,也仍需要审慎考量基于公共利益所采取的管制或介入"手段"是否是实现其"目的"所必需的;在所有能够实现目的的"手段"中是否对市场竞争"损害最小";是否存在对竞争损害较小仍能实现"目的"的替代方案;"目的"与"竞争损害"是否能够"相平衡",力图保证产业政策所采取的措施不会过当、过度地限制市场主体的基本权利,不会不当、过度地限制市场竞争。当我国的产业政策对市场竞争的影响是有界限的、适度的、必要的,而不是无界限、不适当和不必要之时,产业政策也就随之实现了与竞争政策的协调和融合,并借此完成了产业政策系统性改革的基本要求。

三、我国管制行业产业政策向竞争友好型方向的自我重塑

弗兰克·道宾对美国、英国、法国的铁路产业政策进行研究后得出的结论是:迥然不同的产业政策范式产生了相似的增长率,在这些国家发展出的总体铁路产业政策范式中,几乎没有交

① 参见杨登杰:《执中行权的宪法比例原则——兼与美国多元审查基准比较》,载《中外法学》2015年第2期。

叉采纳的证据。由于这些国家的产业政策范式与其政治文化深深地纠缠在一起,道宾认为,它们趋向于保持自己的独特性,而不是顺应国际模式。① 任何一个国家的市场经济运行均与这个国家的国家制度密切相关,我国的产业政策也当然具有独特性并会根据国情作出自己的选择,并且我国的政策选择不会是放弃产业政策,而会是重构和转型为竞争友好型的产业政策。所谓的竞争友好,是指产业政策通过塑造或完善市场机制来促进市场竞争,通过避免以政府的判断和选择代替市场机制来维护市场竞争,产业政策的制定和实施,应尽可能减少对市场竞争造成不必要损害和不合理影响,在产业政策的制定和实施不得不对市场竞争产生消极影响时,应当选择对市场竞争损害或影响最小的方案。

第一,我国产业政策重构的方向,应是培育市场并为市场竞争创造基础条件。由于我国市场发育程度相对较低,市场扭曲现象仍然存在,在一定程度上削弱了市场竞争在资源配置过程中的作用,导致了较为严重的资源错配,②而适当的产业政策,得借以规避从自由竞争到合理竞争结构的不必要代价,以及弥补自由竞争之不能;同时,合理的竞争结构也意味着,在可以竞争的领域、环节应当避免缺乏竞争的状况。③ 因此,我国现阶段产业政策的改革会通过塑造、发挥市场机制来实现产业政策追求的目标,会关注对市场竞争的扶持、构建和维护,会逐步放松管制、开放市

---

① 参见[美]弗兰克·道宾:《打造产业政策——铁路时代的美国、英国和法国》,张网成、张海东译,上海人民出版社 2008 年版,第 184 ~ 187 页。

② 参见王文、孙早、牛泽东:《产业政策、市场竞争与资源错配》,载《经济学家》2014 年第 9 期。

③ 参见史际春:《资源性公用事业反垄断法律问题研究》,载《政治与法律》2015 年第 8 期。

场，力图通过培育市场体系以及构建公正公平的市场环境，尤其是重点培养有利于推进企业创新的市场环境，努力发挥市场配置资源的基础性作用。[①]

我国的可再生能源产业政策就是培育市场机制的典型例证。在现有技术水平和政策环境下，除水电和太阳能热水器有能力参与市场竞争外，大多数可再生能源开发利用都具有成本高、资源分散、规模小、生产不连续等特点，在现行市场规则下缺乏实质的竞争力，需要政策扶持和激励。[②] 可再生能源的产业现状决定了其目前要完成的工作重点不在于促进可再生能源领域的市场竞争，而在于培育可再生能源市场本身。[③] 当市场本身都无法形成时，市场机制就无法起到资源配置的作用，此时可再生能源产业的发展就不由自主地产生了对产业政策的依赖，产业政策的目的，主要是加速其实现商业化和规模化，政府的职责主要体现在营造市场、制定市场规则和规范市场等方面，力图通过市场机制引导和激励市场主体开发利用可再生能源，以不断完善可再生能源市场竞争的基础。产业政策的制定和实施，关注培育市场并为市场竞争创造基础条件，这在一定程度上，也能体现出我国产业

① 参见刘社建：《中国产业政策的演进、问题及对策》，载《学术月刊》2014 年第 2 期。

② 参见国家发展和改革委员会 2007 年 8 月 31 日颁发的《可再生能源中长期发展规划》（发改能源〔2007〕2174 号），载国家能源局网：http://www.nea.gov.cn/2007-09/04/c_131053171.htm，最后访问日期：2020 年 2 月 18 日。

③ 由于可再生能源产业的发展情况与传统能源产业发展的情况存在明显的不同，因此，可再生能源领域政策的选择是构建可再生能源市场并鼓励竞争，而传统能源领域则处于从严格管制向放松管制过渡的阶段，尚不具备全面放开竞争的条件，目前，政策的选择应是适度放松政府管制，积极引入竞争机制。

政策的独特性。[①]

第二，我国产业政策重构时应尽可能避免以政府的判断和选择来代替市场机制。在市场经济社会中，市场竞争是一个筛选机制和发现过程，在机会公平、起点公平的前提下，只有通过竞争过程才能筛选出暂时的赢家。如果政府试图要用行政干预代替市场竞争的自发作用，不仅欠缺决策所需要的关于生产成本、消费者喜好、技术发展前途等在竞争过程中才能逐渐显示的知识和信息，难保决策正确无误，而且挑选赢家的结果必然导致被选择的主体对政府的偏袒产生依赖性，失去激烈竞争所激发的创新激励。[②] 美国经济学者丹尼·罗德里克认为：看待产业政策的正确方法，是把它视为一个发现过程——一个企业和政府共同发现潜在的成本和机会并参与战略合作的过程。产业政策的合理模式不是一个自主性的政府来独自实施庇古税或补贴措施，而是在私人部门和政府之间采取战略性的合作，去发现哪里才是经济结构调整的主要障碍，以及该采取怎样的措施来克服这些障碍。[③] 我国政府在产业政策制定和实施中也应当避免对市场机制作用的忽视，避免用行政干预排斥、替代市场竞争的自主选择，避免扭曲产业发展所需要的公平竞争的市场环境。

当前，我国产业政策的一个显著特点，是在许多领域以政府

---

① 正如2015年3月中共中央、国务院发布的《关于进一步深化电力体制改革的若干意见》中指出的那样，电力行业应坚持市场化改革。区分竞争性和垄断性环节，在发电侧和售电侧开展有效竞争，培育独立的市场主体，着力构建主体多元、竞争有序的电力交易格局，形成适应市场要求的电价机制，激发企业内在活力，使市场在资源配置中起决定性作用。

② 参见刘桂清：《产业政策失效法律治理的优先路径——“产业政策内容法律化”路径的反思》，载《法商研究》2015年第2期。

③ 参见[美]丹尼·罗德里克：《相同的经济学，不同的政策处方——全球化、制度建设和经济增长》，张军扩、侯永志等译，中信出版社2009年版，第98~99页。

的判断和选择来代替市场机制，以政府对市场供需状况的判断以及控制供给来代替市场的协调机制。合理科学的产业政策需要关于生产成本、消费者偏好、开发新产品及实现技术创新的完全知识，而这些知识只能依靠市场竞争过程的展开而逐渐显示和暴露出来，在市场过程产生这些信息之前是无法获取它的，反而可能会压制市场主体进行知识发现的积极性，阻碍市场的自发调整过程，导致市场运行效率低下。因此，在产业政策中应尽量避免以政府选择来代替市场机制，①这也是我国必须构建竞争友好型产业政策的缘由。

第三，我国产业政策重构的现阶段工作，是市场准入负面清单制度的构建和完善。产业政策实施的手段很多，既有财政、税收、金融、价格、外贸、政府采购等间接诱导手段，也有鼓励、允许、限制、禁止等直接管制手段，还有行政指导、信息指导、经济展望、约谈等柔性规制手段。就我国产业政策而言，最应重视的实施手段是市场准入控制和政府投资，这两点也决定了我国产业政策与欧美产业政策的根本不同。② 我国产业政策在制定与实施中应尽可能避免导致政府与市场的双失灵，那种试图通过市场准入控制、投资项目审批、选择性培育特定企业来提高市场集中度与做大做强企业的做法，效果可能会适得其反，甚至严重影响市场竞争效率。我国产业政策的重构可以通过放松管制，鼓励市场进入与退出的竞争，来促进产业组织结构的调整和优化。正如中共中央、国务院《关于深化体制机制改革加快实施创新驱动发展战略的若干意见》指出的那样，强化产业技术政策的引导和监督作用，

---

① 参见江飞涛、李晓萍：《直接干预市场与限制竞争：中国产业政策的取向与根本缺陷》，载《中国工业经济》2010 年第 9 期。

② 参见叶卫平：《产业政策法治的现状与展望——深圳大学“产业政策法治理论研讨会”综述》，载《法学》2013 年第 5 期。

明确并逐步提高生产环节和市场准入的环境、节能、节地、节水、节材、质量和安全指标及相关标准,形成统一权威、公开透明的市场准入标准体系。

当然,出于市场机制本身的缺点以及国家安全等方面的考虑,并非所有的行业都完全适合由市场进行资源配置,但政府应当及时、明确地告知市场主体哪些行业暂时不允许自由的市场准入,并逐步通过构建和完善市场准入负面清单制度来完成这一工作。市场准入负面清单制度,是指国务院以清单方式明确列出在中华人民共和国境内禁止和限制投资经营的行业、领域、业务等,各级政府依法采取相应管理措施的一系列制度安排。市场准入负面清单以外的行业、领域、业务等,各类市场主体皆可依法平等进入。[①] 2016 年 3 月,我国国家发展改革委、商务部会同有关部门汇总、审查形成的《市场准入负面清单草案(试点版)》以通知形式印发,并在天津、上海、福建、广东 4 个省、直辖市试行。该草案列明了在中华人民共和国境内禁止和限制投资经营的行业、领域、业务等市场准入负面清单事项共 328 项,包括禁止准入类 96 项,限制准入类 232 项。改革的实施步骤是:按照先行先试、逐步推开的原则,从 2015 年年底至 2017 年 12 月 31 日,在部分地区试行市场准入负面清单制度,积累经验、逐步完善,探索形成全国统一的市场准入负面清单及相应的体制机制,从 2018 年起,正式实

① 2013 年 11 月,党的十八届三中全会通过的《中共中央关于全面深化改革若干重大问题的决定》提出,"实行统一的市场准入制度,在制定负面清单基础上,各类市场主体可依法平等进入清单之外领域"。2014 年 6 月国务院《关于促进市场公平竞争维护市场正常秩序的若干意见》(国发〔2014〕20 号)要求,"改革市场准入制度。制定市场准入负面清单,国务院以清单方式明确列出禁止和限制投资经营的行业、领域、业务等,清单以外的,各类市场主体皆可依法平等进入"。2015 年 10 月国务院颁布了《关于实行市场准入负面清单制度的意见》(国发〔2015〕55 号)。

行全国统一的市场准入负面清单制度。[①] 我国限制市场准入的产业政策会提高市场准入门槛,从而大大降低市场配置资源的决定性作用,对竞争的影响最为直接,而市场准入负面清单管理制度的构建和实施,则有利于实现竞争友好型产业政策,从而成为我国产业政策重构的关键措施。

第四,我国产业政策重构时应尽可能减少对市场竞争造成不必要损害和不合理影响。经济合作与发展组织竞争评估工具书指出,为提升公众利益而实施的限制竞争政策,如对市场进入、价格、产出或生产方式的限制措施往往是代价很大且无效的……同时,可能存在成本较低的其他监管方式,如市场激励或对竞争没有影响的政策等……[②]市场经济有效竞争的程度是决定经济增长和社会福利最大化的根本因素,我国当前产业政策的问题在于,其可能会不当地干预微观经济主体运行,因此,需要采取有效的手段来预判产业政策限制竞争的合理性和必要性,需要采取有效措施阻止产业政策对市场竞争不合理的限制。例如,补贴作为产业政策的重要措施之一,其存在具有合理性和合法性,世界贸易组织(WTO)《补贴与反补贴措施协议》(Agreement on Subsidies and Countervailing Measures,SCM Agreement)在其第 27 条第 1 款中也规定:各成员承认,补贴可以在发展中国家成员的经济发展计划中发挥重要作用,但具体的补贴政策是否科学、合理则需要根据产业的实际情况来进行个案分析。那些可以普遍获得的,对资源配置扭曲较小的补贴可以采用,但那些只有特定行业,尤其

---

① 参见《〈市场准入负面清单草案(试点版)〉明确 96 项禁止准入类》,载中央人民政府网:http://www.gov.cn/xinwen/2016-04/08/content_5062512.htm,最后访问日期:2020 年 1 月 18 日。

② 参见吴汉洪、权金亮:《日本、韩国的竞争评估制度及对中国的启示》,载《中国物价》2016 年第 4 期。

是特定企业才能获得的、排他的、严重扭曲资源配置、造成不公平竞争的补贴，则需要思考其是否对市场竞争造成了非必要的损害和不合理的影响，应如何重新构建和完善才能将其对市场竞争的伤害降至最低。

国务院 2014 年 7 月发布的《关于促进市场公平竞争维护市场正常秩序的若干意见》指出："围绕使市场在资源配置中起决定性作用和更好发挥政府作用，着力解决市场体系不完善、政府干预过多和监管不到位问题，坚持放管并重，实行宽进严管，激发市场主体活力，平等保护各类市场主体合法权益，维护公平竞争的市场秩序，促进经济社会持续健康发展。"而这样的政策选择也当然是我国产业政策自我重塑的路径。随着我国经济领域政府职能转变的改革，我国产业政策应当在所有可能的地方引入竞争，应当大幅度减少对资源的直接配置，[①]目前，我国正在进行的行政审批制度改革和自贸区的建立，在一定程度上就是要减少不必要的政府干预和对市场竞争的不当影响。笔者相信，努力发挥市场竞争机制的作用或尽量减少对市场竞争造成过度损害的产业政策，必然会是"竞争友好型"的产业政策，产业政策从本质上来说，就不应该作为竞争政策的对立面而存在，而应该与竞争政策融合在一起。

四、公平竞争审查制度是实现管制行业竞争友好型产业政策的重要举措

公平竞争审查制度，是指政府产业主管部门或竞争主管机关通过分析、评价拟订中的或现行的公共政策可能或已经产生的竞

① 参见时建中：《论竞争政策在经济政策体系中的地位——兼论反垄断法在管制型产业的适用》，载《价格理论与实践》2014 年第 7 期。

争影响,提出不妨碍政策目标实现而对市场竞争损害最小的替代方案的制度。[1] 国务院《关于在市场体系建设中建立公平竞争审查制度的意见》(国发〔2016〕34 号)指出:“建立公平竞争审查制度,防止政府过度和不当干预市场,有利于保障资源配置依据市场规则、市场价格、市场竞争实现效益最大化和效率最优化。”我国构建公平竞争审查制度的目的,是要建立竞争政策和其他经济政策,尤其是产业政策之间的有效沟通协调机制,促使政府产业主管部门在制定有关产业政策措施的过程中,考虑政策对市场竞争的影响。通过公平竞争审查,可以确保产业政策在制定和实施过程中都能贯穿公平竞争的理念和要求,体现竞争政策的基础性地位,加快推动产业政策从选择性向普惠性、功能性转变,让两种政策能够形成合力。[2] 对产业政策进行公平竞争审查,可以有效预防制定和实施不必要、不合理的限制竞争的产业政策,从而成为全面系统实现我国管制行业竞争友好型产业政策的重要举措。

第一,公平竞争审查制度的构建和实施过程,就是竞争友好型产业政策的实现过程。市场的活力在于竞争,但政府产业规制主管部门在制定和实施产业政策时却有可能只关注特定的产业政策目标(如产业可持续性发展、产业国际竞争力、产业安全或其他重大利益),而没有全面考虑产业政策可能带来的各种成本,尤

---

① 中共中央、国务院《关于深化体制机制改革加快实施创新驱动发展战略的若干意见》(中发〔2015〕8 号)提出:“要探索实施公平竞争审查制度。”国务院批转国家发展和改革委员会《关于 2015 年深化经济体制改革重点工作意见》(国发〔2015〕26 号)提出:“建立和规范产业政策的公平性、竞争性审查机制。”国务院《关于大力推进大众创业万众创新若干政策措施的意见》(国发〔2015〕32 号)强调:“加快出台公平竞争审查制度,建立统一透明、有序规范的市场环境。”中共中央、国务院《关于推进价格机制改革的若干意见》(中发〔2015〕28 号)明确要求实施公平竞争审查制度。

② 参见《国家发改委解读公平竞争审查制度:为行政权力划定 18 个“不得”》,载中央人民政府网:http://www.gov.cn/zhengce/2016 - 07/08/content_5089315.htm,最后访问日期:2016 年 7 月 18 日。

其是对市场竞争的不当影响。因此,政府产业主管部门在制定和实施产业政策时,除应遵循合法性和合理性原则外,更应关注产业政策对市场竞争的影响。凡是市场机制能够发挥作用的地方,政府的产业规制就不应该触及,产业政策应当在既定目标下,找出影响、限制竞争最小的方案。例如,我国《汽车品牌销售管理实施办法》①作为产业政策的载体,力图保护和促进我国汽车产业的发展,但其中汽车授权经营制度的确定和实施却同时可能会限制汽车销售市场的竞争。② 政府产业主管部门出台该规章的目的,是促进和保护汽车行业发展,但在客观上却可能培育了市场垄断力量,可能确立汽车生产企业对汽车经销网络布局的绝对话语权,进而变相成为我国汽车销售市场垄断的根源。鉴于该汽车产业政策对于市场竞争可能存在的不利影响,有学者建议,可适当借鉴欧盟的做法,制定符合竞争法要求的汽车产业销售模式,即彻底分开销售和维修,改革汽车销售办法,鼓励专业化销售和维修但却不设品牌壁垒,允许经销商多品牌授权经营等。③ 正是基于上述产业政策如何维护市场竞争以及如何减少限制竞争后果的讨论,该实施办法制定机关之一的国家工商总局在2014年8月发布了《关于停止实施汽车总经销商和汽车品牌授权经销商备案工作的公告》,宣布自2014年10月1日起停止实施汽车总经销

① 《汽车品牌销售管理实施办法》由商务部、国家发展和改革委员会、国家工商行政管理总局于2004年12月8日制定,并于2005年4月1日起生效。

② 该实施办法第6条规定:"同一汽车品牌的网络规划一般由一家境内企业制定和实施。境内汽车生产企业可直接制定和实施网络规划,也可授权境内汽车总经销商制定和实施网络规划;境外汽车生产企业在境内销售汽车,须授权境内企业或按国家有关规定在境内设立企业作为其汽车总经销商,制定和实施网络规划。"第8条和第9条具体规定了汽车授权经营制度。

③ 参见钟刚:《反垄断法实施中的产业政策定位与协调——以〈汽车品牌销售管理实施办法〉为分析起点》,载《江西社会科学》2015年第7期。

商和汽车品牌授权经销商备案工作。[1] 从是否会不必要、不当损害或者限制了市场竞争这一视角出发重新思考、评估甚至修改现行的产业政策,将会是我国公平竞争审查制度的主要工作任务之一,也当然会成为我国竞争友好型产业政策的实现路径。[2]

第二,公平竞争审查制度会防止产业政策的异化并尽可能实现产业政策的中性化。现代各国产业政策设计已经不再拘泥于政府直接干预经济的手段,而更多是在 WTO 规则许可的条件下,着眼于国家国际竞争力的提升,创新能力的增强。欧盟产业政策就要求,产业政策必须在“开放和竞争的市场原则上采取行动”,产业政策必须以市场导向为原则,在干预方式上表现为由侧重特定产业部门扶持的部门干预向以市场为导向的横向产业政策过渡。[3] 现阶段我国产业政策的现实是,政府有关产业规制部门还无法完全避免在产业结构调整中过分强调产业规划与产业政策,无法完全避免制定和实施指向性很强或偏好性过强的产业规划指导,甚至可能无法完全避免按所有制性质、按规模大小和按地区等非市场化原则对市场进行管理。例如,各级政府产业主管部门就某一热点产业集中实施所谓的“加速推进规划和支持政策”,实际上却可能导致出现过剩性新兴产业,以及造船、钢铁、平板玻璃等严重过剩的传统产业的产能扩张。因此,我国经济发展需要

---

① 根据工商总局公布的备案名单文件,已将营业执照经营范围登记为“某品牌汽车销售”的汽车总经销商和汽车品牌授权经销商,可以申请变更登记为统一的“汽车销售”。

② 国务院《关于在市场体系建设中建立公平竞争审查制度的意见》(国发〔2016〕34 号)规定:政策制定机关在政策制定过程中,要严格对照审查标准进行自我审查。经审查认为不具有排除、限制竞争效果的,可以实施;具有排除、限制竞争效果的,应当不予出台,或调整至符合相关要求后出台。没有进行公平竞争审查的,不得出台。

③ 参见孙彦红:《欧盟产业政策研究》,社会科学文献出版社 2012 年版,第 16 ~ 17 页。

制定和实施的应当是尽可能中性的产业政策，应当防止不当、过度地借助产业政策等手段现象的出现，防止严重扭曲市场资源配置功能，降低市场运行效率，进行寻租等问题的出现。而公平竞争审查制度就是要纠正产业政策目前存在的缺陷和不足，力图通过对市场竞争的维护来防止产业政策的异化以及尽可能实现产业政策的中性化。

第三，各国的公平竞争审查制度也可为我国构建竞争友好型产业政策提供国际经验。公平竞争审查制度的内涵广泛，各国的竞争评估制度以及竞争咨询制度，都是公平竞争审查制度的应有之义。其中，竞争评估（Competition Assessment），是指竞争主管机构或政府产业规制部门通过分析、评价拟定中的或现行的法律可能（或已经产生）的竞争影响，提出不妨碍政策目标实现而对竞争损害最小的替代方案的行为。为了最大限度地推广对公共政策的竞争评估的经验，经济合作与发展组织专门颁布了《竞争评估工具》（2007）、《竞争评估指南》（2010）、《竞争评估原则》（2010）、《竞争评估步骤》（2010）等文件，阐明了竞争评估范围、方法、流程等制度要素，为各国的制度构建和实施提供参考。竞争咨询（Competition Consultation），是指政府产业规制部门在制定涉及竞争问题的法律（政策）时，需要事前咨询或听取竞争主管机构的意见，以最大限度确保竞争不被不当扭曲。在这方面，韩国有很多经验可供我国借鉴。韩国《规制垄断与公平交易法》第63条规定，有关行业监管机构的行政长官，在希望制定或者修订以决定价格、不正当的共同行为等限制竞争事项为内容的法令时，需事先咨询公平交易委员会的意见。公平交易委员会将检查相关立法草案是否包含与竞争法冲突的条款，诸如，确定贸易条件、价格，限制市场进入，限制企业行为等。如果发现问题，公平交易委员会将向相关机构提出修改建议，并且确保它的建议在整个立法过程中得到最大限度的反应。[①] 公平竞争审查制度实施过程中积累的较为成熟的国际经验可供我国构建和实施公平竞争审查制度借鉴，从而推动我国产业政策向竞争友好型方向重构和改革。

第四，在执法合作的机制下产业政策制定部门会是公平竞争审查制度的实施机关之一。从理论上来说，任何可能具有限制、扭曲竞争影响的法律、行政法规、规章、规范性文件，都属于公平竞争审查的范围。政府对竞争不合理的限制，包括限制竞争激励、限制竞争资格、限制竞争结果和限制竞争行为等，并不仅限于我国《反垄断法》所禁止的滥用行政权力排除、限制竞争的行为。对于产业政策来说，如果其可能对市场竞争产生不必要、不合理的限制，就需要对其进行公平竞争审查。基于产业政策制定部门天然有维护市场竞争的使命，公平竞争审查制度根据“谁制定谁审查”原则，由制定产业政策的政府部门承担主要的公平竞争审查责任，成为公平竞争审查制度的主要实施者，[②]从维护市场竞争的角度对产业政策措施进行自我审查，并形成公平竞争审查报告向社会公布。[③] 当然，政府产业政策制定部门的公平竞争审查工作需要在执法合作的机制中完成，反垄断执法机构在公平竞争审

---

① 参见张占江：《竞争倡导研究》，载《法学研究》2010 年第 5 期。

② 公平竞争审查本身存在多种模式可供选择，主要有：(1)欧盟针对国家援助的竞争总司直接审查制；(2)韩国竞争执法机构主导的外部评估制；(3)新加坡管制机构主导的内部评估制。参见朱凯：《对我国建立公平竞争审查制度的框架性思考》，载《中国物价》2015 年第 8 期。

③ 国务院《关于在市场体系建设中建立公平竞争审查制度的意见》(国发〔2016〕34 号)规定：行政机关和法律、法规授权的具有管理公共事务职能的组织(以下统称政策制定机关)制定市场准入、产业发展、招商引资、招标投标、政府采购、经营行为规范、资质标准等涉及市场主体经济活动的规章、规范性文件和其他政策措施，应当进行公平竞争审查。行政法规和国务院制定的其他政策措施、地方性法规，起草部门应当在起草过程中进行公平竞争审查。未进行自我审查的，不得提交审议。

查制度中可以承担竞争咨询、竞争倡导与公平竞争审查监督等职责，协助和引导产业政策制定部门做好公平竞争审查工作。对于一些重大复杂的情况，产业政策制定部门在公平竞争审查过程中可以向反垄断执法机构征询意见，甚至进行合作，联合执法。

目前，我国产业政策制定部门有大量的公平竞争审查工作可以开展。例如，我国2009年《钢铁产业调整和振兴计划》要求，推动鞍本集团、广东钢铁集团、广西钢铁集团、河北钢铁集团和山东钢铁集团完成集团内产供销、人财物统一管理的实质性重组；推进鞍本与攀钢、东北特钢，宝钢与包钢、宁波钢铁等跨地区的重组，推进天津钢管与天铁、天钢、天津冶金公司，太钢与省内钢铁企业等区域内的重组。产业重组行为，是影响市场结构和市场竞争强度的重大市场行动，政府“商业判断”能力上的不足和利益、风险承担的“局外人”身份，都将导致其主导的产业重组行为可能是无效率或扭曲市场机制的代价高昂的行动。[①] 因此，产业政策制定部门需要从公平竞争审查的视角评估：该产业重组规划的目标是什么？产业重组是否具有必要性？是否直接或间接地限制了市场经营者的数量？是否限制了经营者的竞争活动？是否导致了市场准入的限制？是否减少了竞争者的竞争激励或者增加了经营者回避竞争的意愿？是否有其他的对竞争造成伤害更小的方案也能同样实现产业重组目标？等等。

五、反垄断法的有效实施是实现管制行业竞争友好型产业政策的另一路径

非歧视和公平竞争是市场经济的基本原则，只有在有充分的公共利益支持并且有足够的法律依据等前提下，才可以对不同产

① 参见叶卫平：《产业结构调整的反垄断法思考》，载《法商研究》2010年第6期。

业、不同类型的企业作有差别性的制度安排,包括对所谓的主导产业或者战略产业加以扶持。[①] 如果产业政策体现的是行政干预的随意,就会阻碍市场竞争机制发挥作用,这也可能是我国产业政策效果不尽如人意的根源所在,因此,对政府制定的产业政策予以法治约束,防范产业政策对市场竞争的限制、排斥或扭曲具有重要意义。[②] 我国反垄断法通过对滥用行政权力排除、限制竞争行为的禁止等举措则可以对产业政策不当限制竞争行为进行较为有效的规制,从另一个侧面实现我国竞争友好型产业政策。当然,与公平竞争审查制度相比,反垄断法的有效实施对于我国管制行业竞争友好型产业政策的实现,更多是通过事后规制和个案解决来完成的。

第一,反垄断法的实施会重新审视产业政策的合理性与合法性。无论出于总体经济规划与调节、对特定新兴或弱势产业的扶持,还是对重要产业安全的考量以及其他原因,政府制定的产业政策对市场竞争有可能会产生或多或少,或强或弱的限制,而以维护市场竞争为己任的反垄断法可以并已经将通过产业政策对市场竞争产生不当影响的行为纳入规制的视野之中。欧盟竞争法对国家援助行为的调整就体现了这种趋势,我国《反垄断法》对"滥用行政权力,排除、限制竞争行为"的禁止也有效地制约了政府产业规制行为,并会对产业政策不当限制竞争行为进行约束。例如,选择性的产业政策会将社会资源向部分行业倾斜,压制或者延缓了其他行业的发展,而这种不均衡的发展反过来又限制了

---

① 参见叶卫平:《产业政策法治化再思考》,载《法商研究》2013 年第 3 期。

② 参见刘桂清:《产业政策失效法律治理的优先路径——"产业政策内容法律化"路径的反思》,载《法商研究》2015 年第 2 期。

受扶植行业的发展。[1] 鉴于传统的选择性产业政策通过政府选择代替市场竞争,其不利于企业的技术创新,并且产业政策的实施效果也无法保证,更有可能是产生行政垄断行为的原因之一,反垄断执法机构可能会立案审查选择性产业政策的合理性、必要性和合法性,通过反垄断法的实施,推动我国选择性产业政策向功能性产业政策转型,并且将功能性产业政策的设计及实施限定在竞争政策所允许的框架内,合理协调产业政策与竞争政策的关系,推动竞争友好型产业政策的实现。[2]

第二,反垄断法实施中配套规章的制定可以促进竞争友好型产业政策的实现。反垄断执法机构在反垄断法实施过程中制定的配套规章可以在一定程度上促进竞争友好型产业政策的实现。例如,2001 年日本公正交易委员会和电信产业的主管部门——总务省联合制定了《电信产业促进竞争指南》。该指南明确规定,对于电信产业的限制竞争行为,公正交易委员会和总务省尽最大可能进行协调,减少法律适用的混乱和可能给企业造成的不必要的负担,确立了两者合作共管电信业限制竞争行为的体制,[3]推动了电信产业竞争友好型产业政策的实现。

在我国《反垄断法》的实施过程中,国务院反垄断委员会曾通过于 2016 年 3 月发布的《关于汽车业的反垄断指南(征求意见稿)》对汽车业反垄断的基本问题、垄断协议、滥用市场支配

---

① 参见冯晓琦、万军:《从产业政策到竞争政策:东亚地区政府干预方式的转型及对中国的启示》,载《南开经济研究》2005 年第 5 期。

② 根据产业政策的功能不同,产业政策可以分为选择性产业政策和功能性产业政策。选择性产业政策的功能是主动扶持战略产业和新兴产业,缩短产业结构的演进过程,以实现经济赶超目标;功能性产业政策的功能是弥补市场缺陷,通常没有特定的产业导向。

③ 参见戴龙:《日本反垄断法实施中的竞争政策和产业政策》,载《环球法律评论》2009 年第 3 期。

地位、经营者集中、滥用行政权力排除限制竞争等进行了较为具体的规定，并根据我国汽车市场竞争状况，重点关注汽车经销和售后市场中的纵向垄断协议和滥用市场支配地位行为。毋庸置疑，该指南的制定以及人们对其的广泛讨论会推动汽车产业政策制定部门对产业政策是否会损害、限制竞争问题的关注，也必然会促进竞争友好型汽车产业政策的实现。再如，2019 年 6 月 26 日，国家市场监管总局公布《制止滥用行政权力排除、限制竞争行为暂行规定》，该行政规章的颁布和实施，会具体地指引行政主体遵守我国《反垄断法》的规定，会促使产业政策制定机关反思其制定的产业政策是否具有消除、限制竞争的后果，是否违反了《反垄断法》的禁止性规定，是否需要进行修订完善。

第三，反垄断执法建议权的行使可以推动竞争友好型产业政策的实现。根据我国《反垄断法》第 37 条的规定："行政机关不得滥用行政权力，制定含有排除、限制竞争内容的规定"，具有制度性垄断特征的滥用行政权力消除、限制竞争的抽象行政行为理所应当会受到《反垄断法》的禁止。当然，我国《反垄断法》在设计行政垄断行为的法律责任制度时，由于争议太多且事关重大，最终的立法选择是在我国《反垄断法》第 51 条中规定："行政机关和法律、法规授权的具有管理公共事务职能的组织滥用行政权力，实施排除、限制竞争行为的，由上级机关责令改正；对直接负责的主管人员和其他直接责任人员依法给予处分"，并增加了"反垄断执法机构可以向有关上级机关提出依法处理的建议。法律、行政法规对行政机关和法律、法规授权的具有管理公共事务职能的组织滥用行政权力实施排除、限制竞争行为的处理另有规定的，依照其规定"的内容。尽管我国《反垄断法》仅仅规定了反垄断执法机构可以向有关上级机关提出依法处理的建议，但通过赋予反垄断执法机构的执法建议权已经把行政垄断行为纳入反垄断执法框架中来,使反垄断执法机构在禁止行政垄断行为中可以发挥积极作用。仅以 2015 年为例,我国国家发改委查处并依法纠正的行政垄断案件就有河北省交通厅、山东省交通厅、①甘肃省道路运输管理局、②云南省通信管理局、③四川省卫计委、浙江省卫计委④等政府部门实施的地方保护、指定交易、强制交易、制定含有排除和限制竞争内容的规定,违反我国《反垄断法》的相关规定等案件,上述案件不仅彰显了政府简政放权、促进市场公平竞争的坚定决心,以及把行政权力"关在笼子里"的努力,也推动了我国竞争政策的有效实施。因此,从法的实施角度来看,当政府有关部门制定的产业政策对市场竞争构成不合理的限制时,反垄断执法机构的执法建议会督促产业政策制定部门反思产业政策的合理性和有效性,从而起到有效的制衡约束作用并推动竞争友好型产业政策的实现。

第四,反垄断执法机构的竞争倡导行为可以引导竞争友好型产业政策的实现。竞争倡导(Competition advocacy),是指反垄断执法机构实施的除执法以外所有改善竞争环境的行为,主要是反垄断执法机构最大限度地参与管制立法和实施,提出有利于竞争的建议,减少政府对竞争的不合理限制。竞争倡导与反垄断执法是反垄断执法机构维护市场公平竞争环境的两大手段,尽管我国

---

① 参见国家发展和改革委员会办公厅《关于建议纠正山东省交通运输厅滥用行政权力排除限制竞争有关行为的函》(发改办价监〔2015〕501 号)。

② 参见甘肃省发展和改革委员会《关于建议纠正甘肃省道路运输管理局滥用行政权力排除、限制竞争有关行为的函》(甘发改价检函〔2015〕7 号)。

③ 参见《云南省通信管理局违反〈反垄断法〉滥用行政权力排除限制竞争被依法纠正》。

④ 参见《四川、浙江省卫生和计划生育委员会及时纠正药品集中采购中违反〈反垄断法〉、排除限制竞争行为》。

尚缺乏关于竞争倡导行为的系统性的制度建构，但毋庸置疑，竞争倡导对于产业政策的制定机关反思产业政策的必要性和合理性具有重要的指引和影响作用。反垄断执法机构可以通过向立法机关、其他政府机构、行业协会、研究机构等进行竞争倡导来普及市场竞争对于促进创新和提高经济运行效率，保护消费者福利的重要意义，通过组织各个产业的市场竞争状况评估并定期发布竞争状况评估报告等，通过宣传和普及竞争文化等来推动产业政策制定部门制定竞争友好型产业政策。

六、结论

萨缪尔森在 20 世纪 40 年代就提出“当代社会中所有的社会都是既带有市场成分也带有指令成分的混合经济”，①在政府成为一种“内生因素”嵌入经济与社会改革的现代市场经济和民主政治背景下，纯粹的计划管制与纯粹的自由市场均不符合实践所需。我国由于计划经济体制的路径依赖性质和意识形态刚性，政府在市场经济条件下的职能可能还会出现不准确的定位、越位或者缺位等问题。我国管制行业改革过程就是一个不断调整政府与市场关系并将其调整结果予以体制化、机制化的过程。在我国，从“让地方和工农业企业在国家统一计划的指导下有更多的经营管理自主权”，②到“我国实行的是计划经济，即有计划的商品经济，而不是那种完全由市场调节的市场经济”，③再到“市场在资

① ［美］保罗·萨缪尔森、威廉·诺德豪斯：《宏观经济学》（第 16 版），萧琛等译，华夏出版社 1999 年版，第 5 页。

② 《中国共产党第十一届中央委员会第三次全体会议公报》（1978 年 12 月 22 日通过）。

③ 《中共中央关于经济体制改革的决定》（1984 年 10 月 20 日中共中央十二届三中全会通过）。

源配置中的作用迅速扩大……计划经济体制逐步向社会主义市场经济体制过渡”，[①]从“要使市场在国家宏观调控下对资源配置起基础性作用”，[②]到“更大程度地发挥市场在资源配置中的基础性作用……健全国家宏观调控”，[③]再到“使市场在资源配置中起决定性作用和更好发挥政府的作用”[④]的历程充分说明：政府和市场并非简单的此消彼长的关系，而应当形成互补共生的关系。我国的经济发展，不仅需要加强竞争政策的基础性地位，也需要发挥改革和重构后的产业政策的作用。

随着我国政府职能改革，市场在资源配置中发挥越来越重要的作用，产业政策在我国经济生活中的地位淡化会强化竞争政策的作用，产业政策的不断重构和改革会逐步减少竞争政策和产业政策冲突的可能性，产业政策的有效性并不必然以损害竞争为代价，产业政策需要关注是否引入竞争机制，如何引入竞争机制以及如何减少对市场竞争的不当伤害等问题，我国管制行业产业政策的发展方向应当是构建竞争友好型的产业政策。在竞争友好型产业政策中，政府强制性因素会被淡化，从而使产业政策背后的政府主导的权力因素可以与市场主体的自我选择进行较好的平衡协调制约乃至融合，同时，也能有效地防止产业政策的负面效应。竞争友好型产业政策可以实现竞争政策与产业政策的融合或者达成竞争政策与产业政策微妙的平衡，可以预防产业政策失灵，推动不合理限制市场竞争的产业政策的及时退出，而产

① 《中共中央关于建立社会主义市场经济体制若干问题的决定》(1993 年 11 月 14 日中共中央十四届三中全会通过)。

② 同上。

③ 《中共中央关于完善社会主义市场经济体制若干问题的决定》(2003 年 10 月 14 日中共中央十六届三中全会通过)。

④ 《中共中央关于全面深化改革若干重大问题的决定》(2013 年 11 月 12 日中共中央十八届三中全会通过)。

业政策的自我重塑、公平竞争审查制度的构建以及反垄断法的有效实施则是实现我国管制行业竞争友好型产业政策的主要路径。

第三章　我国反垄断执法机构与政府产业规制部门关系问题研究*

一、引言

2010年11月3日腾讯公司发布了《致广大QQ用户的一封信》，要求终端用户在QQ软件与360软件之间只能选择其一使用。由于社会公众的广泛关注，腾讯公司与奇虎公司在工业和信息化部主持下于2010年11月4日和解，QQ与360可以兼容。① 国家工商行政管理总局随后也约见了针对腾讯公司提交《反垄断调查申请书》的北京律师，向其了解情况并收取了律师

---

* 本章部分内容曾以《我国反垄断执法机构与政府产业规制部门的关系》为题发表于《中国人民大学学报》2015年第2期。

① 参见工业和信息化部：《关于批评北京奇虎科技有限公司和深圳市腾讯计算机系统有限公司的通报》，载IT天空网：https://www.itsk.com/thread-86437-1-1.html，最后访问日期：2020年2月18日。

递交的补充材料,但并未就此事件进行表态。[①] 在该事件的解决过程中,引发讨论的是政府产业规制部门是否有维护市场竞争的法定职权?在政府产业规制部门有效地对涉嫌垄断的行为进行处置后,反垄断执法机构的执法是否要保持必要的谦抑性?2011年,我国国家发展和改革委员会价格监督检查与反垄断局启动了对中国电信、中国联通的反垄断调查案。尽管工业和信息化部对此问题并未进行明确表态,但值得思考的是,在维护电信市场竞争的问题上,反垄断执法机构和电信产业规制部门各自的权力边界在哪里?是否会存在执法上的重合或冲突?如果存在冲突,如何在执法实践中予以解决?

政府与市场的关系问题是市场经济的永恒话题,反垄断执法和政府产业规制都会对市场运行产生影响,在我国,尽管关于产业政策和政府产业规制有诸多的探讨也需要进一步改革完善,但是政府产业规制部门的作用不容忽视。2008 年至 2018 年 10 年间,我国国家发展和改革委员会、商务部、国家工商行政管理总局按照分工共同负责反垄断执法工作;[②]2018 年 3 月根据《深化党和国家机构改革方案》,国务院组建国家市场监督管理总局,决定将国家工商行政管理总局的职责,国家发展和改革委员会的价格

① 2014 年 10 月 8 日我国最高人民法院对“北京奇虎科技有限公司(360)诉腾讯科技有限公司(QQ)反垄断纠纷案”作出二审判决,该案属于反垄断法的司法实施,具体论述可参见最高人民法院(2013)民三终字第 4 号民事判决书,而本章所探讨的反垄断执法机构与政府产业规制部门的关系问题则属于反垄断法的行政执法实施范畴。

② 根据第十一届全国人民代表大会第一次会议批准的国务院机构改革方案和《国务院关于机构设置的通知》(国发〔2008〕11 号)的规定,国家发展和改革委员会、商务部、国家工商行政管理总局在反垄断执法方面的职责分工为:国家发展和改革委员会拥有“依法查处价格违法行为和价格垄断行为”的职责;商务部负责“经营者集中的反垄断审查等工作,并承担国务院反垄断委员会的具体工作”;国家工商行政管理总局则“负责垄断协议、滥用市场支配地位、滥用行政权力排除限制竞争方面的反垄断执法工作(价格垄断行为除外)”。

监督检查与反垄断执法职责,商务部的经营者集中反垄断执法以及国务院反垄断委员会办公室等职责整合到国家市场监督管理总局,由此结束了我国反垄断法多头执法的局面。我国反垄断执法主体的融合,有利于反垄断执法标准的统一,有利于反垄断执法行为的协调,有利于避免反垄断执法管辖权冲突,有利于提高反垄断执法的效率、权威性和稳定性,从而进一步降低反垄断执法成本以及企业的合规成本。与此同时,被规制的产业(银行、电力、电信等)和依法(或依政策)成立的,在法律上或事实上具有特殊地位的产业(石油、烟草等)一般都设立了产业主管机关或监管机构。[①] 需要探讨的是,在维护自由公平竞争的问题上,反垄断执法机构与政府产业规制部门之间在管辖权上是否存在交叉、是否可能产生冲突以及这种冲突如何协调?是否可能存在反垄断执法机构与政府产业规制部门执法的融合?关于上述问题的思考需要在厘清竞争政策与产业政策的关系,反垄断法与产业规制法律制度的关系基础上,在倡导放松管制与竞争中立理念的时代背景下,对如何准确地把握反垄断执法机构与政府产业规制部门之间的关系问题进行理论探讨以正本溯源。

二、动态变化中的我国竞争政策与产业政策

竞争政策,一般是指市场经济国家为保护和促进市场竞争而实施的一项基本经济政策,其核心目标是通过保护和促进市场竞

---

① 国务院组成部分中的政府产业规制部门主要有:(1)国家发展和改革委员会;(2)工业和信息化部;(3)住房和城乡建设部;(4)交通运输部;(5)农业部;(6)商务部;(7)文化部。国务院部委管理的国家局中的政府产业规制机关主要有:(1)国家粮食局;(2)国家能源局;(3)国家烟草专卖局;(4)中国民用航空局;(5)国家铁路局;(6)国家邮政局;(7)国家中医药管理局。国务院直属机构中的政府产业规制部门主要有:(1)国家广播电影电视总局;(2)国家体育总局;(3)国家旅游局;(4)国家林业局。

争,确保竞争机制在市场发挥作用,从而提高资源配置效率,增进消费者福利。[①] 产业政策作为国家促进或限制产业发展所采取的一种措施,它的主要作用是在市场机制充分调节市场供求结构的前提下,干预市场调节过程,以推动产业间的协调发展,实现产业结构的合理化、现代化,其是国家宏观调控的重要手段,广义的产业政策被认为包括了竞争政策的内容。[②] 市场经济国家会同时使用竞争政策和产业政策这两种政策手段,作为一国经济政策体系的两个重要组成部分,竞争政策与产业政策在大多数的情形下是目标一致的,但同时也存在冲突的可能性。随着我国简政放权的政府职能改革,市场在资源配置中发挥越来越重要的作用,竞争政策与产业政策的冲突会日渐减少,我国未来的发展方向是构建"竞争友好型"的产业政策(competition-friendly industrial policy),从而实现竞争政策与产业政策的融合。

第一,竞争政策与产业政策在大多数情形下具有一致性。[③] 首先,竞争政策与产业政策有共同的理论依据,都是政府干预经济以弥补"市场失灵"的产物。竞争政策是借助政府干预来预防和消除垄断行为与不正当竞争行为;产业政策是借助政府干预对市场资源配置无效或低效的情况进行纠正,对市场机制进行引导。其次,竞争政策与产业政策的最终目标是相同的,都是要提高资源配置效率,实现社会经济稳定发展。竞争政策是通过维护

---

① 参见王先林:《试论竞争政策与贸易政策的关系》,载《河北法学》2006 年第 1 期。

② 关于竞争政策和产业政策关系问题的研究需要关注一个概念界定的问题,那就是产业政策不应该作为竞争政策的对立面而存在。当多数观点将产业政策分为产业结构政策、产业组织政策、产业技术政策和产业布局政策时,产业组织政策的实质就是竞争政策,两者本身就是融合在一起的。

③ 参见刘桂清:《反垄断法中的产业政策与竞争政策》,北京大学出版社 2010 年版,第 19 ~ 21 页。

自由的市场竞争机制和公平的市场竞争秩序来实现社会经济稳定发展;[①]产业政策是通过合理配置产业间和产业内的社会资源,实现产业结构的合理化并改善产业组织规模,以此促进产业发展和社会经济稳定增长。最后,竞争政策与产业政策在内容上会存在交叉和重合。竞争政策在维护竞争的过程中会关注产业结构、竞争状况以及产业的发展;产业政策中的产业组织政策,目的在于改善产业内的市场竞争状况,通过规范企业的市场行为和控制市场结构,实现产业组织的有效竞争。

第二,竞争政策与产业政策的差异性使两者存在冲突的可能性。首先,竞争政策与产业政策实现最终目标的路径不同。竞争政策通过对垄断行为、不正当竞争行为的规制来促进市场机制作用的发挥,是在创造条件让市场机制发挥配置资源的作用;产业政策实际上是用直接或间接的政府干预来代替或影响市场机制配置资源的作用。其次,竞争政策与产业政策的适用范围不同。竞争政策是一种普遍性政策,没有明确的产业指向;产业政策有直接的产业关注对象,是政府根据本国的经济和产业发展状况来确定其试图要促进、保护、扶持、限制的产业。再次,竞争政策与产业政策的实施工具不同。竞争政策的实施工具是禁止和处罚垄断行为、不正当竞争行为;产业政策的实施工具常常是财政、税收、金融、价格、外汇等手段。最后,竞争政策与产业政策的实施节点不同。竞争政策的实施更多是事后规制,少数是事先规制;[②]而产业政策的实施更多是事先规制,少数是事后规制。

第三,当竞争政策与产业政策存在一定的冲突时,两者的互

① 在美国,芝加哥学派甚至宣称:反托拉斯(竞争政策)的唯一目标就是经济效率。

② 经营者集中的反垄断审查就属于事先规制的范畴。

动协调仍具有理论和实践基础。首先,竞争政策与产业政策最终目标的一致性使两者的互动协调具有了理论基础。社会整体利益是社会作为一个系统所具有的独立的利益,区别于社会成员个体的利益与部分社会成员所组成的子系统的利益,是竞争政策与产业政策要实现的最终目标。其次,竞争政策与产业政策的协调互动具有法律基础。我国《反垄断法》第56条规定:“农业生产者及农村经济组织在农产品生产、加工、销售、运输、储存等经营活动中实施的联合或者协同行为,不适用本法”就是竞争政策与产业政策在立法上互动协调的例证。最后,市场机制的局限和政府产业规制的不足也对竞争政策与产业政策的互动协调提出了理论和现实需求。国家在运用市场“无形之手”进行调节的情况下,随着市场经济向纵深发展,妨害竞争、外部效应、公共物品、信息偏在等问题越来越突出,从而使市场调节的“无形之手”很难有效地发挥作用;与此同时,诸如公平分配、币值稳定等问题,也是市场机制不能有效解决的,从而产生了“市场失灵”问题。在“市场失灵”的情况下,是否必然导致国家的介入和弥补,学者的认识不尽相同,因为政府在对资源配置进行干预或影响的过程中,由于信息不足、滥用权力、腐败寻租、体制不健、多头管理等诸多方面的原因,政府在资源配置上也可能是低效甚至是无效的,政府也会出现失灵。[①] 因此,无论是市场机制,还是政府产业规制,都需要受到必要的约束制衡,从而产生了以维护市场机制为目标的竞争政策与体现政府产业规制目标的产业政策互动协调的理论和现实需求。

第四,产业政策在我国经济生活中的地位淡化会强化竞争政策的作用,也会逐步减少竞争政策和产业政策冲突的可能性,进

① 参见张守文:《经济法总论》,中国人民大学出版社2009年版,第7页。

而通过构建"竞争友好型"的产业政策,实现我国竞争政策和产业政策的融合。党的十八届三中全会指出:"经济体制改革是全面深化改革的重点,核心问题是处理好政府和市场的关系,使市场在资源配置中起决定性作用和更好发挥政府作用。"国务院 2014 年 7 月发布的《关于促进市场公平竞争维护市场正常秩序的若干意见》也指出:"围绕使市场在资源配置中起决定性作用和更好发挥政府作用,着力解决市场体系不完善、政府干预过多和监管不到位问题,坚持放管并重,实行宽进严管,激发市场主体活力,平等保护各类市场主体合法权益,维护公平竞争的市场秩序,促进经济社会持续健康发展。"随着我国经济领域政府职能转变的改革,我国会"在所有可能的地方引入竞争,只在不可避免的地方实行规制"。政府应当大幅度减少对资源的直接配置,更好发挥市场作用的广度和深度,依据市场规则、市场价格、市场竞争实现资源配置的效益最大化和效率最优化。[①] 而以市场竞争机制为基础、以充分发挥市场竞争机制的作用为目标,来制定和实施的产业政策必然逐渐成为"竞争友好型"的产业政策,竞争政策与产业政策也会因此而出现不断融合的发展趋势。

三、法治化进程中的我国反垄断法与产业规制法律制度

反垄断法是核心竞争政策的法律化,产业规制法律制度体现的是产业政策,因此,竞争政策与产业政策的关系会对反垄断法与产业规制法律制度的关系产生重要影响。竞争政策与产业政策在具体目标、实施路径上的差异性使反垄断法与产业规制法律制度在大多数情况下会分别独立地发挥各自的作用,但也存在发

---

① 参见时建中:《论竞争政策在经济政策体系中的地位——兼论反垄断法在管制型产业的适用》,载《价格理论与实践》2014 年第 7 期。

生冲突的可能性。如果竞争政策和产业政策能够不断融合,产业政策就不再是纯粹的产业政策,而是"竞争友好型"的产业政策,那么反垄断法与产业规制法律制度就存在广阔的互动协调空间,进而形成互动协调的法律体系。

第一,我国法治化的进程会推动产业政策的法治化,也会实现产业政策与竞争政策的互动协调。2014 年 10 月 23 日中国共产党第十八届中央委员会第四次全体会议通过的《中共中央关于全面推进依法治国若干重大问题的决定》指出:"社会主义市场经济本质上是法治经济。使市场在资源配置中起决定性作用和更好发挥政府作用,必须以保护产权、维护契约、统一市场、平等交换、公平竞争、有效监管为基本导向,完善社会主义市场经济法律制度。"在依法治国理念的指引下,由于我国一些政府产业规制行为的实施依据还是规章、政策甚至是文件,因此产业政策的法治化进程必然会加快。我国产业政策的法治化,可以制约政府权力对经济的干预,可以减少政府影响经济的主观性、随意性,也可以起到制约产业政策滥用的作用,还可以借鉴国外的产业政策法治化的经验。例如,美国政府在重视保护农业的同时,会将相关农业保护政策法治化,使政府对产业的影响具有合法性,使产业政策具有透明性、公正性和法律上的可问责性,并会随着经济、社会的变化而修改,美国国会 1933 年通过的《农业调整法》就在 1936 年、1949 年、1954 年、1973 年、1990 年、1996 年和 2002 年分别进行了修改和补充。[①] 当然,在产业政策法治化的过程中,产业政策与竞争政策的互动协调会在立法中实现,从而有助于反垄断法与产业规制法律制度的互动协调。

---

① 参见宾雪花、何强:《美国产业政策立法及对中国的三启示》,载《法学杂志》2013 年第 8 期。

第二,反垄断法与产业规制法律制度的立法可以甚至已经实现了较好的互动协调,并且还会在法律体系的完善过程中进一步互动协调。首先,产业规制法律制度在相关立法过程中可以实现与反垄断法的互动协调,其中立法优先咨询和竞争评估就是比较有效地实现立法互动协调的工具。所谓立法优先咨询(Prior Statutory Consultation),是指政府产业规制部门在制定涉及竞争问题的法律(政策)时,需要事前咨询或听取竞争主管机构的意见,以最大限度确保竞争不被不当扭曲。在这方面,韩国有一些经验可供借鉴。[①] 所谓竞争评估(Competition Assessment),是指反垄断执法机构或其他相关机构,通过分析、评价拟定中的或现行的法律可能(已经产生)的竞争影响,提出不妨碍政策目标实现而对竞争损害最小的替代方案的行为。目前,越来越多的国家在构建竞争评估制度,并取得了很好的效果。[②] 其次,我国《反垄断法》在立法中已经对产业政策进行合理的兼容,例如,我国《反垄断法》第7条"国有经济占控制地位的关系国民经济命脉和国家安全的行业以及依法实行专营专卖的行业,国家对其经营者的合法经营活动予以保护,并对经营者的经营行为及其商品和服务的价格依法实施监管和调控,维护消费者利益,促进技术进步"

---

① 韩国《规制垄断与公平交易法》第63条规定,有关行业监管机构的行政长官,在希望制定或者修订以决定价格、不正当的共同行为等限制竞争事项为内容的法令时,需事先咨询公平交易委员会的意见。公平交易委员会将检查相关立法草案是否包含与竞争法冲突的条款,如确定贸易条件、价格,限制市场进入,限制企业行为等。如果发现问题,公平交易委员会将向相关机构提出修改建议,并且确保它的建议在整个立法过程中得到最大限度的反应。参见张占江:《竞争倡导研究》,载《法学研究》2010年第5期,第113~127页。

② 为了在最大限度上推广对公共政策的竞争评估的经验,OECD专门颁布了《竞争评估工具》(2007年)、《竞争评估指南》(2010年)、《竞争评估原则》(2010年)、《竞争评估步骤》(2010年)等文件,阐明了竞争评估范围、方法、流程等制度要素,为各国制度构建提供参考。

等规定,就已经实现了反垄断法与产业规制法律制度的互动协调。最后,在我国《反垄断法》颁布实施后,还应当根据《反垄断法》的规定对相关的产业规制法律制度进行系统梳理并及时予以废、改、立。目前,我国的诸多法律,在政府职能转变改革和依法治国方略的指引下,存在修法的必要性、可行性和紧迫性,也因此为反垄断法与产业规制法律制度的互动协调提供了良好契机。例如,2013 年 7 月我国在第五轮中美战略与经济对话中,同意以准入前国民待遇和负面清单为基础与美方进行投资协定的实质性谈判。[①] 2013 年 11 月李克强总理同欧洲理事会主席范龙佩、欧盟委员会主席巴罗佐举行了第 16 次中国欧盟领导人会晤并发表《中欧合作 2020 战略规划》宣布启动中欧投资协定谈判,[②]准入前国民待遇和负面清单也会是谈判的基础。从投资协定谈判的现实要求出发,我国必须对现行的法律、行政法规、部门规章、部门规范性文件等根据美国投资保护协定 2012 范本规定项下不符措施进行梳理和研判,而这样的法律法规梳理和研判工作,也可以同时帮助实现产业规制法律制度与反垄断法的互动协调。

第三,反垄断法与产业规制法律制度在大多数情况下各自独立发挥作用并不会影响两法的互动协调。反垄断法与产业规制法律制度的立法目标、调整范围、调整手段的不同决定了两者对

---

① 参见《商务部就中美积极推进投资协定谈判发表讲话》,载人民网:http://world.people.com.cn/n/2013/0712/c1002-22182739.html,最后访问日期:2020 年 2 月 18 日。

② 参见《李克强同范龙佩、巴罗佐主持第 16 次中国欧盟领导人会晤》,载中央人民政府网:http://www.gov.cn/ldhd/2013-11/21/content_2532154.htm,最后访问日期:2020 年 2 月 18 日。

于国家经济发展影响的差异性和作用的独立性,[①]因此,在大多数情况下,反垄断法与产业规制法律制度都会按照各自的立法目标,运用相同或不同的调整手段,独立地调整经济领域的产业及经营行为。面对产业中的竞争问题,反垄断法与产业规制法律制度都在进行调整,但只要不存在冲突,重叠规制并不会影响反垄断法与产业规制法律制度的实施。即便在自由市场经济国家,反垄断法与产业规制法律制度也是各有分工,各有定位的。在这些国家中,由于整个社会经济是以市场为核心的,产业规制法律制度作用的发挥建立在市场良好运作的基础上,此时,产业规制法律制度是市场机制的有效补充,而不是替代,以维护市场机制为基础的反垄断法占据绝对的主导地位;与此同时,对于反垄断法存在局限的部分,则是产业规制法律制度应当充分发挥作用的地方。[②] 在我国现阶段,反垄断法与产业规制法律制度都有其存在的理由和价值,也都有各自的局限性,不可能完全替代对方,只是两者发挥作用的领域与典型市场经济国家既有相同之处,也存在一定程度的差异。但无论如何,反垄断法与产业规制法律制度独立地发挥各自的作用并不会影响两法的互动协调。

第四,反垄断法与产业规制法律制度的约束制衡并不影响两法的互动协调,甚至有助于两法的互动协调。无论出于总体经济规划与调节、对特定产业的经济辅助的目的,还是出于满足自我需求等其他目的,政府对市场竞争总是采取或多或少,或强或弱

---

① 我国《反垄断法》第1条规定:“为了预防和制止垄断行为,保护市场公平竞争,提高经济运行效率,维护消费者利益和社会公共利益,促进社会主义市场经济健康发展,制定本法。”我国《邮政法》第1条规定:“为了保障邮政普遍服务,加强对邮政市场的监督管理,维护邮政通信与信息安全,保护通信自由和通信秘密,保护用户合法权益,促进邮政业健康发展,适应经济社会发展和人民生活需要,制定本法。”

② 相同的观点可参见李剑:《反垄断法实施与产业政策的协调——产业政策与反垄断法的冲突与选择》,载《东方法学》2011年第1期。

的限制,此种来自政府部门对竞争的介入,传统上均被容忍。[①] 但是,随着政府放松管制,各国政府已经认识到政府产业规制行为可能对市场竞争构成的损害,而以维护竞争为己任的反垄断法可以并已经将政府对经济的不当影响纳入规制的视野,欧盟竞争法对国家援助行为的调整就体现了这种趋势,我国《反垄断法》对"滥用行政权力,排除、限制竞争行为"的禁止更是有效地制约了政府产业规制行为。与此同时,产业规制法律制度也会限制反垄断法的适用范围,产业规制法律制度与反垄断法并不必然但可能会存在一定的冲突,当政府相关部门对产业进行市场准入控制、限定或者控制价格,允许经营者从事某些反垄断法通常禁止的行为时,有合法依据的政府产业规制行为会使反垄断法的适用范围受到限制。[②] 如果政府产业规制行为有充分的法律依据,就可以被推定为不适用反垄断法,或者我们可以称之为豁免适用于反垄断法的审查。从这个角度来说,产业规制法律制度可以或明或暗地排除反垄断法的适用,使反垄断法的适用范围受到一定的限制。[③] 但是,反垄断法与产业规制法律制度之间的约束制衡并不影响两法的互动协调,反而从另一侧面凸显了两法互动协调的重要性。

---

① 参见刘孔中:《公务部门行为适用公平交易法之范围》,载《政大法学评论》1996年总第55期。

② 根据我国《反垄断法》的规定,即便是产业主管机关的行为构成了"滥用行政权力,排除、限制竞争行为",反垄断法对其的规制也是有限的,反垄断执法机构也只有"向有关上级机关提出依法处理的建议"的权力,而没有对产业主管机关直接进行反垄断执法和处罚的权力。

③ 参见孟雁北:《我国〈反垄断法〉之于管制行业适用范围问题研究》,载《法学家》2012年第6期。

四、政府与市场关系重构中的反垄断执法机构与政府产业规制部门

尽管有学者认为,反垄断法体现的是对市场的推崇和对政府产业干预本身的谨慎,而产业规制法律制度体现的则是对竞争的取代和获取完美竞争结果的野心。这样的制度本质,以及反垄断法"经济性宪法"的地位和反垄断执法机构相比政府产业规制部门处理竞争问题具有更大的权威性,决定了反垄断执法机构在干预竞争中拥有主导权的正当性、合法性。[①] 但是,从实现社会整体利益最大化的目标出发,反垄断执法机构与政府产业规制部门并不存在终极利益上的冲突,在我国目前正在进行的政府与市场关系的重构过程中,反垄断执法机构和政府产业规制部门会形成各司其职、约束制衡、重叠执法与互动协调并存的关系模式,并日渐走向执法融合。

第一,我国反垄断执法机构与政府产业规制部门的关系模式之一——各司其职。反垄断执法主要是保障市场竞争机制发挥作用,政府产业规制行为更多要实现的是与竞争无关的制度内容(产业安全规制、技术标准规制等),因此,我国反垄断执法机构与政府产业规制部门在更多的时候是依法各司其职的。例如,我国交通运输部的职责包括:组织拟订并监督实施公路、水路、民航等行业规划、政策和标准;参与拟订物流业发展战略和规划,拟定有关政策和标准并监督实施;指导公路、水路行业有关体制改革工作等。[②] 我国农业部的职责包括:研究拟定农业的产业政策,引导农业产业结构的合理调整、农业资源的合理配置和产品品质的改善;组织起草种植业、畜牧业、渔业、乡镇企业等农业各产业(以下

---

① 参见张占江:《竞争倡导研究》,载《法学研究》2010 年第 5 期。

② "交通运输部主要职责",载交通运输部网:http://www.mot.gov.cn/jiaotonggaikuang/201510/t20151015_1902308.html,最后访问日期:2020 年 2 月 18 日。

简称农业各产业)的法律、法规草案等。[①] 这些政府产业规制部门的职责与反垄断执法机构的职责更多是根据自己的职责范围,运用相同或不同的调整手段,独立地调整经济领域的产业及经营行为。以经营者并购行为的规制为例,经营者集中反垄断审查制度与外资并购境内企业的国家安全审查制度就是反垄断执法机构与政府产业规制部门各司其职的样本。

第二,我国反垄断执法机构与政府产业规制部门的关系模式之二——约束制衡。从立法视角出发,反垄断法与产业规制法律制度已经蕴含了相互制衡的要素,不仅反垄断法会规制不合法、不合理的政府产业规制行为,产业规制法律制度也会对反垄断执法的范围有一定的限制作用,因此,反垄断执法机构与政府产业规制部门通过相互制衡以实现社会整体利益最大化。当政府产业规制行为超过合理合法的限度,反垄断执法会对政府产业规制行为起到制衡的作用。例如,国家发改委官员在 2014 年 9 月 11 日国务院新闻办的反垄断专题会上介绍,根据韩国大使馆的举报,河北省交通厅、物价局、财政厅规定河北省客运企业享受过路过桥费半价优惠,其他省份的企业在当地则不能享受这一优惠。国家发改委作为反垄断执法机构已向河北省人民政府发出执法建议函,建议立即责令 3 部门改正错误。[②] 2014 年 9 月 23 日河北省交通运输厅、物价局、财政厅及时调整之前仅对本省客运班车实行通行费优惠政策的做法,联合下发《关于调整我省客运班车通行费优惠政策的通知》(冀交公〔2014〕407 号),明确规定自 2014 年 10 月 1 日起,省际客运班线中与河北省客运班车互营对

① 参见"农业部主要职责",载农业农村部网:http://www.moa.gov.cn/zwllm/nybgk/201006/t20100618_1583296.htm,最后访问日期:2020 年 2 月 18 日。

② 《河北省政府遭反垄断调查信号:重点排查行政垄断》,载凤凰网:http://finance.ifeng.com/a/20140914/13111279_0.shtml.,最后访问日期:2014 年 10 月 28 日。

开的外省(市、区)籍客运班车,享受与河北省客运班车同样的通行费优惠政策。[①] 当然,反垄断执法机构也需要尊重立法机构对"竞争与管制"边界的界定,正像"加利福尼亚零售酒商协会诉中铝公司案"(California Retail Liquor Dealers Association v. Midcal Aluminum, Inc.)所指出的那样:反垄断执法机构无权也不必划分"竞争与管制"的边界,而只需要努力"维护竞争"。[②] 而且,政府产业规制部门也可以从产业的视角出发,对反垄断执法机构的执法行为提出意见、建议等。

第三,我国反垄断执法机构与政府产业规制部门的关系模式之三——重叠执法。反垄断执法与政府产业规制行为并不必然存在冲突,重叠执法具有可行性。所谓重叠执法,是指由于反垄断法和产业规制法律制度在维护竞争问题上具有重合的规定,在反垄断执法机构对损害、限制竞争的行为进行执法的同时,政府产业规制部门也可以对该产业损害、限制竞争的行为同时进行执法,于是在执法管辖权上出现重叠的现象。这种现象的出现是正常的,例如,英国在2000年3月生效的《竞争法》第4节中就规定,对于受"管制之产业"(regulated industries)在适用本法时,目的事业管制机关与竞争法之主管机关公平交易局(Office of Fair Trading, OFT)拥有"共同执法权"(concurrent enforcing powers)。[③] 英国通信办公室虽然是负责管理英国商业电视、电台广播、有线和移动电话、无线电频谱的规制机构,但其内部有专设的竞争政

---

① 《河北省对互营对开客运班车在通行费上给予同等待遇》,载国家发展和改革委员会网:http://www.ndrc.gov.cn/xwdt/dt/dfdt/201410/t20141030_988963.html,最后访问日期:2020年6月30日。

② See California Retail Liquor Dealers Association v. Midcal Aluminum, Inc., 445 U.S. 97, 100 S. Ct. 937, 63 L. Ed. 2d 233(1980).

③ 参见史际春、肖竹:《〈反垄断法〉与行业立法、反垄断机构与行业监管机构的关系之比较研究及立法建议》,载《政法论丛》2005年第4期。

策工作组负责制订市场政策以促进竞争，并对相关产业的经营者违反竞争规则的行为进行调查，对企业间的竞争争议进行裁判，与英国公平贸易局联合执行竞争法，还滚动出版“竞争与消费者执法公告”，专门刊载处理竞争执法及其他案件的详细情况与最新进展。[①] 美国在电信、电力、金融和航空业领域建立了监管机构，如联邦通信委员会（Federal Communications Commission，FCC）负责电信领域的监管工作，根据美国1996年《电信法》的规定，对电信市场的企业并购行为的审查并不是联邦通信委员会的专属权限，司法部反托拉斯局和联邦贸易委员会也有权审查电信市场上的并购行为，而且联邦通信委员会在审查电信市场的企业并购行为时，必须要依据反托拉斯法。[②] 我国在一些法律法规中也将反垄断的执法职能赋予了行业主管机构，例如，我国《电信条例》第4条规定：“电信监督管理遵循政企分开、破除垄断、鼓励竞争、促进发展和公开、公平、公正的原则”。

第四，我国反垄断执法机构与政府产业规制部门的关系模式之四——互动协调。反垄断执法机构与政府产业规制部门的最终目标均是实现社会整体利益最大化，目标的一致性是两者协调互动的基础之一，而反垄断理论与管制理论的互动发展则是反垄断执法机构与政府产业规制部门协调互动的理论支撑。例如，管制捕获理论就强调管制对竞争和经济的负面作用，促进了放松管制运动的兴起，从而使原来的政府产业管制领域进入反垄断法的管辖范围。[③] 而从执法角度来观察，反垄断执法机构与政府产业

① 参见李俊峰：《产业规制视角下的中国反垄断执法架构》，载《法商研究》2010年第2期。

② 参见王晓晔：《竞争法学》，社会科学文献出版社2007年版，第424页。

③ 参见张江莉：《反垄断制度与政府管制》，北京师范大学出版社2011年版，第187页。

规制部门具有不同的专业优势，也使反垄断执法机构与政府产业规制部门的互动协调具有了来自实践的理由。在反垄断执法过程中，由于反垄断法律制度的内容具有不确定性、相对模糊性、专业性和隐蔽性等特点，反垄断执法机构对于违法信息的掌控，违法事实的调查，以及行为是否违法的判断等执法工作，都需要进行大量的经济分析，反垄断执法机构具有反垄断执法知识和经验的优势。政府产业规制部门的执法优势在于：一些产业的技术性、专业性日趋复杂，处理这些领域的竞争规制问题，如关键设施的使用、网络型产业的互通互联、技术标准的制定、经营方式的创新等，只有通过长期、密切的关注，掌握特定产业领域的历史数据，理解相关技术应用对该产业竞争秩序的影响，才能准确地进行反垄断执法活动。因此，反垄断执法机构与政府产业规制部门在执法过程中加强合作，加强信息交流和沟通，甚至规定强制性的磋商和提供意见的程序是必不可少的。反垄断执法机构在产业问题的具体判断上有义务听取政府产业规制部门的意见，反垄断执法机构也有义务向政府产业规制部门提出与竞争有关的意见并提交非强制性的专家报告。例如，德国就规定，行业监管部门有义务接受反垄断执法机构关于"相关市场界定"和"市场支配地位"的结论；澳大利亚、法国等规定了强制性的磋商程序。①

五、结论

不同的产业及同一产业的不同发展阶段，竞争政策与产业政策的关系是不同的；不同国家，因为所处的经济发展阶段不同，竞争政策与产业政策的法治化程度不同，反垄断法与产业规制法律

---

① 参见李凤琴：《银行业反垄断执法问题研究》，载《亚洲竞争法论坛（2009）论文集》，第49～56页。

制度的关系也具有一定的差异性。在我国,反垄断执法与政府产业规制行为的关系问题还与经济体制改革密切相关,与管制行业改革的进度和措施相关,与产业政策的法治化进程相关。

从总体来看,不仅反垄断执法机构具有维护市场竞争的法定职权,政府产业规制部门也具有维护市场竞争的法定职权。不仅政府产业规制部门在反垄断执法机构对涉嫌垄断的行为进行执法时要互动配合且在必要的时候保持一定的谦抑性,在政府产业规制部门能够有效地对涉嫌垄断的行为采取产业规制措施时,反垄断执法机构的执法也需要保持必要的谦抑性。反垄断执法机构与政府产业规制部门之间会形成各司其职、约束制衡、重叠执法与互动协调并存的关系模式,这些关系模式会同时存在,而不是选择性地非此即彼存在,这种关系模式是立体的、多种模式并存的并且不是一成不变的。从实现社会整体利益最大化的目标出发,反垄断执法机构与政府产业规制部门在执法过程中并不存在终极利益上的冲突和矛盾,即便他们在依法行使各自的职权时出现了执法权限上的重叠或者冲突,通过构建“竞争友好型产业政策”且使之法治化,通过实现反垄断法与产业规制法律制度的互动协调,不仅可以实现反垄断执法机构与政府产业规制部门的执法协调,还可以实现反垄断执法机构与政府产业规制部门的执法融合。

第四章　我国管制行业规制行为之公平竞争审查问题研究*

一、引言

“管制行业”作为一个集合概念，主要是指电力、邮政、石油、烟草、盐业、电信、供热、自来水、煤气、航空、铁路等行业。管制行业常常是关系国计民生的关键性领域，是一个国家的经济基础和支柱产业。① 管制行业通常具有规模经济效应，有较大的投资成本沉淀，经营可能具有公益性，随着经济技术条件和市场需求等因素的变化，管制行业已由完全垄断变为垄断业务与竞争业务并存的行业。规制是政府干预经济的手段之一，又被称为管制、监管，缘起于市场失灵，是由政府或独立的规制机构依

---

* 本章部分内容曾以《我国垄断行业规制行为之公平竞争审查问题研究》为题发表于《价格理论与实践》2018 年第 11 期。

① 参见高梁：《垄断行业和国有企业改革》，载《政治经济学评论》2010 年第 3 期。

据相关法律、规章、命令或裁决，对规制客体的经济行为进行制约、干预等一系列行政管理与监督，纠正市场垄断、外部性、资源配置非均衡性、分配不公正性等"市场失灵"现象，以达到保护消费者利益、维持正常的市场竞争秩序、保障市场经济良性运转的一项制度安排。① 行业规制制度肇始于美国，1887 年成立的铁路州际商业委员会就是为了限制铁路运营巨头垄断，实现对小城市服务保证，促使合理公平的价格而设立的规制制度，1913 年美国政府行业规制的范围扩大到银行业，后又扩展到电力、通信等行业。②

因此更需要思考：我国管制行业是否需要行业规制制度？在什么情况下需要行业规制制度？如何预防管制行业规制措施对市场竞争产生不必要的、不适当的影响？在预防行政垄断行为产生的过程中，管制行业规制行为的公平竞争审查制度将发挥怎样的作用？

二、管制行业的规制理论梳理

根据丹尼尔·史普博的定义，"规制"是由行政机构制定并执行的直接干预市场配置机制或间接改变企业和消费者供需关系决策的一般规则或特殊行为。他认为，"规制代表了国家的一种企图，即改变原先控制市场交易的行政及法律制度框架"，"由于规制通过政策、通过消费者和企业同盟之间的互动过程来决定，使规制一方面具有再分配的性质，另一方面以市场失灵为其规制理由"。施蒂格勒则列举了四项为产业所需而由国家提供的规制

① 参见张蕴萍：《规制能力提升是深化中国垄断行业政府规制体制改革的有效途径》，载《理论学刊》2015 年第 8 期。

② 参见许石慧：《反垄断与产业监管的制度范式及选择——以比较经济法为路径的思考》，载《政法论丛》2005 年第 3 期。

手段:直接的货币补贴、新进入的控制、对产业辅助品生产的鼓励及替代品生产的压抑、价格的控制。1981 年施蒂格勒又将规制的范围扩展到所有公共与私人关系中,不仅包括管制行业的反托拉斯政策,还包括对要素市场的公共干预、举债和投资以及对商品和服务的生产、销售或交易的公共干预等。[①] 总之,为了弥补管制行业的市场失灵,约束经营者的行为,抑制垄断,实现更高程度的资源优化配置,保护社会公共利益,管制行业规制理论应运而生。它的核心内容是政府通过法定的权利和规则,运用行政手段,对市场行为主体资格、行为、权益的干预和管理。管制行业规制理论经历了市场失灵—规制—规制失灵—放松规制—再规制的不断探索过程:当存在市场失灵时,规制公共利益理论产生,但因为公共利益理论不能有效地处理规制结果和规制目标的统一性问题,"规制失灵"理论出现,进而产生了政府规制的部门利益理论(俘虏理论)和放松规制理论。其后的激励性规制理论则是侧重于非对称信息条件下规制问题的研究。从管制行业规制理论的发展过程中我们可以得出以下逻辑关系:市场失灵→规制需求→规制供给(过度)→规制失灵→放松规制→规制改革需求和实践,从而形成了一个系统、递进的规制理论发展过程。[②]

第一,规制公共利益理论。规制公共利益理论主张在市场出现失灵时,作为公共利益代表的政府对行业进行经济干预。该理论认为,政府行业规制是可以纠正市场失灵、提高资源配置效率、增进社会福利的。只要存在市场失灵,政府就应该实施相应的规制措施,从而达到矫正市场机制缺陷的目的。[③] 该理论也存在不

---

① 参见崔惠民、周德发:《西方国家自然垄断行业政府规制实践变迁与理论演化》,载《经济研究导刊》2011 年第 3 期。

② 参见胡峰:《自然垄断行业政府规制理论述评》,载《思想战线》2012 年第 3 期。

③ 同上。

足,如该理论没有说明行业规制对社会福利的追求是如何进行的;该理论关于政府规制成本为零的假设不符合实际,在政府规制管制行业时,往往存在很多交易成本、权力寻租成本等。有学者也因此提出,要避免公共利益定义过度膨胀,公共利益不能被当作一剂"万灵药",而只应当用在恰如其分并能够使其产生一些影响的地方。①

第二,规制经济理论。规制经济理论将规制当作经济系统的一个内生变量,由规制需求和规制供给决定,规制经济理论能同时解释规制实践过程中需要行业规制以及放松规制的原因。诺贝尔经济学奖获得者施蒂格勒通过经济学上的供求分析法具体说明了政府规制存在的原因,创建了以政府为供给方、消费者或企业为需求方的供求分析模式,根据供给和需求条件的变化,就能判断政府进行规制到底是为了谁。②

第三,规制俘虏理论。规制俘虏理论的基本观点是,无论规制方案如何设计,规制机构对某个行业的规制会被这个行业所"俘虏",其提高的是行业利润而不是社会公共利益。规制俘虏理论认为,特定利益集团在公共政策的形成和实施中会发挥重要作用,被规制行业依据其强大的影响力来进行寻租活动,致使规制立法者和执法者作出有利于自身利益却侵害了消费者利益的行为,从而最终导致了规制部门被企业俘虏的现象。在此基础上,还产生了政府规制失灵理论,即因为信息的不对称、规制成本的上升、某些人的贪欲等因素的影响,从而引起了政府规制失灵。

第四,可竞争市场理论。可竞争市场理论认为,行业规制并不是那么必要,竞争机制完全可以实现资源的最优配置。针对不

① 参见[英]迈克·费恩塔克:《规制中的公共利益》,戴昕译,中国人民大学出版社2014年版,第31页。

② 参见胡峰:《自然垄断行业政府规制理论述评》,载《思想战线》2012年第3期。

同阶段的管制行业的发展特点,可以区分为自然垄断性业务和非自然垄断性业务,并引入适合的竞争机制,促使垄断企业不断创新技术,降低成本,发挥规模经济的效应。

第五,激励规制理论。激励规制理论主要是针对原有规制理论在解决信息不对称和激励企业提高效率等方面的不足而设计的,它通过引入竞争来克服信息不对称等问题,从而达到激励被规制企业自愿、积极主动地降低产品或服务成本、提高生产效率的目的。[①] 激励规制的措施主要包括:特许投标理论、区域间比较竞争理论和价格上限规制等,其中价格上限规制是应用最广泛的一种。[②]

上述管制行业的规制理论各有优缺点,需要关注的是,规制与市场机制功能发挥不是一种简单意义上的相互替代,而是一种不断调整的动态变迁过程,市场经济的发展和规范运行,必须有广泛、深入和系统的规制,同时,规制也必须随着市场的竞争强度、交易规模、产业结构和经济水平的变化作出适时的改革。市场失灵是管制行业规制的必要条件,但不是充分条件,因为行业规制也有可能失灵。从这个意义上来说,管制行业规制制度的调整、变迁和改革是克服两种"失灵",寻求新的制度均衡的演变过程。[③]

三、我国管制行业规制之改革

管制行业规制源于市场机制调节经济活动的不足与失灵,同

---

① 参见崔惠民、周德发:《西方国家自然垄断行业政府规制实践变迁与理论演化》,载《经济研究导刊》2011 年第 3 期。

② 参见秦大伟、赵彦辉:《规制理论在自然垄断行业的应用》,载《合作经济与科技》2010 年第 1 期。

③ 周学荣:《论政府管制》,载《光明日报》2004 年 4 月 20 日,第 11 版。

时受一个国家经济体制、经济发展水平、经济发展道路、产业国际竞争力等诸多复杂要素的影响。世界上主要国家的管制行业规制政策先后经历了 20 世纪 80 年代前的规制强化期、20 世纪 80 年代中期至 90 年代的规制放松期以及 21 世纪第一个 10 年的规制重构期 3 个重要阶段，对管制行业进行规制的手段和内容一般有市场进入规制、价格规制、投资规制、质量规制等。

第一，管制行业规制失灵的担忧会推动管制行业规制改革。面对市场无序的现状，管制行业规制机构在公众与其他社会压力之下，也容易滑向过度规制的另一个极端，甚至有观点认为：规制本身的不完美趋向于催生更多的规制，而非相反。[①] 管制行业过度规制容易产生诸多的不良后果，如导致市场主体守法成本过高，甚至导致规制威慑失灵；导致规制范围、程度扩大，无法解决管制行业中存在的重点问题；导致管制行业过于依赖强制性规制手段，丧失利用其他政策手段与工具实现管制行业目标的能力；导致管制行业规制者权力过大，容易出现权力滥用；也可能会抑制市场机制与其他社会调控机制的形成，使其无法分担公共治理的责任；还可能导致部门相互争权夺利或者推卸责任等。[②] 例如，我国石油、天然气、电力、电信、铁路等管制行业的行政性垄断色彩浓厚，就不利于市场公平竞争和科学发展，而在这些行业中国有经济比重较高，国有企业居于垄断地位，凭借行政权力和行业管制也容易攫取高额垄断利润，进而损害消费者福利和社会公共利益。

第二，我国管制行业经过多年改革已经取得了很大的进步，但仍存在一些问题使管制行业规制进一步改革势在必行。我国

---

① 参见[英]安东尼·奥格斯：《规制：法律形式与经济学理论》，骆梅英译，中国人民大学出版社 2008 年版，第 337 页。

② 参见周汉华：《政府监管与行政法》，北京大学出版社 2007 年版，第 19～20 页。

管制行业规制改革已经取得了重要突破。例如,在价格规制改革方面,石油行业 2008 年形成基于国际原油价格波动的成品油定价机制;电力行业在发电环节实现上网标杆价,在销售环节相继出台差别电价和居民阶梯电价;烟草行业 2015 年放开烟叶价格管制,改由企业自主定价。又如,在市场准入规制改革方面,中石化把囊括 3 万多座加油站的销售板块 30% 的股份出售给战略投资者,拓展混合所有制改革;电力行业引入多层面、多区域、多种所有制的发电企业,在电网运营方面组建了国家电网、南方电网以外的内蒙古电网等地方电网企业。再如,在投资规制改革方面,电信行业借鉴公私合作模式,积极引入民营资本加大信息基础设施投资力度。① 也如,我国正在进行中的供给侧改革意味着更少的垄断领域或者垄断环节,更少的市场准入控制,更多的社会资本参与机会,更均等的要素价格,更强的资源和环境约束。2014 年 7 月国务院发布的《关于促进市场公平竞争维护市场正常秩序的若干意见》指出:"围绕使市场在资源配置中起决定性作用和更好发挥政府作用,着力解决市场体系不完善、政府干预过多和监管不到位问题,坚持放管并重,实行宽进严管,激发市场主体活力,平等保护各类市场主体合法权益,维护公平竞争的市场秩序,促进经济社会持续健康发展。"2015 年 5 月 8 日国务院批转国家发展和改革委员会《关于深化经济体制改革重点工作的意见》中明确规定:"落实进一步深化电力体制改革的若干意见,制定相关配套政策,开展售电侧改革等试点。研究提出石油天然气体制改革总体方案,在全产业链各环节放宽准入。推进盐业体制改革。"这些政策信号,意味着我国管制行业规制改革已经进入顶层

① 参见管乃生:《国有管制行业改革的新思考》,载《经济体制改革》2016 年第 1 期。

设计和攻坚突破阶段。我国管制行业规制改革的过程可能是在市场与政府边界问题上的一再试错,使政府不得不认真对待公权力的边界,在选择行业规制措施时要对规制的目的适当性进行考量,对手段与目的匹配性进行衡量,对是否给经营者和社会公共利益造成不当侵害进行度量。

第三,我国管制行业规制改革的重点之一,是市场准入规制制度的改革。所谓的市场准入,是为了防止潜在竞争者的威胁使既存管制行业的经营者无法以边际成本价格或者盈亏相抵价格维持生存,以此达到对潜在竞争者的进入进行限制、保护既存管制行业经营者之目的。规制机构一般采取发放许可证的方式对行业的进入加以控制,此种规制措施主要适用于那些具有高额沉淀成本的管制行业,在避免资源浪费的同时,既可保证规模经济收益和基本服务的有效供给,又可防止管制行业经营者利用垄断地位损害社会公共利益。[①] 由于市场机制本身的缺点以及国家安全等方面的考虑,并非所有的行业都完全适合由市场进行资源配置,政府有关部门在构建市场准入制度时,可以通过市场准入负面清单制度来明确地告知市场主体哪些行业暂时不允许自由的市场准入,从而增加市场主体的可预期性,减少政府滥用权力的可能性。市场准入负面清单制度,是指国务院以清单方式明确列出在我国境内禁止和限制投资经营的行业、领域、业务等,各级政府依法采取相应管理措施的一系列制度安排。市场准入负面清单以外的行业、领域、业务等,各类市场主体皆可依法平

---

① 参见王先林:《垄断行业监管与反垄断执法之协调》,载《法学》2014年第2期。

等进入。[①] 2016年3月国家发展和改革委员会、商务部会同有关部门汇总、审查形成的《市场准入负面清单草案(试点版)》以通知形式印发,并在天津、上海、福建、广东4个省、直辖市试行。草案列明了在我国境内禁止和限制投资经营的行业、领域、业务等市场准入负面清单事项共328项,包括禁止准入类96项及限制准入类232项。市场准入改革的实施步骤是:按照先行先试、逐步推开的原则,从2015年年底至2017年12月31日,在部分地区试行市场准入负面清单制度,积累经验、逐步完善,探索形成全国统一的市场准入负面清单及相应的体制机制,从2018年起正式实行全国统一的市场准入负面清单制度。2018年12月25日经中共中央、国务院批准,国家发展和改革委员会、商务部发布《市场准入负面清单(2018年版)》,这标志我国全面实施市场准入负面清单制度,负面清单以外的行业、领域、业务等,各类市场主体皆可依法平等进入。清单主体包括"禁止准入类"和"许可准入类"两大类,共151个事项、581条具体管理措施,与此前的试点版负面清单相比,事项减少了177项,具体管理措施减少了288条。其中,禁止准入类事项4项。分别是法律法规明确设立的与市场准入相关的禁止性规定、《产业结构调整指导目录》中禁止投资和禁止新建的项目、"禁止违规开展金融相关经营活动"和"禁止违规开展互联网相关经营活动"。对于禁止类事项,市场主体不得进入,行政机关不予审批。许可准入类事项共147项,涉及国民经

① 2013年11月党的十八届三中全会通过的《中共中央关于全面深化改革若干重大问题的决定》提出,"实行统一的市场准入制度,在制定负面清单基础上,各类市场主体可依法平等进入清单之外领域"。2014年6月国务院《关于促进市场公平竞争维护市场正常秩序的若干意见》(国发〔2014〕20号)要求,"改革市场准入制度。制定市场准入负面清单,国务院以清单方式明确列出禁止和限制投资经营的行业、领域、业务等,清单以外的,各类市场主体皆可依法平等进入"。2015年10月国务院颁布了《关于实行市场准入负面清单制度的意见》(国发〔2015〕55号)。

济行业20个分类中的18个行业中的128个事项,《政府核准的投资项目目录》事项10项,《互联网市场准入禁止许可目录》事项6项,信用惩戒等其他事项3项。对于许可准入类事项,由市场主体提出申请,行政机关依法依规作出是否予以准入的决定,或由市场主体依照政府规定的准入条件和准入方式合规进入。这一重大制度创新,有利于发挥市场在资源配置中的决定性作用,真正实现“非禁即入”;有利于激发市场主体活力,对各类市场主体一视同仁,实现规则平等、权利平等、机会平等;有利于政府加强事中事后监管;有利于推动相关审批体制、投资体制、监管机制、社会信用体系和激励惩戒机制改革,推进国家治理体系和治理能力现代化。①

四、我国管制行业规制行为公平竞争审查制度之构建

经济合作与发展组织认为,行业规制也可以分为技术、经济和竞争3个方面。竞争规制是破除业已发生的垄断行为并预防出现有利于形成垄断的条件;技术规制是为应对安全、环境和成本转换的外部性而设置、实施产品和生产过程的标准以及对公共所有或控制的资源(如无线电频段)进行分配;经济规制是直接控制或指定生产技术、合格的经营者(发放和管理执照)、销售事项(如产出品的价格和可获得性)、市场营销行为的标准化(如广告与营业时间)。② 行业规制中大量存在的技术规制和经济规制虽然不直接干预竞争,但可能对竞争产生重要影响,甚至可能产生

① 参见《非禁即入!我国全面实施市场准入负面清单制度》,载中央人民政府网:http://www.gov.cn/xinwen/2018-12/25/content_5351924.htm,最后访问日期:2020年2月26日。

② 参见李俊峰:《产业规制视角下的中国反垄断执法架构》,载《法商研究》2010年第2期。

排除、限制竞争的后果。

我国管制行业规制措施存在的各种不足和实践中的种种弊端表明，单纯依靠管制行业管制机构制定者的自律无法保证制定和实施“好”的规制措施，也无法有效预防和阻止“不好”的规制措施的出台，因此，亟须引入对行业规制措施的评估、审查等约束机制。公平竞争审查制度在我国的适时构建，可以有效地对即将出台或已经实施的管制行业规制措施进行竞争评估，致力于将规制措施对市场竞争的损害降到最低，进而成为现阶段我国管制行业规制改革的重要举措之一。

第一，公平竞争审查，是指政府部门在制定有关政策措施时，要考虑其可能对市场竞争的影响，确保政府相关行为符合公平竞争要求和相关法律法规，在实现政策目标的同时，防止排除和限制竞争，保障市场配置资源的决定性作用得到充分发挥，保障各类市场主体平等使用生产要素、公平参与市场竞争、同等受到法律保护。任何政策实施超出边界均会带来不良效果，不当的管制行业规制行为必然会带来损失。如果管制行业规制行为体现的是行政干预的随意，就会阻碍市场竞争机制发挥作用，这也是我国产业规制政策效果不尽如人意的根源之一，因此，对政府主管部门制定的行业规制措施予以法治约束，防范行业规制行为对市场竞争不当的限制、排斥或扭曲，[①]可以有效预防行政垄断行为的产生，也是我国构建和实施管制行业规制行为公平竞争审查制度的目标追求。中共中央、国务院《关于深化体制机制改革加快实施创新驱动发展战略的若干意见》（中发〔2015〕8 号）提出：“要探索实施公平竞争审查制度。”国务院批转国家发展和改革委员会

① 参见刘桂清：《产业政策失效法律治理的优先路径——“产业政策内容法律化”路径的反思》，载《法商研究》2015 年第 2 期。

《关于2015年深化经济体制改革重点工作意见》(国发〔2015〕26号)提出:“建立和规范产业政策的公平性、竞争性审查机制。”国务院《关于大力推进大众创业万众创新若干政策措施的意见》(国发〔2015〕32号)强调:“加快出台公平竞争审查制度,建立统一透明、有序规范的市场环境。”中共中央、国务院《关于推进价格机制改革的若干意见》(中发〔2015〕28号)明确要求实施公平竞争审查制度。国务院《关于在市场体系建设中建立公平竞争审查制度的意见》(国发〔2016〕34号)指出:“建立公平竞争审查制度,防止政府过度和不当干预市场,有利于保障资源配置依据市场规则、市场价格、市场竞争实现效益最大化和效率最优化”。2017年10月23日国家发展和改革委员会、财政部、商务部、国家工商行政管理总局、国务院法制办公室联合发布了《公平竞争审查制度实施细则(暂行)》。2019年2月12日为建立健全公平竞争审查第三方评估机制,鼓励支持政策制定机关在公平竞争审查工作中引入第三方评估,提高审查质量,确保审查效果,推动公平竞争审查制度深入实施,国家市场监督管理总局研究制定了《公平竞争审查第三方评估实施指南》,并经公平竞争审查工作部际联席会议第二次全体会议审议通过,供政策制定机关在开展公平竞争审查第三方评估时参考。

第二,管制行业规制措施的公平竞争审查有国际经验可供借鉴。公平竞争审查制度的内涵广泛,各国(地区)的竞争评估制度以及竞争咨询制度,都是公平竞争审查制度的应有之义。其中,竞争评估(Competition Assessment),是指竞争主管机构或政府产业主管部门通过分析、评价拟定中的或现行的法律可能(已经产生)的竞争影响,提出不妨碍政策目标实现而对竞争损害最小的替代方案的行为。为了最大限度推广对公共政策的竞争评估的经验,经济合作与发展组织专门颁布了《竞争评估工具》(2007

年)、《竞争评估指南》(2010 年)、《竞争评估原则》(2010 年)、《竞争评估步骤》(2010 年)等文件,阐明了竞争评估范围、方法、流程等制度要素,为各国制度构建和实施提供参考。竞争咨询(Competition Consultation),是指政府产业主管部门在制定涉及竞争问题的法律(政策)时,需要事前咨询或听取竞争主管机构的意见,以最大限度确保竞争不被不当扭曲。在美国,司法部反托拉斯局有权介入或参与联邦电信委员会、联邦能源委员会、联邦海事委员会等机构任何涉及反垄断法或竞争政策的程序;有权向总统、国会和其他政府部门提出任何对于影响竞争的行为、程序的合理性的观点和建议。[①] 在日本,产业主管部门在电信、天然气、电力和交通领域采取影响竞争的措施前都需要事先咨询公正交易委员会的意见。公正交易委员会以反垄断法为依据展开调查,在必要的情况下提出相应的意见,或者在存在进一步改善空间的情形下提出建议。日本《政府政策评估法》也要求产业主管机关在拟定相关产业法规时,即应评估各种管制政策对市场竞争的利弊,这样既能保障政策目标达成,又能维护市场竞争机能。[②] 尤其是在澳大利亚,各州和各地方政府与澳大利亚联邦政府共同彻底审查了包含限制竞争内容的法律,整理出一份包括上千部法律的目录清单。在 1995 年之后的 6 年里,所有法律制度都经过了独立和透明的审查,以判断它们是否会阻碍竞争。如果是,就进一步评估其是否基于社会公共利益的考虑。审查的指导原则是法律、法规不应当限制竞争,除非该项限制竞争的法律、法规被证实带来的公共利益整体上大于成本,同时,法律目标只能通过限制竞

---

① See ICN, Advocacy Provisions, 2003, p. 36, http://www.internationalcompetitionnetwork.org/library.aspx? search = &group = 5&type = 0&workshop = 0, May 10, 2016.

② 参见王健:《政府管制的竞争评估》,载《华东政法大学学报》2015 年第 4 期。

争的方式取得。[①]

第三,我国管制行业规制行为因公平竞争审查而开始重视规制措施对市场竞争的影响,进而可以推动管制行业规制措施的完善与改革。“拟定政策初始就用心维护竞争空间的这一概念,政府往往不够重视,因此,在追求政策目标时,却可能以市场竞争之伤害为代价,使该市场的发展受到限制,就国家社会经济而言,相当可惜。”[②]经济合作与发展组织竞争评估工具书也指出,为提升公众利益而实施的限制竞争政策,如对市场进入、价格、产出或生产方式的限制措施往往是代价很大且无效的……同时可能存在成本较低的其他监管方式,如市场激励或对竞争没有影响的政策……[③]由于管制行业规制措施往往具有限制竞争的效果,因此需要对具有限制竞争效果的行业规制措施进行审查,这种审查和监督的经济学基础是“可竞争理论”和“规制俘虏理论”及上述理论的发展。在经历过以可竞争理论和规制俘虏获理论为基础的放松规制运动之后,管制行业规制政策逐渐放弃或者限制以市场结构的调整为核心的规制方式,避免垄断性的规制措施。[④] 进而,管制行业规制政策制定机关在制定市场准入、产业发展、招商引资、招标投标、政府采购、经营行为规范、资质标准等涉及市场主体经济活动的规章、规范性文件和其他政策措施时,应当进行公平竞争审查,评估对市场竞争的影响,防止排除、限制市场竞争。经审查认为不具有排除、限制竞争效果的,可以实施;具有排除、

---

① 参见叶高芬:《澳大利亚行政性垄断规制经验及其启示——基于“国家竞争政策”的解读》,载《中国社会科学院研究生院学报》2015 年第 3 期。

② 王健:《政府管制的竞争评估》,载《华东政法大学学报》2015 年第 4 期。

③ 参见吴汉洪、权金亮:《日本、韩国的竞争评估制度及对中国的启示》,载《中国物价》2016 年第 4 期。

④ 参见张江莉:《反垄断法对垄断性监管的规范——从“电子监管网”到“绿坝软件”》,载《中国法学》2010 年第 4 期。

限制竞争效果的，应当不予施行或者调整至符合相关要求后施行；未经公平竞争审查的，不得施行。以多个部门名义联合制定的政策措施，由牵头部门负责公平竞争审查，其他部门在各自职责范围内参与公平竞争审查。对行政法规和国务院制定的政策措施、政府部门负责起草的地方性法规，由起草部门在起草过程中参照本细则规定进行公平竞争审查。未经公平竞争审查不得提交审议。

第四，我国管制行业规制行为公平竞争审查制度可以适用比例原则作为分析框架。比例原则发端于19世纪初的德国警察法，其最初的含义包括3项子原则，即手段符合目的的妥当性原则、手段所造成的损害最小的必要性原则以及手段对个人的损害与增进的社会利益相平衡的均衡性原则。[①] 后来比例原则逐渐延伸到宪法、刑事诉讼法等公法领域，[②]要求国家对基本权利的限制与由此得以实现的社会利益之间必须有合理的、适度的、成比例的、相称的、平衡的关系，[③]力图确保基本权利即使在“必要”的情况下受到限制，也不会受到“过度”和不当的侵害。比例原则作为利益衡量的分析工具，可以考察不同方式、手段和行为对不同利益的增进、损害，并进而权衡利益得失，以寻求最合适的方式，其最大的优点在于将抽象标准具体化，增强了执法、司法实践的可操作性。[④] 尽管通说认为，比例原则包括三阶子原则分析。即为

① 通说认为，比例原则包括三个具体的原则，即妥当性原则、必要性原则与均衡性原则，其中，妥当性原则也被称为适当性原则或者合目的性原则，必要性原则更准确的称谓是最小损害原则，均衡性原则常被称为狭义比例原则。

② 参见郝银钟、席作立：《宪政视角下的比例原则》，载《法商研究》2004年第6期。

③ 参见杨登杰：《执中行权的宪法比例原则——兼与美国多元审查基准比较》，载《中外法学》2015年第2期。

④ 参见张敏、杨宇昕：《比例原则视角下商业道德的认定——以互联网新型不正当竞争案件为对象》，载《上海商学院学报》2016年第6期。

达成目的所采取之手段应能达成目的之妥当性原则分析;在多个可达目的的手段中,是否选择了对权利侵害最小的手段之最小侵害原则分析;行为所造成的损害与对公共利益的增进相比是否成比例的均衡性原则分析。但比例原则应增加“目的正当性”审查的四阶子原则分析的观点,即完整的比例原则应当包括 4 个部分:目的正当性原则、妥当性原则、最小损害原则和均衡性原则(狭义比例原则)才能与我国管制行业规制改革的现实更为契合。[①] 因此,我国运用比例原则进行管制行业规制行为公平竞争审查的分析框架为:(1)分析制定管制行业规制政策的目的是否具有正当性;(2)分析管制行业规制政策选择的措施手段是否可以实现规制政策的目的;(3)分析管制行业规制政策所选择的政策措施是否对市场竞争“损害最小”;(4)分析管制行业规制政策要实现的目的与竞争损害之间是否能够达到利益“均衡”。

五、我国管制行业规制行为公平竞争审查制度之实施

自国务院《关于在市场体系建设中建立公平竞争审查制度的意见》(国发〔2016〕34 号)于 2016 年 6 月发布以来,国务院各部门均已建立审查机制,对新出台的政策措施进行审查;31 个省(区、市)均已印发实施方案,有序开展审查工作。据不完全统计,目前,在我国 31 个省(区、市)中,已经有 19 个明确将公平竞争审查纳入政府绩效评价体系。这 19 个省(区、市)分别是:北京、天津、河北、山西、陕西、湖北、湖南、浙江、江苏、贵州、宁夏、青海、内蒙古、辽宁、黑龙江、吉林、江西、广西、海南。同时,全国已经有 19 个省(区、市)将加强公平竞争审查执法监督,案件情况和处理建议要向社会公开。这 19 个省(区、市)分别是:上海、贵州、宁夏、

---

① 参见刘权:《目的正当性与比例原则的重构》,载《中国法学》2014 年第 4 期。

重庆、陕西、黑龙江、吉林、安徽、云南、湖南、湖北、江西、浙江、内蒙古、辽宁、河南、广西、海南、西藏。[①] 2017 年 10 月 23 日经国务院批准,国家发展和改革委员会、财政部、商务部、国家工商行政管理总局、国务院法制办公室联合印发《公平竞争审查制度实施细则(暂行)》,对公平竞争审查制度的进一步细化和完善,推动该制度的全面落实,具有非常重要的现实意义。

第一,我国管制行业规制行为公平竞争审查的主体是执法合作框架下的自我审查。2016 年 7 月 27 日国家发展和改革委员会办公厅印发《关于贯彻落实〈关于在市场体系建设中建立公平竞争审查制度的意见〉委内工作程序的通知》,规定国家发展和改革委员会委内按照"谁起草、谁审查"的原则,各司局分别负责本司局拟出台政策措施的公平竞争审查工作,在起草过程中严格进行自我审查,形成书面审查结论。这种由政策制定机关进行自我审查的机制存在不足,主要原因在于:政策制定机关是利益相关方,其与政策的制定和实施利益牵连较多,有可能使公平竞争审查的实际效果达不到预期目标,也由于其本身的职权和角色定位,缺乏进行竞争评估的意识与能力,在公平竞争审查主体存在多种模式可供选择的前提下,[②]自我审查的主体选择只是我国现阶段的选择。2016 年 12 月 22 日为切实加强对公平竞争审查工作的协调指导,推进公平竞争审查制度有效落实,国务院办公厅通过《关于同意建立公平竞争审查工作部际联席会议制度的函》(国办函〔2016〕109 号),同意建立由国家发展和改革委员会牵头的公平

---

① 参见万静、王开广:《19 省将公平竞争审查纳入政绩考核》,载法制网:http://www.legaldaily.com.cn/index/content/2017-11/02/content_7376544.htm,最后访问日期:2017 年 11 月 3 日。

② 公平竞争审查可以建立多元化的审查机制,如政府机关自行审查、上级部门监督性审查、反垄断执法机构外部审查以及委托第三人专门审查等。

竞争审查工作部际联席会议制度。联席会议由国家发展和改革委员会、科技部、工业和信息化部等28个部门和单位组成,但不刻制印章,不正式行文,主要职责是在国务院领导下,统筹协调推进公平竞争审查相关工作;加强各地区、各部门在公平竞争审查制度实施方面的信息沟通和相互协作;研究拟定公平竞争审查制度实施细则等。[①] 部际联席会议制度的实施说明,即使公平竞争审查主体是政策制定部门自身,但这种自我审查机制也是在执法合作的框架下进行,而不是纯粹的绝对的自我审查。

在比较长的一段时期内,我国管制行业规制行为公平竞争审查的主体应该会是执法合作框架下的自我审查机制。理由主要为:其一,由于管制行业规制政策制定机关对于制定规制政策的背景、目的、措施更为了解,对产业的现状和发展趋势有更准确的把握,由管制行业规制政策制定机关自行进行公平竞争审查可以节约审查成本、提高审查效率,也可以将保护市场竞争与实现产业规制目标更好地结合起来。其二,管制行业规制政策制定机关在政策制定的过程中,理应有义务和责任确保相关管制行业规制政策不会对市场竞争造成严重影响或不合理损害,也有义务和责任防止违反公平竞争审查标准的管制行业规制措施的出台。而且,管制行业规制政策制定机关对其制定的规制政策进行公平竞争审查的过程,也是其增强公平竞争意识的过程,还是其将维护公平竞争内化为政府自觉行动的过程。其三,我国管制行业规制政策数量众多,不同管制行业的规制政策出台均有其特定和复杂的产业背景,由反垄断执法机构直接对管制行业规制政策进行公平竞争审查,巨大的工作量是我国目前的反垄断执法机构的执法

① 参见《关于同意建立公平竞争审查工作部际联席会议制度的函》,载中央人民政府网:http://www.gov.cn/zhengce/content/2017-01/24/content_5162929.htm,最后访问日期:2017年2月4日。

力量无力完全承担的。其四,执法合作机制可以弥补管制行业规制政策制定机关自我进行公平竞争审查的不足,反垄断执法机构在管制行业规制政策制定部门自我进行公平竞争审查时,可以承担竞争咨询、竞争倡导与公平竞争审查监督等职责,协助和引导管制行业规制政策制定部门做好公平竞争审查工作。另外,联席会议制度也可以协调公平竞争审查工作并提供宏观和规则上的指导,在推动公平竞争审查的执法合作问题上发挥重要作用。如果管制行业规制政策制定机关开展公平竞争审查时,对存在较大争议或者部门意见难以协调一致的问题,可以提请同级公平竞争审查联席会议协调。联席会议认为确有必要的,可以根据相关工作规则召开会议进行协调。仍无法协调一致的,由政策制定机关提交上级机关决定。其五,为了避免管制行业规制政策制定机关自己审查自己,审查效果可能难以保证等问题的出现,我国已经建立约束自我审查的公平竞争审查定期评估机制,《公平竞争审查制度实施细则(暂行)》已经对定期评估制度进行了细化,包括明确了定期评估的时限要求、机制建立要求,并提出鼓励委托第三方评估等,便于定期评估的实际操作与运行。其六,执法合作框架下的自我审查机制不会排除社会监督,甚至社会监督是公平竞争审查机制的应有之义。目前,产业政策公平竞争审查的社会监督方式有:公众举报;听取利益相关方意见;影响较大的政策措施向社会公开征求意见;法律、法规、规章、规定制定相关政策措施必须组织听证的,应当在听证中增加公平竞争审查内容;向社会公开管制行业规制政策制定机关出具的公平竞争审查报告等。[①] 执法合作框架下的自我审查机制与外部监督相结合,可以

---

① 参见时建中:《强化公平竞争审查制度的若干问题》,载《行政管理改革》2017年第1期。

较为有效地预防自我审查的种种弊端。

第二,我国管制行业公平竞争审查的对象主要是“增量政策措施”,同时,在必要和可能的情况下,对“存量政策措施”进行竞争评估审查。只要管制行业规制行为可能对市场竞争产生不必要、不合理的限制,就应当进行公平竞争审查,但由于缺乏经验和审查技术、力量有限、信息掌握不充分,我国现阶段还不可能对所有管制行业规制措施进行审查,所以审查对象的确定会秉持“全面审查与新旧兼顾”的原则,具有一定的选择性。从目前来看,我国管制行业规制行为公平竞争审查的重点会是新制定的行业规制措施,同时,在必要和条件允许的情况下,逐步对正在实施的行业规制行为进行竞争评估、审查、清理。我国管制行业规制政策制定机关在对新增行业规制政策进行公平竞争审查的同时,会积极推进对存量管制行业规制政策的公平竞争审查工作。对于市场主体反应比较强烈、问题暴露比较集中、反竞争影响比较明显的管制行业规制政策,政策制定机关应及时启动公平竞争审查。如山西省人民政府在 2017 年 1 月颁发的《关于在市场体系建设中建立公平竞争审查制度的实施意见》中规定:“坚持先增量后存量,在规范增量政策公平竞争审查的同时,逐步清理废除妨碍统一市场和公平竞争的存量政策。做好整体规划,分阶段、分步骤稳妥推进,在实践中不断完善公平竞争审查制度。”①也如,2017 年 10 月广州市发展和改革委员会公布《关于在市场体系建设中建立公平竞争审查制度的实施意见》,该意见特别规定,政府法制机构对地方性法规草案、规章以及规范性文件公平竞争审查情况实施程序把关。在清理存量过程中,对以合同协议等形式给予企

---

① 《山西省人民政府关于在市场体系建设中建立公平竞争审查制度的实施意见》,载山西政府网:http://www. shanxigov. cn/sxszfxxgk/sxsrmzfzcbm/sxszfbgt/flfg_7203/szfgfxwj_7205/201701/t20170124_279459. shtml,最后访问日期:2017 年 2 月 9 日。

业的优惠政策，以及部分立即终止会带来重大影响的政策措施，原则上设置6个月的过渡期，留出必要的缓冲时间。据悉，这是地方政府首次针对政府部门规章、规范性文件的“存量”清理问题进行明确的具体规定。2019年2月19日为深入实施公平竞争审查制度，国家市场监督管理总局、国家发展和改革委员会、财政部、商务部会同有关部门研究制定了《全面推进落实公平竞争审查制度2019年工作重点》，具体为：(1)进一步完善公平竞争审查制度规则；(2)切实做好增量政策措施审查工作；(3)组织开展公平竞争审查专项督查；(4)深入研究特定行业领域的公平竞争审查问题；(5)持续清理废除妨碍统一市场和公平竞争的各种规定和做法；(6)加强公平竞争审查宣传培训。[①]

第三，我国管制行业规制行为进行公平竞争审查时可以从4个方面来进行。首先，审查规制措施中的市场准入和退出标准，要求行业规制措施不得设置不合理和歧视性的准入和退出条件，未经公平竞争不得授予经营者特许经营权；不得限定经营、购买、使用特定经营者提供的商品和服务；不得设置没有法律法规依据的审批或者具有行政审批性质的事前备案程序。其次，审查规制措施中的商品和要素自由流动标准，要求行业规制措施不得对外地和进口商品、服务实行歧视性价格和歧视性补贴政策；不得限制外地和进口商品、服务进入本地市场或者阻碍本地商品运出、服务输出；不得排斥或者限制外地经营者参加本地招标投标活动；不得排斥、限制或者强制外地经营者在本地投资或者设立分支机构；不得对外地经营者在本地的投资或者设立的分支机构实行歧视性待遇。再次，审查规制措施中的影响生产经营成本标

① 《关于印发全面推进落实公平竞争审查制度2019年工作重点的通知》，载国家市场监督管理总局网：http://www.samr.gov.cn/jjj/tzgg/201903/t20190305_291704.html，最后访问日期：2020年2月26日。

准,要求行业规制措施不得违法给予特定经营者优惠政策;安排财政支出一般不得与企业缴纳的税收或非税收入挂钩;不得违法违规减免或者缓征特定经营者应当缴纳的社会保险费用;不得在法律规定之外要求经营者提供或扣留经营者各类保证金。最后,审查规制措施中的影响生产经营行为标准,要求行业规制措施不得强制经营者从事我国《反垄断法》规定的垄断行为;不得违法披露或者违法要求经营者披露生产经营敏感信息,为经营者实施垄断行为提供便利条件;不得超越定价权限进行政府定价;不得违法干预实行市场调节价的商品和服务的价格水平。

为营造公平竞争的制度环境和市场化、法治化、国际化的营商环境,促进统一开放、竞争有序的市场体系建设,经国务院同意,国家市场监督管理总局、国家发展和改革委员会、财政部、商务部 2019 年 12 月 25 日发布《关于开展妨碍统一市场和公平竞争的政策措施清理工作的通知》,重点明确了公平竞争审查的清理范围和重点,即清理的范围是:县级以上地方各级人民政府及其所属部门和国务院部门在 2019 年 12 月 31 日前制定的规章、规范性文件和其他政策措施。清理重点是妨碍统一市场和公平竞争的各种规定和做法,主要包括 4 个方面:(1)妨碍各类市场主体依法平等进入和退出市场,包括但不限于设置不合理和歧视性的市场准入和退出条件;未经公平竞争授予经营者特许经营权;限定经营、购买、使用特定经营者提供的商品和服务;在没有法律法规依据的情况下,设置审批或者具有审批性质的事前备案程序;对市场准入负面清单以外的行业、领域、业务等设置准入限制等。(2)限制商品和要素在地区之间自由流动,包括但不限于对外地商品和服务实行歧视性价格或者补贴政策;限制外地商品和服务进入本地市场或者阻碍本地商品运出、服务输出;排斥、限制外地经营者参加本地招投标;排斥、限制或者强制外地经营者在本地投资或者设立分支机构;对外地经营者在本地的投资或者设立的分支机构实行歧视性待遇等。(3)违法违规实行区别性、歧视性优惠政策,包括但不限于违法违规在生产要素使用、金融投资价格等政策方面区别性、歧视性对待不同所有制经济主体;在涉及市场主体经济活动的各方面行政管理、监管执法中,违法违规给予特定经营者特殊待遇等。(4)不当干预市场主体生产经营行为,包括但不限于强制、组织、引导经营者从事我国《反垄断法》禁止的垄断行为;违法披露或者违法要求经营者披露生产经营敏感信息,为经营者实施垄断行为提供便利;超越定价权限进行政府定价;违法干预实行市场调节价的商品和服务价格水平等。①

第四,我国管制行业规制公平竞争审查也存在例外情形。国务院《关于在市场体系建设中建立公平竞争审查制度的意见》规定:属于下列情形的政策措施,如果具有排除和限制竞争的效果,在符合规定的情况下可以实施:(1)维护国家经济安全、文化安全或者涉及国防建设的;(2)为实现扶贫开发、救灾救助等社会保障目的的;(3)为实现节约能源资源、保护生态环境等社会公共利益的;(4)法律、行政法规规定的其他情形。当然,政策制定机关应当说明相关政策措施对实现政策目的不可或缺,且不会严重排除和限制市场竞争,并明确实施期限。国家发展和改革委员会、财政部、商务部、国家工商行政管理总局、国务院法制办公室于2017年10月23日联合印发的《公平竞争审查制度实施细则(暂行)》规定,政策制定机关对政策措施进行公平竞争审查时,认为虽然具有一定限制竞争的效果,但属于为维护国家经济安全、文化安全、涉及国防建设,为实现扶贫开发、救灾救助等社会保障目的,

① 市场监管总局等4部门《关于开展妨碍统一市场和公平竞争的政策措施清理工作的通知》,载国家市场监督管理总局网:http://gkml.samr.gov.cn/nsjg/fldj/201912/t20191226_309506.html,最后访问日期:2020年2月26日。

为实现节约能源资源、保护生态环境等社会公共利益以及法律、行政法规规定的例外情形，在同时符合以下条件的情况下可以实施：(1)对实现政策目的不可或缺，即为实现相关目标必须实施此项政策措施；(2)不会严重排除和限制市场竞争；(3)明确实施期限。政策制定机关应当在书面审查结论中说明政策措施是否适用例外规定。认为适用例外规定的，应当对符合适用例外规定的情形和条件进行详细说明。

六、结论

管制行业以纠正市场运行的内在缺陷、维护和实现公共利益为目的，针对局部经济领域制定和实施的行业规制行为可能会出现滥用行政权力排除、限制竞争从而构成行政垄断的情形。① 而行政垄断行为的法律规制，可以分为事后禁止和事前预防两条路径，我国《反垄断法》已对行政垄断行为进行了专章规定且已经取得了一定的规制效果，但更为重要的还应当是行政垄断的事前预防，力争将管制行业规制行为中涉嫌行政垄断的行为“扼杀在摇篮里”，将政府的管制行业规制权力控制在“笼子”里。

我国管制行业规制行为公平竞争审查的目标，并不是要废止管制行业规制行为，而是要防止规制权力的滥用以及过度使用，促进管制行业规制政策的转型，进而预防和减少行政垄断行为的产生，也可以纠正政府部门可能存在的将扭曲市场竞争视为促进产业发展的不正确做法，使管制行业规制行为的负面效应能够得到有效抑制，使行业规制措施对市场竞争的影响是有界限的、适度的、必要的、合理的。管制行业规制行为通过公平竞争审查可

---

① 参见李俊峰：《产业规制视角下的中国反垄断执法架构》，载《法商研究》2010年第2期。

以避免以政府的判断和选择代替市场机制来维护市场竞争，通过公平竞争审查可以重视市场竞争进而保证行业规制措施应当尽可能小地对竞争造成不必要损害或不合理影响；通过公平竞争审查可以在管制行业规制措施的制定和实施不得不对市场竞争产生消极影响时，选择对市场竞争损害或影响最小的方案。

当然，虽然公平竞争审查制度的构建和实施是解决我国管制行业规制问题的重要举措之一，但管制行业规制问题的最终解决还要依托我国经济体制改革、政治体制改革的完成，这样才能从源头上更加有效地遏制行政垄断的产生。

第五章 我国管制行业反垄断执法中非竞争要素问题研究

一、引言

反垄断法是国家为促进和保护竞争，通过规制限制竞争行为来调整竞争关系以及与竞争有密切联系的其他社会关系的法律，担负着抑制垄断、保护竞争、维护社会公共利益的重要使命。反垄断法的宗旨在于从宏观上防止市场的竞争力度、活力不足，培育竞争环境，提高本国企业和整体经济的竞争实力。我国《反垄断法》第 1 条也规定："为了预防和制止垄断行为，保护市场公平竞争，提高经济运行效率，维护消费者利益和社会公共利益，促进社会主义市场经济健康发展，制定本法。"在反垄断法的制定与实施中，只有具有排除、限制竞争后果的协议、决定或者其他协同行为才属于反垄断法规制的垄断协议行为；只有具有会导致排除、限制竞争后果的市场支配地位的企业的滥用行为才属于反垄断法规制的滥用市场支配地位行为;只有导致或者可能导致排除、限制竞争后果的经营者集中行为,国务院反垄断执法机构才考虑对其作出禁止经营者集中的决定。竞争性因素是反垄断法禁止垄断协议行为、禁止滥用市场支配地位行为、控制经营者集中行为等制度的基础和核心要素,这一点毋庸置疑。

但是,由于社会公共利益也是反垄断法的立法目标之一,而社会公共利益最大化的实现,可能与竞争要素有关,也可能与非竞争要素相联,因此,我国反垄断立法与实践就需要进一步思考如何看待和考量非竞争要素问题。尤其是在我国管制行业的反垄断执法中,更需要思考:反垄断执法考量非竞争要素的理论基础、立法基础是否充分?反垄断执法在规制不同的垄断行为时如何考量非竞争要素?管制行业与社会公共利益具有更密切的关联度,是不是需要更多地考量非竞争要素问题?

二、反垄断执法考量非竞争要素的理论、立法与实践基础

反垄断法的宗旨是反对垄断行为和保护竞争,如伯吉斯所言:"反垄断法的目的是简单明确和不存在争议的,就是要保护竞争。"[①]但反垄断法的立法目标在不同的国家可能会有不同的答案,在同一国家的不同历史时期也可能会有不同的答案。反垄断法是一个在各种利益、各种价值和各种目的之间进行衡量、选择的多元、宽容和开放的规范系统。当反垄断法的立法目标涉及经济效率、消费者福利、经济民主、社会公共利益等目标时,非竞争要素问题研究也就当然出现在反垄断立法、理论与实践的视野

① [美]小贾尔斯·伯吉斯:《管制和反垄断经济学》,冯金华译,上海财经大学出版社2003年版,第168页。

中。现代反垄断法在追求经济效率的同时,会兼顾环境保护和文化多样性保护等社会政策目标。对有些社会政策目标来说,如果它们本身比经济效率更为重要,是否产生经济收益就不应是主要的考虑因素。这时,只要限制竞争的"手段"合乎比例,具有"合理必要性",就应服从于更为重要的"目的"性要求。[①]

第一,反垄断法的价值追求基于竞争要素,也与非竞争要素相关。尽管对于反垄断法应否保护弱者的利益进而实现公平价值仍存在不同观点,但通常认为,反垄断法价值主要是指竞争价值、自由价值、效率价值与公平价值。各国反垄断法律条文之所以倡导竞争,将竞争作为立法的首要目标,就是由于构成竞争秩序基础的竞争行为和竞争机制有着其价值性的一面。而美国最高法院关于"自由企业的大宪章"的断言则是自由价值在反垄断法中最直接的证明,反垄断法的自由价值不仅意味着促进和保护竞争,由于其对应的是对自由市场体制的维护,所以其价值内涵必然会从竞争自由延伸到营业自由、契约自由和产权保护等更为广泛的领域。效率价值也是反垄断法的目标追求,尽管对于经济学意义上的效率,不同的学者的理解并不相同。[②] 反垄断法律制度的价值冲突主要表现在,以社会为基点的整体效率价值、以消费者为基点的公平价值、以企业为基点的自由价值与竞争价值等诸方面,这些价值目标在经济理性的作用下,不断呈并存、竞争和融合的矛盾运动之势。[③]

---

① 参见焦海涛:《社会政策目标的反垄断法豁免标准》,载《法学评论》2017 年第 4 期。

② 参见叶卫平:《反垄断法价值问题研究》,北京大学出版社 2012 年版,第 54 ~ 84 页。

③ 参见王翀:《论反垄断法的价值目标冲突及协调》,载《政法论丛》2015 年第 3 期。

反垄断法上的竞争价值、自由价值、效率价值与竞争要素密切相关,而公平价值应当被理解为实质公平,是对近代民法上的形式公平和机会平等的一种矫正,公平价值的实现与非竞争要素的关联度更强。美国在20世纪70年代末曾爆发过一场关于反托拉斯立法目的的大辩论,参加辩论的主角是立法目的一元派的芝加哥学派和多元派的杰斐逊主义。芝加哥学派认为,反托拉斯法的唯一目的是资源优化配置和消费者的社会福利,也即效率是反托拉斯法的唯一目标。杰斐逊主义激进派认为,美国反托拉斯法的两个重心是政治和社会经济,资源配置效率从来不是反托拉斯法的规范目标,也不是执法的先决条件,只要证明竞争过程受损即可;杰斐逊主义温和派则认为,美国反托拉斯法的政策目标并不仅局限在单一的经济效率范畴,还包括很多非经济效率的政策目标,如保护中小企业等。[①] 从历史上来看,美国反托拉斯政策和反托拉斯法的目的是多元的,富兰克林·德·罗斯福在1938年向国会提交的咨文中主张:“垄断力量以及垄断力量的滥用部分或者全部地取消了经济机会平等,是违反经济民主的。所以,担负着保障经济民主任务的国家应当以法律为手段,对垄断力量予以有效的控制。”[②]美国联邦最高法院也曾指出:“谢尔曼法依据的前提是,不受限制的竞争将产生最好的资源配置、最低的价格、最高的质量和最大的物质进步,同时创造一个有助于维护我们民主的政治和社会制度的环境。”[③]由此可知,即便是美国反垄断法,在强调对竞争要素考量的同时,也没有完全否定对非竞争要素的

---

① 参见丁茂中:《反垄断法与经济现象的点面透视研究》,法律出版社2013年版,第2页。

② [美]富兰克林·德·罗斯福:《罗斯福选集》,关在汉编译,商务印书馆1982年版,第186~188页。

③ 王晓晔:《反垄断法》,法律出版社2011年版,第27~28页。

关注。

第二,反垄断法立法目的条款本身可能已经蕴含了对非竞争要素的考量。德国《反对限制竞争法》虽然没有立法目标条款,但是该法的规制内容也揭示了其具有多重目标和作用的特点。根据德国《反对限制竞争法》的规定,依德国学者的见解,德国《反对限制竞争法》至少具有3种功能:一是保障契约自由的法律功能;二是保障市场开放的经济功能;三是保障所得或财富合理分配的社会功能。一些虽然具有限制竞争的效果,但对整体经济有更大的好处或者有着显著的社会公共利益的企业合并,也会被批准实施。当然,不同国家反垄断法对社会整体利益有不同的理解。例如,根据英国1973年《公平交易法》的规定,公共利益是广泛的,它包括:(1)是否符合维持和促进公共利益的需要;(2)是否符合英国消费者、购买者的利益;(3)是否符合促进成本的降低,促进新技术新产品的发展和使用,帮助新的竞争者进入已存在的市场的需要;(4)是否符合在英国维持和促进产业和就业平衡分布的需要;(5)是否符合促进英国制造商以及服务的供应者能在英国以外的市场竞争的需要。① 欧盟竞争法主要目的则是,要建立一个经济一体化的共同市场,即通过在共同体内建立一个使竞争不受扭曲的制度,以保证共同体内的商品、人员、服务和资金的自由流动不受人为的限制。欧盟竞争法除承担建立共同大市场的任务外,还当然承担维护市场有效竞争的重要任务。而发展中国家竞争法在注重市场资源配置效率的同时,也注重长期经济绩效。亚洲发展银行在一份研究报告中指出,发展中国家竞争政策的目标不仅包括促进消费者选择的自由、促进企业贸易与市场进入的

---

① 参见沈敏荣:《法律的不确定性——反垄断规则分析》,法律出版社2001年版,第39页。

自由，还包括实现短期静态效率、长期动态效率及经济发展之间的平衡。[①] 当维护消费者利益和社会公共利益成为反垄断法的立法目标之一时，就意味着反垄断法不仅要处理竞争者之间的关系，维护竞争者的合法权益，还应该考虑广泛的利益关系，如消费者福利，国家经济整体发展等，也必然需要考量非竞争要素。

第三，反垄断法的一些具体制度设计也体现出反垄断立法对非竞争要素的考量。反垄断法不仅关注经济效率，在适用除外、垄断协议豁免、经营者集中不予禁止等制度设计时，也体现出对于经济安全、产业发展、经济效益、消费者利益或社会公共利益的关注，进而在反垄断法的实施中自然而然要考量非竞争要素。例如，作为各国反垄断法不可或缺的重要组成部分的适用除外制度，主要适用于那些对维护本国整体经济利益和社会公共利益有重大关系的行业或领域，因此，反垄断法适用除外制度在协调反垄断法与发展规模经济的关系，实现国家产业政策，维护国家整体经济利益和社会公共利益等方面，发挥着举足轻重的作用。我国《反垄断法》第 56 条规定："农业生产者及农村经济组织在农产品生产、加工、销售、运输、储存等经营活动中实施的联合或者协同行为，不适用本法。"因为农业的过度竞争容易造成国家经济的大起大落，制约经济的发展，[②]只有联合起来，才能使农产品在市场的谈判中获得相对有利的价格。农业产业适当的联合行为有利于国家的整体经济利益，也有利于国家的安全和社会的稳定，我国要实现农业产业的可持续发展，走集约化、规模化、科技兴农的农业发展道路，在面对国际竞争时处于优势地位，必须改变我

---

① 参见张伟、于良春:《中国竞争政策体系的目标与设计分析》，载《财经问题研究》2010 年第 6 期。

② 参见陈宝国、林仕铭:《论反垄断法适用除外制度——探究我国保留烟草专卖制度的法律依据》，载《湖北经济学院学报》(人文社会科学版)2006 年第 9 期。

国农业领域分散经营的现状,而农业生产者和农村经济组织的联合和协同行为是改变分散经营现状的主要路径,也是减少或抑制农业领域过度竞争的重要措施,因此,我国反垄断法通过构建农业领域适用除外制度来实现对农业的保护与重视,也体现出对非竞争要素的考量。

第四,许多国家反垄断执法与司法也都有考量非竞争要素的典型例证和实践经验。例如,1983 年美国司法部起诉美国钢铁业 LTV-Republic 之间的合并行为就遭到美国商务部的强烈批评,商务部声称为了增强美国钢铁业在国际市场上的竞争力必须认可该项合并,这一案件也促使美国司法部在出台 1984 年《合并指南》时更多地考虑了合并效率收益,为放宽合并控制标准作了铺垫。[①] 再如,在欧盟的“飞利浦/欧司朗案”(Philips/Osram)中,飞利浦和欧司朗达成了一项关于白炽灯和荧光灯铅玻璃管的生产和销售方面的合营协议。欧盟委员会认为,尽管该合营协议限制了市场竞争,但通过关闭废旧工厂,能够降低能源消耗并有助于节能减排方案的实施;通过使用更高效的设施也会减轻环境污染;此外,通过双方合作,还能实现规模经济,有利于双方致力于开发无铅产品。因此,欧盟委员会应当给予该合营协议以反垄断法的豁免。[②]

三、我国管制行业反垄断执法规制垄断协议之非竞争要素考量

现代竞争理论认为,完全竞争不一定能实现竞争功能目标,主张在一定范围内和一定程度上可以允许垄断协议行为的存在

---

① 参见史先诚:《兼并政策与产业政策——论竞争政策的优先适用》,载《南京政治学院学报》2004 年第 2 期。

② 参见焦海涛:《社会政策目标的反垄断法豁免标准》,载《法学评论》2017 年第 4 期。

或者采取某些竞争政策措施促进垄断协议行为的形成，以发挥垄断协议行为保持市场稳定、提高竞争强度并且有利于创新和技术进步的积极作用。因此，各国反垄断法都在原则上禁止垄断协议行为的同时，对于那些能够带来积极效果的垄断协议行为适用豁免的规定，也因此不可避免地要进行非竞争要素的考量，在管制行业的反垄断执法中更是如此。

第一，我国反垄断法关于垄断协议豁免的法律规定已经蕴含非竞争要素的考量。我国《反垄断法》第15条规定："经营者能够证明所达成的协议属于下列情形之一的，不适用本法第13条、第14条的规定：(1)为改进技术、研究开发新产品的；(2)为提高产品质量、降低成本、增进效率，统一产品规格、标准或者实行专业化分工的；(3)为提高中小经营者经营效率，增强中小经营者竞争力的；(4)为实现节约能源、保护环境、救灾救助等社会公共利益的；(5)因经济不景气，为缓解销售量严重下降或者生产明显过剩的；(6)为保障对外贸易和对外经济合作中的正当利益的；(7)法律和国务院规定的其他情形。属于前款第1项至第5项情形，不适用本法第13条、第14条规定的，经营者还应当证明所达成的协议不会严重限制相关市场的竞争，并且能够使消费者分享由此产生的利益。"无论是我国反垄断法垄断协议豁免情形中关于实现节约能源等社会公共利益的法律规定，还是能够使消费者分享由此产生的利益的效果要件的要求，都明确地阐释了关于垄断协议行为豁免的反垄断立法对于非竞争要素的重视。

第二，垄断协议豁免制度的实施首先和重点关注的仍是竞争要素，这是非竞争要素考量的前提和基础。在我国反垄断法垄断协议豁免制度的实施中，除对外贸易中进出口卡特尔豁免外，经营者应当也必须证明所达成的协议不会严重限制相关市场的竞争才能获得反垄断法的豁免。我国国务院反垄断委员会《关于垄断协议豁免一般性条件和程序的指南(征求意见稿)》第8条关于协议是否严重限制相关市场竞争的主要考虑因素的规定中指出,反垄断执法机构审查协议是否会严重限制相关市场的竞争时,主要考虑以下因素:(1)协议所涉及的相关市场界定;(2)协议各方及主要竞争者的市场份额及相关市场竞争状况;(3)协议各方控制销售市场或者原材料采购市场的能力;(4)协议各方的财力和技术条件;(5)其他经营者对协议各方在交易上的依赖程度;(6)其他经营者进入相关市场的难易程度;(7)市场上可能存在的潜在竞争者;(8)其他可以证明协议是否会严重排除和限制竞争的因素。我国反垄断执法在垄断协议豁免制度的实施中,不仅关注非竞争要素且仍会以竞争评估的后果为基础来衡量是否给予垄断协议豁免。

第三,垄断协议豁免制度对社会公共利益的关注自然而然关涉非竞争要素的考量问题。基于社会经济发展的需要或者公平价值的考虑,经营者为发展科学技术、增强国际竞争力、提高社会生产力、调整产业结构等国民经济目的所作出的限制竞争的协议、合同,大多数国家(地区)的反垄断法都会对这些可以实现国家利益和社会公共利益最大化的垄断协议行为适用豁免制度。[①] 例如,因经济不景气,为缓解销售量严重下降或者生产明显过剩所导致的负面效应的垄断协议属于我国反垄断法协议豁免的情形之一,但是"经济不景气"包括全球性经济不景气、全国性经济不景气、地区性经济不景气、行业性经济不景气等多种情况,十分复杂,作为垄断协议豁免条件之一的"经济不景气"是包括所有情形,还是特指其中某个或某些情形,[②]就需要反垄断立法或执法予

① 参见刘继峰:《反垄断法》,中国政法大学出版社2012年版,第178~179页。

② 参见黄进喜:《反垄断法适用除外制度的法理分析与制度完善》,载《东南学术》2011年第1期。

以进一步明确,以使豁免标准更加明晰化并能防止反垄断执法权的不当行使。

第四,我国管制行业反垄断执法也会关注协议豁免中非竞争要素考量问题。如果经营者能够证明所达成的协议是为实现节约能源、保护环境、救灾救助等社会公共利益,并且协议不会严重限制相关市场竞争,同时能使消费者分享由此产生的利益,则该协议行为不会受到反垄断法的禁止。管制行业的经营在很多情形下与社会公共利益密切相关,如果企业通过合作而不是竞争,共同开发有利于环保的产品,减少对环境的危害,这会进一步减少后续可能产生的对环境污染治理的费用,这种社会公共利益要素应当被反垄断执法所考量,有时也是管制行业的经营者所应承担的社会责任。例如,在 1983 年欧盟竞争法的一个案例中,几个大的燃料供应商在煤炭气化领域签订了联合开发的协议,欧盟委员会认为,发电站如果利用这种煤炭气化技术显然是具有经济效率的,而且相比直接燃烧煤炭发电而言,这种技术对环境的损害更小,因此,尽管该协议产生了排除、限制竞争的后果,但是欧盟委员会最终却豁免了该协议。当然,在垄断协议豁免中,企业限制竞争的方式必须是实现环保目标的必要手段,为实现环保目标,企业不存在对市场竞争损害更小的其他选择。如果这种其他选择存在的话,则意味着企业现有的限制竞争行为是不合法的,无法得到反垄断法的豁免。无论是美国反垄断法还是欧盟竞争法,都强调限制竞争方法对于实现合法目标的必要性,这有助于将限制市场竞争的影响降到最低。① 管制行业主要是电信、电力、铁路运输、邮政等具有自然垄断性、显著规模经济型、外部性以及关系国计民生等特点的行业,与社会公共利益最大化的实现比普

---

① 参见李剑:《论反垄断法中的环境豁免问题》,载《环境保护》2013 年第 11 期。

通商事领域具有更密切的关联性，因此，反垄断执法在认定是否可以给予垄断协议豁免时必然会更多地考量非竞争要素。

四、我国管制行业反垄断执法规制滥用市场支配地位之非竞争要素考量

滥用市场支配地位行为，是指具有市场支配地位的经营者不合理利用其市场支配地位，在一定的交易领域实质性地限制竞争，违背公共利益，明显损害消费者利益，损害自由公平的市场竞争秩序，应受反垄断法禁止的行为。反垄断法规制滥用市场支配地位行为的主要动因是禁止排除限制相关市场竞争的行为，但仍会对相关的非竞争要素进行考量。

第一，我国《反垄断法》关于滥用市场支配地位行为的法律规定已经蕴含非竞争要素的考量。我国《反垄断法》第 17 条规定，禁止具有市场支配地位的经营者从事下列滥用市场支配地位的行为：(1)以不公平的高价销售商品或者以不公平的低价购买商品；(2)没有正当理由，以低于成本的价格销售商品；(3)没有正当理由，拒绝与交易相对人进行交易；(4)没有正当理由，限定交易相对人只能与其进行交易或者只能与其指定的经营者进行交易；(5)没有正当理由搭售商品，或者在交易时附加其他不合理的交易条件；(6)没有正当理由，对条件相同的交易相对人在交易价格等交易条件上实行差别待遇；(7)国务院反垄断执法机构认定的其他滥用市场支配地位的行为。其中，关于认定滥用市场支配地位行为需要具备“没有正当理由”的构成要件或者“不公平的高价销售或不公平的低价购买”的构成要件，使反垄断执法考量非竞争要素具有必要性。

第二，我国《反垄断法》对剥削性滥用市场支配地位行为的法律规定试图要实现的是公平价值目标，进而需要更多考量非竞争

要素。滥用市场支配地位行为，根据行为主体的目的、对于竞争危害的程度、针对对象的不同可以分为剥削性滥用行为和排挤性滥用行为。由于具有市场支配地位的企业不受竞争的限制，因此有能力对交易相对人提出不合理的条件来实现个体利益的最大化。剥削性滥用行为，是具有市场支配地位的经营者针对交易相对人所实施的滥用行为，典型的表现形式是对包括供应者、顾客和最终消费者在内的各种交易相对人索取不合理的垄断性高价或不公平地以超低的价格购买商品的行为等。排挤性滥用行为，是具有市场支配地位的经营者针对同业竞争者所实施的滥用行为，其目的是排挤竞争对手，或者将自己的市场优势不正当地扩大到本没有竞争优势的领域，会对自由、公平的竞争构成损害。准确地说，反垄断法对排挤性滥用行为的规制会重点关注竞争性要素，而对剥削性滥用行为的规制会比排挤性滥用行为更多地考量非竞争性要素。

第三，我国《反垄断法》对不公平垄断性定价行为的禁止当然需要考量非竞争性要素。不公平垄断性定价，是指具有市场支配地位的经营者没有正当理由，以不公平的高价销售商品或者以不公平的低价购买商品的行为。在市场经济条件下，企业的定价水平是由市场调节的，对于一般企业的高价销售或低价购买行为，反垄断法不予过问；但具有市场支配地位的经营者的不公平要价行为，会成为一些国家反垄断法规制的对象。对于反垄断法是否应禁止不公平的垄断性高价销售行为，不同国家有不同的反垄断立法选择。有观点认为，企业拥有自由定价权，市场运行本身会对价格进行调整，即便是价格过高，只要是市场的进入本身不存在障碍，就会刺激新的企业进入，反而会加剧竞争。政府没有必要通过反垄断法对超高的价格进行控制和干涉。美国法院在“伯克利照相诉伊士曼柯达案”（Berkey Photo v. Eastman Kodak）中也认为,即使利用了独占力量,超高定价也不是自然反竞争的,反而具有促进竞争的作用,因为对独占者来说,威胁其独占地位的恰恰是准予其尽其所能地贪婪地获取最高价格。① 也有观点认为,美国法院的观点完全忽略了对消费者的保护,也将市场的灵敏度理想化了,新的竞争对手进入某一市场会面临资金、技术及其他市场障碍,具有市场支配地位的企业也会尽其所能阻止其他主体的进入。② 超高的价格属于"滥用"行为,应受反垄断法的规制。③

我国《反垄断法》禁止具有市场支配地位的经营者从事的滥用市场支配地位的行为中就包括"以不公平的高价销售商品或者以不公平的低价购买商品"。理由主要是,虽然垄断性定价行为可以受到专门价格法律的管制,但是反垄断法在规制市场支配地位的过程中,对具有市场支配地位的经营者滥用其这种地位而非法牟取垄断性高价的行为进行管制更方便,也可能更有效。而且不公平高价销售行为易加剧宏观经济秩序的不稳定,也会侵害交易相对人尤其是消费者的利益。不合理的定价行为会导致价格提高、产出减少,使消费者福利减少以及生产剩余向垄断者不公正地转移。不公平低价购买行为会侵害上游经营者的利益,并在利用市场力量不合理地压低商品价格时,产生对生产者剩余的剥夺。我国反垄断执法在对垄断性定价行为进行规制的过程中,为了实现公平价值目标势必要考量非竞争要素。

第四,我国管制行业反垄断执法中对滥用市场支配地位行为中"正当理由"的认定也需要考量非竞争要素。在滥用市场支配

---

① 参见孔祥俊:《反垄断法原理》,中国法制出版社2001年版,第550页。

② 参见种明钊主编:《竞争法》,法律出版社2005年版,第262页。

③ 参见王先林:《从微软垄断案看市场支配地位及其滥用》,载史际春主编:《经济法学评论》(第1卷),中国法制出版社2000年版,第53页。

地位行为的认定中,是否具有"正当理由"也是违法构成要件之一。就正当理由本身而言,正当理由这一概念具有高度抽象性,通过归纳和具体化途径,可以把正当理由划分为效率、公平以及经营需要3种典型类型。反垄断法关注公平类型的正当理由是为了保护消费者、中小经营者免受具有支配地位的经营者的剥削和压迫,防止"巨型公司非人格化的或者其他无耻的行为","保护商业的轻易进入""鼓励商业行为的公平性和合道德性"。公平价值本身强调不同主体利益的恰当协调,并且作为法律的基本价值,其适用应具普遍性,不能因为法律关系主体地位差别而受到不公平或者泛道德化的苛责。如果具有支配地位的经营者确有对公平价值的诉求,那么也应当将其列为经营者行为正当理由类型。[①] 我国《工商行政管理机关禁止滥用市场支配地位行为的规定》第8条也对"正当理由"作了规定,要求在认定非价格滥用市场支配地位行为的正当理由时,要考虑有关行为是否为经营者基于自身正常经营活动及正常效益而采取,或者有关行为对经济运行效率、社会公共利益及经济发展的影响。我国管制行业的经营者更容易被认定具有市场支配地位,因此,从事滥用市场支配地位的可能性更大,而如果企业利用市场支配地位的行为能提高经济效率,从整体上使产品质量提高、价格降低或就业机会增加等,可以让消费者获得福利即实现消费者福利的最大化,从而有助于社会总福利或社会公共利益的提高,[②]则此行为可能会被认定为具有正当理由而不构成反垄断法的违反。因此,我国管制行业反垄断执法在认定滥用市场支配地位行为时,对社会公共利益以及

---

① 参见杨文明:《滥用市场支配地位规制中的正当理由规则研究》,载《河南财经政法大学学报》2015年第5期。

② 参见徐丽枝:《论滥用市场支配地位行为中的正当理由》,载《山东财政学院学报》2013年第2期。

经济发展影响的分析也当然要考量诸多的非竞争要素。

五、我国管制行业反垄断执法规制经营者集中之非竞争要素考量

经营者集中,是指经营者合并、经营者通过取得股权或者资产的方式取得对其他经营者的控制权,或者经营者通过合同等方式取得对其他经营者的控制权或者能够对其他经营者施加决定性影响的情形。由于经营者集中的结果具有两面性,一方面,有利于形成规模经济,提高经营者的竞争力;另一方面,又可能产生或加强市场支配地位,对市场竞争产生不利影响。因此,各国(地区)反垄断法都会通过反垄断审查对经营者集中行为实行必要的控制,以防止因经济力量的过于集中而影响市场竞争,在经营者集中反垄断审查过程中,不仅要考量竞争要素也需要考量非竞争要素。

第一,我国反垄断法关于经营者集中审查标准的法律规定已经蕴含非竞争要素的考量。我国对企业并购的专门控制最早集中于境外投资者并购境内企业这一领域,主要的审查依据是商务部颁布的《外国投资者并购境内企业的规定》,在这一时期,经营者集中控制的指导思想是维护国家经济安全,对垄断的预防和竞争的保护并未被纳入法律规制的主要目的。这一历史沿革在一定程度上表明,我国后来颁布实施的《反垄断法》在规制企业并购行为实现竞争政策的同时,可能会与产业政策、公共政策和国家安全政策之间有着千丝万缕的联系。我国《反垄断法》第 28 条也明确规定:“经营者集中具有或者可能具有排除、限制竞争效果的,国务院反垄断执法机构应当作出禁止经营者集中的决定。但是,经营者能够证明该集中对竞争产生的有利影响明显大于不利影响,或者符合社会公共利益的,国务院反垄断执法机构可以作

出对经营者集中不予禁止的决定。”在反垄断执法机构作出反垄断审查的决定时，对于虽具有排除、限制竞争效果的经营者集中行为，在符合社会公共利益的情况下，反垄断执法机构有权作出对经营者集中不予禁止的决定。这里的“严重损害竞争”并不仅指严重损害竞争的事实，而且包括严重损害竞争的可能性，由于反垄断法控制经营者集中行为的目的，是要通过维护竞争性的市场结构来保障经济的可持续发展，这与整体经济和社会公共利益的目标是一致的，因此，社会公共利益经常成为参与集中的经营者援引的一项抗辩理由而凸显了对非竞争要素的考量。

第二，许多国家的反垄断法在规制经营者集中行为时也会考量非竞争要素。德国《反对限制竞争法》第 42 条就规定，在个别情况下，如果合并对整体经济带来的利益大于限制竞争的坏处，或者某些合并符合某项重要的公共利益，联邦经济部长可以根据当事人的请求，特别批准联邦卡特尔局所禁止的合并。当然，在批准时，也应考虑参与合并的企业在各个市场上的竞争力。只有在限制竞争的规模不危及市场经济秩序的情况下，才能批准。

德国联邦经济部长是否启动特许程序主要考虑如下 4 个方面的公共利益，即保护就业，如对破产企业的收购；保护或取得高新技术，如放任企业破产可能导致高新技术或技术秘密流失；保障能源和原材料供应；保护企业的国际竞争力。联邦经济部长特许程序启动后，会在考虑联邦反垄断局审查决定的基础上对相关问题进行研究，随后联邦经济部长会根据当事人的申请并结合公共利益的考虑，决定是否给予特别许可。可以说，联邦经济部长对联邦反垄断局禁止的集中予以特许，不是基于竞争因素的考虑而是基于非竞争因素的考虑，不是竞争审查的结果而是执行经济政策的结果。[①] 美国 2010 年修订的《横向合并指南》也认为，反垄断当局可以在效率条款中更多地融入产业政策因素以提升本国产业国际竞争力，并购带来的技术进步和产业创新等因素也可能作为效率因素被纳入反垄断审查的抗辩条款中，从而提升了效率因素在并购审查中的地位。因此，该指南所指的“合并特有的效率”并不局限于经济效率，也包括了技术进步和消费者福利的增加等非竞争因素的考量。在具体的判例中，虽然美国最高法院对效率抗辩一直不予承认，但其他法院系统却接受效率抗辩作为企业合并的抗辩事由，如在“联邦贸易委员会诉巴特沃斯保健公司案”（FTC v. Butterworth Health Corp.）中，法院支持了被告关于“尽管竞争会减少，但是消费者利益会因为合并使更为有效的、更高质量的、更低价格的医疗保健得到加强”的抗辩。[②] 韩国《规制垄断与公平交易法》也规定，对于限制竞争的企业结合，如果结合获得的效率超过因结合而导致限制竞争的负面影响时，则予以认可。关于企业结合的效率，既可以是生产、销售、研究开发等方面的，也可以是在整体国民经济中提高效率，如能否显著扩大就业、能否对地方经济发展作出贡献、能否对前后方关联产业的发展作出显著贡献、能否对稳定能源供应等国民经济生活作出贡献、能否对改善环境污染作出贡献等。

第三，我国反垄断执法机构在对经营者集中进行审查时既考量竞争要素也考量对国民经济发展的影响等非竞争要素，并进而作出是否禁止集中行为的反垄断执法判断。我国《反垄断法》第 27 条规定，审查经营者集中，应当考虑下列因素：（1）参与集中的

① 参见孔玲、田军：《浅析非竞争因素在经营者集中反垄断审查中的法律地位》，载《法律适用》2013 年第 4 期。

② 参见孙晋：《论经营者集中审查制度在国有企业并购中的适用》，载《华东政法大学学报》2015 年第 4 期。

经营者在相关市场的市场份额及其对市场的控制力;(2)相关市场的市场集中度;(3)经营者集中对市场进入、技术进步的影响;(4)经营者集中对消费者和其他有关经营者的影响;(5)经营者集中对国民经济发展的影响;(6)国务院反垄断执法机构认为应当考虑的影响市场竞争的其他因素。在审查经营者集中时,反垄断执法机构是否禁止具有或可能具有排除限制竞争后果的经营者集中行为,主要是基于社会公共利益的考量,这是反垄断法合理性原则的具体适用,也是反垄断价值利弊权衡的结果。[①] 这里所谓的社会公共利益考量,主要是综合考虑集中对公共利益的影响、集中对经济效率的影响、参与集中的经营者是否为濒临破产的企业、是否存在抵消性买方力量,以及经济发展周期、国内外经济形势、国家宏观调控政策产生的直接或间接的影响。[②] 可能是指有利于优化产业结构的经营者集中行为;有利于技术开发创新的经营者集中行为;有利于保障职工就业、减轻国家财政负担、减少社会失业压力的对破产企业的合并行为;有利于形成较强的国际竞争力的经营者集中行为等。例如,破产抗辩是国际上通行的禁止经营者集中的豁免理由,其理论基础在于,与其让公司破产,不如让新的所有人通过合并来取得并管理公司的资产,允许通过经营者集中行为对那些濒临破产的企业进行"拯救"而不使之进入破产清算程序,这既有利于濒临破产企业,也符合社会整体利益的需要。我国《反垄断法》虽然没有直接规定破产抗辩制度,但我国《反垄断法》第 28 条规定了符合公共利益的抗辩,而且《关于评估经营者集中竞争影响的暂行规定》第 12 条也明确列举了经营者集中审查需要考虑的因素包括"参与集中的经营者是否为濒

---

① 参见董成惠:《经营者集中反垄断审查的豁免标准与实施机制——兼评南车北车并购案》,载《天津法学》2017 年第 3 期。

② 参见刘继峰:《反垄断法》,中国政法大学出版社 2012 年版,第 272 页。

临破产的企业”。允许经营者集中以破产企业作为抗辩理由，符合公共利益要求，有利于消除不利影响，恢复市场竞争秩序，保护股东、债权人及企业职工的利益，也对我国的社会经济发展具有重要意义。

第四，我国管制行业经营者集中反垄断审查需要重点考量国际竞争力抗辩这一要素。面对世界范围内企业合并的浪潮，各国反垄断立法和实践都面临如何在经济全球化下协调本国利益和他国利益的问题。各国政府出于本国经济利益的考虑，对提高本国企业国际竞争力的经营者集中行为，只要不是严重危及国内市场竞争，一般不会加以干预，也不会孤立地审查集中行为对国内竞争的影响，而是要对集中行为所带来的对国际竞争的积极影响和对国内竞争的消极影响进行利益权衡。在我国，国务院国有资产监督管理委员会在《关于推进国有资本调整和国有企业重组的指导意见》提出：“加快国有大型企业的调整和重组，促进企业资源优化配置。依法推进国有企业强强联合，强强联合要遵循市场规律，符合国家产业政策，有利于资源优化配置，提高企业的规模经济效应，形成合理的产业集中度，培育一批具有国际竞争力的特大型企业集团。在严格执行国家相关行业管理规定和市场规则的前提下，继续推进和完善电信、电力、民航等行业的改革重组。”由此可知，我国管制行业国有企业的诸多重组行为都是以政府为主导、多元产权主体利益博弈的结果，而不完全是企业自主决策的。一方面，现有的产业政策鼓励并支持管制行业的国有企业进行并购重组，希望借此既能实现国有经济布局和结构的战略性调整，又能促进我国国有企业发展大型化、国际化，增强它们在国际市场上的竞争力；另一方面，管制行业国有企业并购减少了市场上有独立地位的企业的数目，使相关市场上的集中度增强，使原本存在于不同企业之间的竞争不复存在或受到重大限制。[1] 我国反管制行业的反垄断执法机构在进行经营者集中的反垄断审查时，就需要在竞争要素和非竞争要素之间进行权衡取舍。经营者集中会产生单边或协调性反竞争效应，如果对相关市场的竞争造成严重损害的，反垄断执法机构将不予通过反垄断审查，但如果集中有利于公共利益的，各国反垄断法则往往网开一面。2015 年 3 月底，我国商务部审查通过“中国南车股份有限公司与中国北车股份有限公司合并案”就属于此种情况。2014 年 12 月 30 日，我国南车股份有限公司、北车股份有限公司为了避免双方在海外的恶性竞争，按照“坚持着眼未来、对等合并、坚持精心谋划、共谋发展，规范操作、稳妥推进”的原则公布了合并方案，并通过了国务院国有资产监督管理委员会等机构的审核（国资产权〔2015〕117 号）。在该合并案的反垄断审查中，尽管有合并后国内市场“一车独大”的局面将引发显著的单边效应的担忧，但在国家产业政策鼓励中国装备走向世界，合并有利于公共利益，有利于增强中国企业国际竞争力的背景下，该项经营者集中行为通过了商务部的反垄断审查。

六、结论

尽管管制行业具有特殊性，但是在管制行业的反垄断执法中，反垄断法在规制垄断协议行为、滥用市场支配地位行为、经营者集中行为时，反垄断的分析框架没有发生任何的变化。但是，由于管制行业与社会公共利益和国家整体经济利益具有更密切的关联性，社会公共利益在我国管制行业的反垄断执法中如何被考量本身就是利益衡量的结果，因此，反垄断执法应从明确社会

---

① 参见孙晋：《论经营者集中审查制度在国有企业并购中的适用》，载《华东政法大学学报》2015 年第 4 期。

公共利益事项范围、健全社会公共利益认定的程序机制、设定利益衡量的基点准则、建立豁免权的分立体制方面来建构反垄断社会公共利益制度体系。[①] 在我国的管制行业反垄断执法中，无论是垄断协议的豁免对于社会公共利益的评估，还是滥用市场支配地位行为中对社会公共利益实现的关注，以及经营者集中反垄断审查对于国际竞争力抗辩理由的思考，都表明我国管制行业反垄断执法在关注竞争要素的同时，也会比其他行业更多地考量非竞争性要素。

① 参见刘桂清：《反竞争经营者集中的公共利益辩护：路径选择与制度建构》，载《政法论坛》2016 年第 5 期。

第六章　我国管制行业反垄断执法中经营者承诺制度研究

一、引言

在反垄断案件调查中，被调查的经营者可以提出承诺，采取具体措施消除其行为后果，执法机构可以接受经营者的承诺，决定中止调查和终止调查。据统计，大多数国家的反垄断执法机构每年接到的相关举报和受理的涉嫌垄断案件的数量很多，只有少数案件属于调查终结并作出是否处罚决定的情况，其他绝大多数案件在调查过程中，都因涉嫌垄断的经营者承诺改正并自动消除涉嫌违法行为的影响或后果而终止反垄断调查程序，经营者承诺制度在反垄断执法领域的实施具有普遍性。如美国司法部处理的反托拉斯争议超过60%是通过“同意判决”解决的，欧盟的承诺决定程序自2004年5月1日实施以来，也有43%左右的非核心卡特尔案件以承诺决定的方式结案。我国《反垄断法》第 45 条规定了经营者承诺制度，即对反垄断执法机构调查的涉嫌垄断行为，被调查的经营者承诺在反垄断执法机构认可的期限内采取具体措施消除该行为后果的，反垄断执法机构可以决定中止调查。中止调查的决定应当载明被调查的经营者承诺的具体内容。反垄断执法机构决定中止调查的，应当对经营者履行承诺的情况进行监督。经营者履行承诺的，反垄断执法机构可以决定终止调查。有下列情形之一的，反垄断执法机构应当恢复调查：经营者未履行承诺的；作出中止调查决定所依据的事实发生重大变化的；中止调查的决定是基于经营者提供的不完整或者不真实的信息作出的。2016 年 2 月，我国《反垄断案件经营者承诺指南（征求意见稿）》正式向社会公开征求意见，[①]该指南对经营者承诺制度的适用范围与适用条件，中止调查及终止调查决定的法律后果，经营者承诺的程序，经营者的承诺措施与期限等作了具体规定。

2013 年，国家发展和改革委员会对美国交互数字集团（Inter Digital Technology Corporation，IDC）提起反垄断调查之后，该公司向国家发展和改革委员会作出了一系列消除涉嫌垄断行为的承诺，发改委于 2014 年 5 月 22 日作出了终止调查的决定。2014 年 6 月 26 日我国宁夏回族自治区工商行政管理局经国家工商行政管理总局授权，对中国电信股份有限公司宁夏分公司涉嫌垄断行为进行立案调查。2015 年 5 月 14 日对该案作出中止调查决定，因当事人在规定的时限内履行了整改承诺，未出现法律所规定的恢复调查情形，宁夏回族自治区工商行政管理局依据我国《反垄断法》及《工商行政管理机关查处垄断协议、滥用市场支配地位案

---

① 参见《反垄断案件经营者承诺指南（征求意见稿）》全文，载国家发展和改革委员会网：http://jjs.ndrc.gov.cn/fjgld/201602/t20160203_774286.html，最后访问日期：2016 年 8 月 2 日。

件程序规定》的有关规定，于 2016 年 12 月 9 日对该案作出终止调查决定。[①] 除上述案件外，在我国国家工商行政管理总局竞争执法公告中公告的反垄断执法案件中，适用经营者承诺制度的还有“中国联合网络通信有限公司宁夏回族自治区分公司涉嫌垄断行为终止调查案”“中国铁通集团有限公司宁夏分公司涉嫌垄断行为终止调查案”“国网山东省电力公司烟台市牟平区供电公司涉嫌垄断行为中止调查案”“江苏省电力公司海安县供电公司涉嫌垄断行为终止调查案”“中国移动通信集团内蒙古有限公司涉嫌垄断行为中止调查案”“中国联合网络通信有限公司内蒙古自治区分公司涉嫌垄断行为中止调查案”“北京盛开体育发展有限公司涉嫌垄断行为终止调查案”“慈溪市建设工程检测协会涉嫌组织本行业经营者从事垄断协议行为终止调查案”“内蒙古自治区鄂尔多斯市三亚液化石油气有限公司等三家公司涉嫌垄断经营行为终止调查案”。除了“美国交互数字集团、慈溪市建设工程检测协会和盛开体育案”，我国反垄断执法中适用经营者承诺制度的案件大多发生在管制行业，进而提出的问题是，在反垄断执法中，经营者承诺制度如何构建？尤其是适用范围、适用条件和适用程序是怎样的？我国管制行业反垄断执法是否比其他行业更容易或者说更适合适用经营者承诺制度？

二、经营者承诺制度的界定与解读

经营者承诺制度，也被称为反垄断和解制度，是指对反垄断执法机构调查的涉嫌垄断行为，被调查的经营者承诺在反垄断执法机构认可的期限内采取具体措施消除该行为后果的，反垄断执

---

① 《竞争执法公告 2017 年第 7 号》，载国家工商行政管理总局网：http://www.saic.gov.cn/fw/bsdt/gg/jzzf/201702/t20170216_231642.html，最后访问日期：2017 年 4 月 22 日。

法机构可以决定中止调查，并对其进行监督，经营者履行承诺的，反垄断执法机构可以决定终止调查的制度。[①]

第一，经营者承诺制度是许多国家反垄断法的共同选择。美国的同意判决和同意令制度、欧盟的经营者承诺制度、日本的劝告审决和同意审决制度、韩国的劝告纠正违法制度都是经营者承诺制度，以及法国、英国、德国、澳大利亚等国家也都有经营者承诺制度。例如，《欧共体部长理事会 2003 年第 1 号条例》为欧盟经营者承诺制度确立了基本原则和框架，即(1)在一个可能会被禁止的协议或者行为的过程中，企业如果向欧盟委员会作出与这个禁止相关的承诺，委员会可以作出使该承诺对企业构成有效约束的决定；(2)欧盟委员会的决定应当指明，如果不能明确判定是否一直存在或现在存在违法行为，委员会没有理由采取这样的行动；(3)委员会的决定不损害成员国竞争主管机构和法院对该案件作出认定或者决定的权力；(4)委员会的决定不适宜于委员会将处以罚款的案件。另外，该条例还规定了经营者承诺制度的具

① 在商务部 2009 年出台的《经营者集中审查办法》中，没有经营者承诺制度的提法，但规定了“附加限制性条件批准”的决定。其基本含义是：在审查过程中，为消除或减少经营者集中具有或可能具有的排除、限制竞争效果，参与集中的经营者可以提出对集中交易方案进行调整的限制性条件，且商务部和参与集中的经营者均可提出对限制性条件进行修改的意见和建议；如果该限制性条件最终被商务部接受，则商务部会对经营者集中作出“附加限制性条件批准”的决定。从上述内容来看，“附加限制性条件批准”的决定在性质上基本可以视为经营者承诺制度从本质上来讲，经营者集中反垄断审查中的“附加限制性条件批准”也属于经营者承诺的范畴，因为附加限制性条件批准是通过经营者作出和履行附加性条件的承诺，限制这些市场主体在将来有寻求垄断的可能，通过附加性条件的承诺从而限制了严重损害竞争的可能性，通过附加性条件的承诺从而限制了严重损害竞争的可能性但由于附加限制性条件批准经营者集中行为有专门的规章进行规定，甚至有独立的称谓，所以本文研究的经营者承诺制度并不将其涵盖在研究范围之中。

体操作规则。[1] 欧盟适用经营者承诺制度的第一个案件是 2005 年的德国"Bundesliga 案",该案涉及德国足球联盟排他性出售商业广告的行为。欧盟委员会认为其违反了《欧共体条约》第 81 条的规定,构成垄断行为。之后经营者通过承诺进一步放开了相对集中的足球商业广告市场,并增加了电视和其他新媒体的权限。[2] 美国反托拉斯法中的经营者承诺制度主要是指,司法部反托拉斯局作出的"同意判决"和联邦贸易委员会作出的"同意令",这些做法均源于美国的反托拉斯执法实践,随后由法院及立法进行了确认。日本《禁止垄断法》在非正式处理方式中规定了同意审决制度,即当日本公正交易委员会作出审判开始决定书后,如果被审人同意开始决定书记载的事实及法律适用,并以书面形式向公正交易委员会申请不经过其后的审判程序而接受审决,并提交记载有排除该违法行为或保证排除该违法行为或者使处于垄断状态的商品或劳务恢复竞争所应采取具体措施内容的计划书的,公正交易委员会如认为适当,可以不经过其后的审判程序而作出与该计划书记载的具体措施内容相同的审决。

第二,经营者承诺制度的实质是行政和解。行政争议本质上是公共利益和个人利益之间的矛盾,行政和解的目的在于均衡公共利益和个人利益,行政争议的解决需要一个沟通渠道。"在行政法上,行政沟通主要表现为公共利益与个人利益之间的一种利益沟通,也就是说,代表公共利益的行政机关与代表个人利益的相对人或利害关系人之间进行信息互通、彼此了解、协调行动、避

---

① 参见王晓晔主编:《中华人民共和国反垄断法详解》,知识产权出版社 2008 年版,第 229 页。

② 参见黄勇、赵栋:《经营者承诺制度研究》,载《价格理论与实践》2012 年第 2 期。

免冲突,进而最终达到信任和合作的过程和方式。”[①]美国《联邦行政程序法》规定,在公共利益、纠纷性质以及时间容许的情况下,行政纠纷双方当事人有选择和解的权利。经营者承诺制度是行政和解制度和柔性行政理念在反垄断执法实践中的体现和运用,作为一种更加柔和、体现合意性的行政手段来代替以往的强制与遵从。[②] 是一种利益平衡与公私合作,合作的目的是双赢。德国《行政程序法》关于行政契约的规定,可以为反垄断法中经营者承诺制度的构建提供域外经验借鉴。德国《行政程序法》第 55 条规定,凡隶属关系之和解契约,其成立必须符合下列条件:其一,客观上存在事实或法律状态不明确;其二,不明确状态不能或需费甚巨始能排除者;其三,契约之缔结需能有效达成行政目的;其四,双方相互让步,不能一方让步。经营者承诺制度表面上是由反垄断执法机构单方作出,但其内容实际上是执法双方经过协商而达成的合意,执法机构和经营者都可能对对方的意见作出同意或拒绝的意思表示,最终通过双方间的妥协达成合意。经营者承诺制度的适用一般包括承诺制度的启动、承诺内容的确定和承诺决定的作出 3 个阶段,从合同法的视角来看,这 3 个阶段实际上就是经营者与反垄断执法机构之间发出要约、提出新要约和作出承诺的过程,[③]也体现了经营者承诺制度行政和解的本质。

第三,构建和实施经营者承诺制度是为了更好地实现反垄断法立法目标。与正式处理相比,反垄断法规定的非正式处理方式具有结案效率高,处理结果易被执行等优点,而经营者承诺制度的构建和实施可以节约反垄断执法机构的执法资源,能够尽早消

---

① 周佑勇:《行政裁量治理研究——一种功能主义的立场》,法律出版社 2008 年版,第 161 页。

② 参见邵颖:《对行政契约特权的控制及救济》,载《中州大学学报》2014 年第 3 期。

③ 参见焦海涛:《反垄断法实施中的承诺制度》,法律出版社 2017 年版,第 27 页。

除经营者行为对竞争秩序造成的不利影响。[①] 反垄断处罚可以实现反垄断法严厉的显著的威慑效果但却相对烦琐，且专业分析与论证难度要求很高；经营者承诺制度看似温和甚至可能降低反垄断执法实效，但是却可以通过经营者承诺的作出与履行极有效率地实现对市场竞争的维护。因此，无论是反垄断法的处罚还是经营者承诺制度的实施，都是反垄断的执法方式。经营者承诺制度构建和实施的目的不能主要是为了提高行政执法效率，降低行政执法成本，就如同反垄断处罚本身也不是目的，而是为了更好地实现反垄断法的立法目标一样，经营者承诺制度的构建和实施也是为了更好地实现反垄断法的立法目标。

三、经营者承诺制度的逻辑主线

没有任何一项制度是完美无缺的，经营者承诺制度本身应当是既有积极效应也有消极效应。反垄断法之所以构建和实施经营者承诺制度，就是要发挥经营者承诺制度的积极效应并尽可能在制度构建和实施中约束、限制其消极效应的发挥。

第一，经营者承诺制度具有明显的积极效应。反垄断法的目的不是处罚违法经营者，而是预防和制止垄断行为、保护市场竞争、保护消费者利益、促进经济健康发展。经营者承诺制度的积极效应主要表现为：经营者承诺制度有助于提高反垄断执法效率，节约行政执法资源，同时也能够尽快实现保护市场公平竞争，维护消费者利益和社会公共利益的目标。经营者承诺制度的适用，使反垄断执法机构不必经过复杂的程序，只要经营者承诺即可终结调查程序，并可很快得到调查结果，在有些情况下，更有利于实现反垄断法的立法目标。对于反垄断执法机构来说，对垄断

---

① 参见孟雁北：《反垄断法》（第 2 版），北京大学出版社 2017 年版，第 368 页。

行为的调查取证困难，研究分析具有较大不确定性，是一项内容复杂、成本高昂的工作。例如，被视为美国反垄断第一案的“环密苏里货运协会案”，该案件的判决日期距离最初的起诉时间长达5年，等到宣判的时候，环密苏里货运协会已经解散，此时反垄断判决对市场竞争的影响以及维护作用已经微乎其微。经营者承诺制度可以在达到让被调查者停止违法垄断行为的目的的情况下，尽快了结该类案件，也便于反垄断执法机构集中精力处理那些重要的、复杂的、经营者又不愿让步的案件。对于被调查的经营者来说，反垄断调查将有损经营者的声誉，如果经营行为最终被认定违反反垄断法，面临的严厉处罚更会对经营者的生产经营活动造成不利影响。而承诺在反垄断执法机构认可的期限内采取具体措施消除其后果，以换取反垄断执法机构的中止调查，可以避免漫长的调查和诉讼程序对自己经营活动的影响，还可以避免通过正式程序最后可能要承担的严重后果，这是一个双赢的结果。[①] 另外，经营者承诺制度也有利于经营者主动履行承诺从而更有效地实现反垄断法立法目标。经营者承诺制度的行政和解属性，使各方的利益通过承诺能够得到实现，也因为承诺内容是反垄断执法机构和经营者合意的结果，经营者履行承诺的愿望比较强烈，进而更有利于对市场竞争的维护。

第二，经营者承诺制度同时也不可避免地具有一些消极效应。首先，这些消极效应表现为反垄断执法机构存在滥用经营者承诺制度的可能进而背离反垄断法的价值目标。其次，表现为反垄断执法机构具有较大的自由裁量权，可能导致相同案件的差别对待，造成法律的不确定性。反垄断执法机构容易被俘获，协商

① 参见王先林：《超高定价反垄断规制的难点与经营者承诺制度的适用》，载《价格理论与实践》2014年第1期。

和解活动往往缺乏透明度,反垄断执法的公正性也会受到影响。由于欠缺书面、精确的论证过程,许多事必须通过不公开的彼此谅解和条件交换解决。一方面,会使社会各界无法判断监督执法机构之决定是否妥当以及有无充分根据;另一方面,企业作为一种利益集团,对政府的执法活动有特殊的影响力。如果反垄断执法机构存在利己的动机并被大企业所俘虏,从执法者变成"合伙人"就在所难免。[①] 最后,表现为经营者承诺制度的不当实施可能降低反垄断惩罚力度,甚至因利益失衡而可能引发"和解悖论"。经营者的利益失衡主要体现在:和解经营者与符合和解条件但未实施和解的涉嫌垄断的经营者之间的利益失衡、和解双方与社会公共利益的失衡、和解经营者与受害人之间的利益失衡、涉嫌垄断经营者与消费者利益的失衡等,[②]对这种失衡如果不加以规制有可能使经营者承诺制背离了制度设计的初衷,具有了某些"悖论"色彩。

第三,经营者承诺制度的构建和实施需要发挥制度的积极效应并约束制度的消极效应。经营者承诺制度常常通过经营者承诺制度的适用范围、适用条件尤其是实施程序的法律规定来防止制度消极效应的出现。例如,美国的经营者承诺制度详细地规定了经营者承诺说明制度,在美国联邦贸易委员会的经营者承诺程序中,联邦委员会在联邦注册登记簿上需要向社会公众说明的内容包括契约条款、调查人员指控的文件、委员会对和解契约及相关内容的解释、必须获得的救济以及有助于利害关系人理解和解契约的其他信息等。在美国司法部反托拉斯局的经营者承诺程

---

① 参见刘静、李欣楠:《从电信、联通价格歧视案看我国的反垄断和解制度》,载《科技视界》2013 年第 25 期。

② 参见殷继国:《反垄断执法和解制度:国家干预契约化之滥觞》,中国法制出版社 2013 年版,第 234 ~235 页。

序中，说明的事项大体与美国联邦贸易委员会需向公众说明的事项一致。[①] 再如，美国和欧盟规定了经营者承诺公示制度。在美国，为了保护公共利益以及防止第三人利益免受不法侵害，同意令与同意判决生效之前必须在《联邦登记簿》上公布60日，以接受公众监督。在欧盟，“根据《第1/2003号条例》第27条第4款的规定，在经营者承诺程序中，欧盟委员会必须在其官方杂志上公布该案件的概述、承诺的主要内容或所提议的行动，还必须在竞争总司网站上公布承诺的全部内容，同时要对以下情况进行解释性说明：有关机关建议接受承诺；承诺的目的和作用；承诺的情境；其他机关认为有理由接受承诺的事实；拟获取承诺书正式文本的途径；公告期限（不少于15天）和接受承诺后公告该承诺书。也如，美国和欧盟的经营者承诺制度还规定了利害关系人因适用承诺制度权益受到侵害时的救济权利。在美国，如果同意判决程序对第三人的权利造成了实质损害，且其权益未被程序当事人充分代表的，其可以要求法院给予权利救济。在欧盟，任何受到直接和单独影响的公司可以依据《共同体条约》提出控诉”。[②]

四、我国反垄断执法中经营者承诺制度的构建与完善

2016年2月我国《反垄断案件经营者承诺指南（征求意见稿）》正式向社会公开征求意见。我国《反垄断法》的规定与《反垄断案件经营者承诺指南（征求意见稿）》已经初步勾勒出经营者承诺制度的全貌，对经营者承诺制度的适用范围与适用条件，中止调查及终止调查决定的法律后果，经营者承诺的程序，经营者

① 参见郭宗杰、余亚君：《反垄断承诺信息公开制度研究》，载《市场经济与价格》2014年第12期。

② 黄义：《反垄断承诺制度中利害关系人权益保障问题研究》，载《价格理论与实践》2014年第2期。

的承诺措施与期限进行了具体规定，但仍存在一些不足需要完善，且在实施经营者承诺制度中需要特别关注如何防止反垄断执法机构滥用自由裁量权的问题。

第一，我国《反垄断案件经营者承诺指南（征求意见稿）》关于经营者承诺制度的适用范围的选择可进一步斟酌。目前，我国《反垄断案件经营者承诺指南（征求意见稿）》采用排除法对经营者承诺制度的适用范围进行了规定，即"对于固定或者变更商品价格、限制商品生产或者销售数量、分割销售市场或者原材料采购市场的横向垄断协议案件，执法机构不应接受经营者提出的承诺，实施中止调查"。在美国反托拉斯法中经营者承诺制度的适用范围也主要是核心卡特尔之外的其他垄断行为。欧共体委员会在2004年发布了一份解释承诺决定适用中常见问题的《第04/217号备忘录》。该备忘录指出，经营者承诺决定是一种新颖的执法机制，其适用条件是灵活的，欧共体委员会决不会被强制在何种情况下必须采纳承诺决定程序，而只会被建议在有些情况下可以考虑适用该程序。该备忘录还指出，如果罚款决定对一个案件来说更合适，则适用承诺决定就是不适宜的，因而在核心卡特尔案件中，应排除承诺决定的适用。但是，由于我国《反垄断法》对经营者承诺制度适用范围的规定是"涉嫌垄断行为"，实际上并没有限制经营者承诺制度的适用范围；国家工商行政管理总局2009年出台的《工商行政管理机关查处垄断协议、滥用市场支配地位案件程序规定》细化了经营者承诺制度，也没有限制其适用范围；国家发展和改革委员会2010年出台的《反价格垄断行政执法程序规定》中关于经营者承诺制度的相关规定同样对适用范围未予限制。因此，值得《反垄断案件经营者承诺指南（征求意见稿）》斟酌的是，在我国，横向垄断协议行为是否不存在适用经营者承诺制度的任何可能性？排除任何涉及横向垄断协议的经营者提出的承诺使经营者承诺制度将仅适用于纵向限制及滥用市场支配地位行为的情形是否会使经营者承诺制度的效果大打折扣?

第二,我国《反垄断案件经营者承诺指南(征求意见稿)》关于经营者承诺制度的适用条件的规定可进一步完善。《反垄断案件经营者承诺指南(征求意见稿)》并没有对制度的适用条件进行专门的规定,而是在规定适用范围的条款中,从消极条件和程序条件两个视角对经营者承诺制度的适用条件进行了间接规定,即执法机构在对涉嫌垄断行为调查核实后认为,构成垄断行为的,应当依法作出处理决定,不再接受经营者提出的承诺。对于其他反垄断案件,经营者主动提出承诺,执法机构可以决定适用中止调查及终止调查程序。从我国目前的法律规定以及已处理的案件来看,我国经营者承诺制度的适用条件仍比较模糊,反垄断执法机构的自由裁量权也就具有较大的不确定性和不可预期性,因此,有必要在制度构建时进一步细化。适用经营者承诺制度的条件通常包括如下情形:(1)经营者承诺制度的适用以反垄断执法机构已开展相关调查并取得了相当数量的证明经营者垄断行为存在的证据为基础,但同时又属于经依职权调查仍不能确定的情形。(2)反垄断中止调查以经营者在调查期间主动提出中止调查的申请并以承诺采取具体措施消除涉嫌垄断行为的消极后果为前提。(3)承诺是反垄断执法机构与经营者双方协商的结果,不能强迫经营者作出承诺,执法机构也没有义务必须接受经营者提出的承诺。(4)经营者的承诺具有时间方面的限定,承诺时间的长短取决于具体案件的情况,但时间的长度应足以消除反垄断执法机构对反竞争行为后果的担忧。(5)经营者承诺决定不适用于应作出罚款决定的垄断行为,否则就会降低违法行为的责任限度。同一性质的垄断违法行为不能因经营者承诺制度实施与否就在结果上呈现天壤之别,不能使经营者认为可凭借经营者承诺制度来减轻甚至免除责任,不能在客观上起到鼓励违法的作用进而严重影响或削弱反垄断法的威慑性。另外,德国行政法学者毛雷尔对和解合同及其适用条件的观点是“和解合同是通过相互让步来消除合理判断中的事实或者法律问题的不确定状态。其条件是:(1)存在着有关事实状况或者法律观点的不确定状态;(2)这种不确定状态不能查明或者非经重大支出不能查明;(3)通过双方当事人的让步,可以取得一致的认识”。① 我国经营者承诺制度可以借鉴行政程序法中行政主体缔结行政和解契约的限制条件来防止反垄断经营者承诺制度的滥用。

第三,我国《反垄断案件经营者承诺指南(征求意见稿)》关于经营者承诺制度的适用程序的规定可进一步完善。我国《反垄断法》第45条对中止调查的条件规定得非常笼统,只规定了“……被调查的经营者承诺在反垄断执法机构认可的期限内采取具体措施消除该行为后果的,反垄断执法机构可以决定中止调查”,却没有规定消除行为后果的标准是什么,是停止违法行为还是对原来造成的损失也要补偿?我国《反垄断案件经营者承诺指南(征求意见稿)》也没有明确如何认定“消除行为后果”。反垄断执法机构实施经营者承诺制度处理案件绝不仅仅关系反垄断执法机构与涉嫌垄断的经营者之间的利益,更关系相关利害关系人与社会公众的利益,经营者承诺制度应进一步强化利益相关主体参与程序与权益保障问题,这里的利益相关主体,是指虽不是经营者承诺制度的直接当事人,但经营者承诺制度中的承诺内容所涉及的权利义务关系却已经或者可能受到间接影响的公民、法人或者其他组织,包括被垄断行为影响的消费者以及其他合法经营者。反

① [德]哈特穆特·毛雷尔:《行政法学总论》,高家伟译,法律出版社2000年版,第356页。

垄断案件即便可以通过承诺决定的方式结案,其中案件的具体情况、当事人承诺的内容等也应向社会公布,并接受利益相关主体或社会公众的质询,尤其应进一步完善承诺公示制度,并为利益相关主体对因案件适用经营者承诺制度而遭受损失提供权利救济和抗辩的途径。

第四,我国《反垄断案件经营者承诺指南(征求意见稿)》中关于防止执法机构滥用自由裁量权的规定可进一步完善。是否接受经营者的承诺及中止调查的判断权由反垄断执法机构自由裁量决定,经营者的后续履行承诺情况也由反垄断执法机构自行监督和判断,其判断结论将直接影响反垄断案件是终止调查结案抑或恢复调查,而我国法律并没有明确规定如何对反垄断执法机构的自由裁量权予以监督。在美国,对于经营者承诺制度,法院有判断是否符合公共利益的机会。同意判决实行法院许可制,即在司法部与相对人达成协议后,只有经法院判断是否符合公共利益后才能作为“判决”而存在并生效;联邦贸易委员会的同意令一般无须法院审查,除非当事人就同意令及时向上诉法院申请了司法审查,否则其具有最终效力。在欧盟,对于经营者承诺制度,欧盟委员会逾越了其接受承诺的自由裁量权可能是相对人要求给予救济的一个理由,如果委员会没有展开全部的调查就作出了承诺决定,可以申请对承诺决定进行司法审查。在澳大利亚,对于经营者承诺制度,如果竞争和消费者委员会超越职权接受了一个比违法裁决更重负担的承诺,当事人可以直接诉至法院。在日本,如果相对人对同意审决不服,可以提起救济。当事人撤销公正交易委员会的审决之诉,应在审决发生效力之日起 30 日内提起。[①]

---

① 参见王炳:《反垄断中止调查与终止调查制度:契约化还是行政化》,载《中国行政管理》2015 年第 9 期。

我国《反垄断案件经营者承诺指南(征求意见稿)》对于如何监督和防止反垄断执法机构滥用自由裁量权的规定相对缺失,但利益相关主体应当可以援引我国《反垄断法》第53条对反垄断执法机构作出的中止或终止决定行为提起行政复议和行政诉讼以防止自由裁量权的滥用。

五、我国管制行业反垄断执法中适用经营者承诺制度的天然契合性

经营者承诺制度是在反垄断执法机构查处涉嫌垄断行为过程中所进行的公共利益与个体利益的平衡协调,利益平衡的理念是贯穿经营者承诺制度始终的逻辑主线。

第一,我国经营者承诺制度的适用范围契合于管制行业的反垄断执法。在产业组织理论中,市场进入壁垒,是指如果某个行业具有进入成本,这种进入成本必须由新进入该行业的企业承担,而原有企业却不必承担,这种成本就构成了进入壁垒。我国管制行业多为国有企业,民营资本及外国资本很难进入管制行业,进入壁垒较高,且这种壁垒主要是制度性壁垒。以我国石油天然气行业为例,在勘探环节、开采环节、炼化、运输等环节,都存在很高的市场进入制度壁垒。在勘探环节,1998年国务院颁布了《矿产资源勘查区块登记管理办法》,其中第4条规定,勘查石油、天然气需要经国务院指定的机关审查同意后,由国务院地质矿产主管部门登记,才能颁发勘查许可证。在开采环节,我国1998年的《矿产资源开采登记管理办法》第3条规定,开采石油、天然气矿产的,经国务院制定的机关审查同意后,由国务院地质矿产主管部门登记,颁发采矿许可证。在其他管制行业,尽管我国先后出台了《铁路法》《电力法》《航空法》等特定行业的法律,但民营资本若想进入管制行业,也仍会遇到制度性壁垒。也正是由于制

度性市场进入壁垒的存在,管制行业的经营者大多具有较强的优势地位甚至是市场支配地位,更可能从事的限制竞争行为常常是滥用市场支配地位行为。我国《反垄断案件经营者承诺指南(征求意见稿)》第2条排除了任何涉及横向垄断协议的经营者提出承诺,使经营者承诺制度将仅适用于纵向限制及滥用市场支配地位的情形,从而使经营者承诺制度与管制行业反垄断执法具有了天然的契合性。

第二,我国经营者承诺制度的适用条件契合于管制行业的反垄断执法。反垄断执法机构通常在下列情况下可考虑适用承诺制度:(1)垄断行为情节简单、危害性不大;(2)被调查的垄断行为难以查清;(3)调查垄断行为的成本过高;(4)处罚垄断行为的法律依据不明确;(5)被调查者积极配合执法调查,具有强烈的合作意愿。[①] 尽管管制行业存在市场集中度高,少数企业可能控制行业主要产品的上下游渠道,进入和退出壁垒较高等特点,但并不意味着管制行业本身就是反垄断法的执法目标。适度的经济集中和垄断结构也许是维系管制行业经营者的经济效益和国际竞争力的重要条件,甚至如何把竞争的基本优势与垄断的有限优势结合起来,塑造有效竞争的市场模式,是管制行业反垄断执法必须关注的问题,这也要求我国反垄断执法需要考量管制行业的特殊性,从而使被调查的垄断行为难以查清或认定,经营者承诺制度也因此与反垄断执法具有了天然的契合性。例如,德国联邦卡特尔局在2008年年初,根据2007年12月德国《反对限制竞争法》新增的第29条启动了针对35个地区燃气公司的调查,调查的重点是这些公司是否在2007年和2008年向家庭和小型商

① 参见焦海涛:《反垄断法承诺制度的适用范围研究》,载《法商研究》2013年第2期。

业用户收取了价格过高的燃气费。后来,这些燃气公司与联邦卡特尔局订立了承诺协议,提出推迟提价计划,并向下一批缴纳燃气费的客户给予补贴。这项协议使消费者的总获益达130万欧元。基于此,德国联邦卡特尔局终止了对这些公司的调查。[①]如果对反垄断案件的最终认定比较困难,反垄断分析论证也比较复杂和具有一定的不确定性,适用经营者承诺制度也是不错的选择。

第三,我国管制行业反垄断执法适用经营者承诺制度可以避免反垄断规制与产业规制之间的冲突并推动管制行业的改革。在反垄断执法过程中,由于利益冲突不可避免,反垄断执法机构与经营者之间总是进行着动态博弈,而且这种博弈通常是在“不完全信息”条件下进行的,加之反垄断分析的专业性等,反垄断调查案件会持续比较长的时间。我国管制行业漫长的反垄断调查过程将延长垄断侵害的不利影响,并阻碍管制行业发展与改革的步伐,而经营者承诺制度则可以快速、高效地消除垄断行为带来的不利影响。尤其是管制行业更多是特殊行业,与国家安全、生态环保、基础设施、战略产业等密切相关,产业政策在其中会发挥重要的作用。经营者承诺制度可以有效地平衡协调产业政策与竞争政策的关系,甚至成为产业政策与竞争政策融合的有效工具。

曼斯费尔德认为:“我们不能仅仅依靠证明市场力量在经济的某一领域不能完全奏效来为政府干预提供证明。为什么呢?因为还必须证明政府干预利大于弊。”[②]市场机制与政府调控都不

① 参见王先林:《超高定价反垄断规制的难点与经营者承诺制度的适用》,载《价格理论与实践》2014年第1期。

② [美]曼斯费尔德:《微观经济学》,黄险峰译,中国人民大学出版社1999年版,第559页。

是万能的,都有内在的缺陷和失灵的客观可能,关键是寻求市场机制与政府调控的最佳结合点,制度性缺陷突出表现为政府功能的“错位”“缺位”,政府既当运动员,又当裁判员是导致“政府失灵”的制度性原因;而政府功能缺位是导致“政府失灵”又一重要原因,在以 GDP 为政绩考核标准的背景下,对于事关社会发展的基础性本质工作,少数政府官员出于个人短期升迁的考虑,很少或不愿行使这部分政府职能。① 同时,政府机构如果仍然用计划经济体制下全能政府的观念,也会导致政府职能的错位,混淆政府职能与市场职能。例如,在石油天然气产业链的不同环节的上、中、下游,有的环节属于自然垄断领域,有的环节属于非自然垄断领域甚至是市场竞争领域,在石油天然气产业链的不同环节,政府和市场的关系以及作用应当具有明显的差异性,应当基于自然垄断领域和非自然垄断领域,分别采取不同的监管政策,既保证自然垄断领域的规模经济性,又保证非自然垄断领域的竞争活力,使行业处于有效竞争状态,但目前这种差异性在我国体现得不够明显。② 我国管制行业改革问题是反垄断执法机构无权也无法解决的问题,但却可以通过经营者承诺制度来推动管制行业的改革。例如,2014 年 9 月 5 日江苏省工商行政管理局对江苏省电力公司海安县供电公司涉嫌滥用市场支配地位实施差别待遇的垄断行为作出中止调查决定。在中止调查期间,当事人采取了以下措施进行整改:(1)在营业场所张贴“告电力客户书”,2014 年 9 月下旬,同时在当地海安电视台、《海安日报》以及海安政府门户网站,公开办电流程,公示电费缴付方式。(2)在电力销

---

① 参见苏林波:《“政府失灵”与转型期政府职能重构》,载《理论导刊》2006 年第 8 期。

② 参见孟雁北等:《管制行业改革法律问题研究——以石油天然气产业为例证》,法律出版社 2016 年版,第 3 页。

售中,提供后付费一次性结算、后付费分次结算、负控预购电、电卡表预购电、分次结算等多种电费结算方式,供用户选择。(3)全面清理已收预付电费,对用户主动登门解释电费结算方式,协商签订新的电费结算协议。不再强行要求客户缴纳预付电费作为供电条件。鉴于当事人采取的具体整改措施符合《中止调查申请书》中承诺的整改内容,江苏省工商行政管理局决定对当事人涉嫌违反《反垄断法》附加不合理交易条件的行为终止调查。因当事人在规定的时限内履行了整改承诺,未出现法律所规定的恢复调查情形,江苏省工商行政管理局依据我国《反垄断法》及《工商行政管理机关查处垄断协议、滥用市场支配地位案件程序规定》有关规定,于 2016 年 8 月 19 日对该案作出终止调查决定。

六、结论

经营者承诺制度的目的不是宽大或者宽恕,而是通过中止或终止反垄断调查来实现对市场竞争的维护和社会整体利益的维护,因此,完善我国经营者承诺制度的重点就在于如何更好地发挥经营者承诺制度的积极效应,如何更好地抑制经营者承诺制度的消极效应。经营者承诺制度不可避免会赋予反垄断执法机构自由裁量权,因此,对反垄断执法机构在适用经营者承诺制度中具有的自由裁量权进行限制也势在必行。行政执法权力本身具有扩张性,一方面,经营者承诺制度授予反垄断执法机构适度的行政权力以维护竞争和实现社会公共利益;另一方面,则需要对经营者承诺制度的适用范围、适用条件以及适用程序等进行科学设计,以防止反垄断执法机构滥用行政执法权,架空反垄断法的制度规定,损害利害关系人的合法权益或者公共利益。反垄断执法案件是否适宜采用承诺制度,影响因素有多种,如所涉垄断行为的危害性、复杂性、典型性以及承诺制度的适用效率、适用的可行性等,而我国管制行业的反垄断执法更容易适用经营者承诺制度,甚至可以通过适用经营者承诺制度来推动管制行业的改革。

下篇　我国管制行业反垄断执法之典型行业问题研究

第七章　我国电信行业反垄断执法问题研究

一、引言

电信,是指利用有线、无线的电磁系统或者光电系统,传送、发射或者接收语音、文字、数据、图像以及其他任何形式信息的活动。电信业务分为基础电信业务和增值电信业务。基础电信业务,是指提供公共网络基础设施、公共数据传送和基本话音通信服务的业务,主要包括:(1)固定网络国内长途及本地电话业务;(2)移动网络电话和数据业务;(3)卫星通信及卫星移动通信业务;(4)互联网及其他公共数据传送业务;(5)带宽、波长、光纤、光缆、管道及其他网络元素出租、出售业务;(6)网络承载、接入及网络外包等业务;(7)国际通信基础设施、国际电信业务;(8)无线寻呼业务;(9)转售的基础电信业务。增值电信业务,是指利用公共网络基础设施提供的电信与信息服务的业务,主要包括:(1)电子邮件;

(2)语音信箱;(3)在线信息库存储和检索;(4)电子数据交换;(5)在线数据处理与交易处理;(6)增值传真;(7)互联网接入服务;(8)互联网信息服务;(9)可视电话会议服务。一般来说,增值电信业务是建立在基础电信业务提供的物质载体上的,所有的增值电信需要借助基础网络作为运行平台。[①] 基础电信业务具有一定的自然垄断属性,而增值电信业务具有竞争属性,两种电信业务的管理制度具有较大差异。例如,在市场准入管理上,经营许可证就分为《基础电信业务经营许可证》和《增值电信业务经营许可证》两类。但属于基础电信业务中的无线寻呼业务和转售的基础电信业务,在性质上与增值电信业务更为接近,我国《电信条例》也规定这两项业务比照增值电信业务进行管理。互联网行业作为新兴产业,与传统产业相比具有更多的个性特征。这些特征主要是:(1)互联网行业提供的产品或服务常常具有双边甚至多边市场的特征,处在双边市场中的企业面向的是两个或两个以上的消费群体且群体之间存在关联性。(2)互联网行业的竞争以技术和产品的创新为主,创新竞争超过了价格竞争。(3)互联网行业的经营活动也有别于其他行业,基础产品或服务"免费"或"低价"已成为互联网行业通行的模式,提供产品或服务的盈利模式具有特殊性,网络商品的价值会随着用户数量的增加而不断增强。另外,互联网行业提供的产品或服务具有一定程度的网络效应和用户锁定效应,并超越了时空和地域的限制。[②] 互联网行业的特殊性使反垄断执法变得更加复杂,也呈现了与传统电信业务不同的特点。基于上述原因,本章所研究的电信行业会以基础电

---

① 参见王中美:《公共服务业的垄断与反垄断》,上海社会科学院出版社2012年版,第128页。

② 参见孟雁北:《互联网行业相关市场界定的挑战——以奇虎诉腾讯反垄断案判决为例证》,载《电子知识产权》2013年第4期。

信业务为研究对象，增值电信业务尤其是互联网行业在“三网融合”的背景下的反垄断执法尽管有非常多的理论和实践问题需要关注，但不在本章限定的研究范围之内。

2011年11月9日中央电视台《新闻30分》播出了国家发展和改革委员会价格监督检查与反垄断局对中国电信、中国联通的反垄断调查案，调查这两家公司在宽带接入领域是否滥用市场支配地位阻碍、影响其他经营者进入相关市场从而违反了《反垄断法》。[①] 针对中央电视台“电信联通遭反垄断调查”的消息，中国工业和信息化部下属的《人民邮电报》发表文章认为，“电信和联通垄断之说无处立脚”；另一家同样由工业和信息化部主管的《通信产业报》刊文指出，“在互联网接入这个市场上，电信和联通具有市场支配地位本身并不违法。”[②]2011年12月2日中国电信、中国联通在其官网同时发表声明称，已向国家反垄断执法机构提交了“中止反垄断调查”的申请，并承认企业在互联互通及价格上存在不合理行为，同时承诺整改提速降费。2012年3月有报道称中国电信与中国联通已经完成100G的互联网带宽扩容，两家公司承诺将进一步降低公众上网资费，国家发展和改革委员会价格监督检查与反垄断局将继续督促两家公司整改。[③] 2012年12月时任国家发展和改革委员会价格监督检查与反垄断局局长许昆林在首届“中国竞争政策论坛”上谈到“中国电信、中国联通反垄断

---

① 参见罗兰：《中国反垄断调查“剑指”电信联通》，载《人民日报海外版》2011年11月11日，第2版。

② 赵谨、李蕾：《工信部下属两家媒体驳电信联通涉嫌垄断报道》，载金融界网：http://finance.jrj.com.cn/tech/2011/11/12072611543388.shtml，最后访问日期：2016年10月8日。

③ 参见钟晶晶：《发改委官员首度披露电信反垄断案最新进展》，载新华网：http://news.xinhuanet.com/legal/2012-03/15/c_122836452.htm，最后访问日期：2016年12月25日。

调查案”时表示,虽然中国电信、中国联通两家公司提交了整改报告,并在互联互通方面取得了较大的进步,但“中国电信、中国联通反垄断案”并没有结案。2013 年 12 月 23 日和 2014 年 1 月 7 日,中国联通和中国电信分别提交了最新整改情况报告。2014 年 2 月 19 日国家发展和改革委员会表示,其正根据我国《反垄断法》相关规定,对中国电信、中国联通是否完全履行整改承诺,相关整改措施是否消除涉嫌垄断行为后果等情况进行评估,并将根据评估结果,依法作出处理决定。①

2013 年 6 月宁夏回族自治区工商行政管理局经国家工商行政管理总局授权,对中国电信股份有限公司宁夏分公司涉嫌垄断行为进行立案调查,于 2015 年 5 月 14 日对该公司作出中止调查决定。同时,请社会各界对当事人履行承诺的情况进行监督。②因当事人在规定的时限内履行了整改承诺,未出现法律所规定的恢复调查情形,宁夏回族自治区工商行政管理局依据《反垄断法》及《工商行政管理机关查处垄断协议、滥用市场支配地位案件程序规定》有关规定,于 2016 年 12 月 9 日对该案作出终止调查决定。③

自我国《反垄断法》实施以来,电信行业已经出现了大量的反垄断案件。电信业作为国家的基础性行业,具有自然垄断性、网

① 参见江国成:《中国电信和中国联通价格垄断案正依法处理》,载新华网:http://news.xinhuanet.com/newmedia/2014-02/19/c_126159589.htm,最后访问日期:2017 年 3 月 11 日。

② 参见《竞争执法公告 2015 年第 6 号中国电信股份有限公司宁夏分公司垄断案》,载国家工商行政管理总局网:http://www.saic.gov.cn/fldyfbzdjz/jzzfgg/201703/t20170309_232271.html.,最后访问日期:2017 年 8 月 14 日。

③ 参见《竞争执法公告 2017 年 7 号中国电信股份有限公司宁夏分公司涉嫌垄断行为终止调查决定书》,载国家工商行政管理总局网:http://www.saic.gov.cn/fldyfbzdjz/jzzfgg/201703/t20170309_232300.html,最后访问日期:2017 年 8 月 14 日。

络效应、信息不对称、网络融合性、社会公益性等方面的特征，[①]电信行业的管制也呈现与其他行业的管制不同的特质。在全业务竞争和数网融合的新电信时代，电信的市场结构、市场行为又发生了较大变化，反垄断执法机构在电信行业实施《反垄断法》会遇到哪些理论问题和实践挑战需要进行深入研究。

二、我国电信业的发展历程与立法沿革

1949 年我国电信总局成立，邮电部成立；1969 年邮电部撤销，分别成立邮政总局和电信总局；1973 年恢复邮电部；1994 年邮电部成立移动通信局和数据通信局。[②] 我国电信行业发展初期实行由政府垄断经营的体制，政府不仅是该行业的实际经营者，更是行业管制政策的制定者和监督者。邮电部作为国务院主管全国通信工作职能部门，负有通信行业管理的职责，国家统一经营主要通信业务，并给予了邮电部门一系列优惠政策，如初装费、地方附加费等，[③]我国电信产业也因此得到了一定的发展。

第一，我国电信体制改革在不断推进中。1993 年 8 月 3 日国务院发布《国务院批转邮电部关于进一步加强电信业务市场管理意见的通知》（国发〔1993〕55 号），向社会开放了无线寻呼、800MHz 无线移动通信、电话信息服务等 9 项电信业务，我国电信行业开始从垄断走向竞争。

1993 年 12 月 14 日国务院正式同意由电子部、电力部和铁道部共同组建中国联合通信有限公司（以下简称中国联通），作为我国电信体制改革的初步尝试。1994 年 7 月 17 日中国联通正式成

---

① 参见娄耀雄主编：《电信法》，对外经济贸易大学出版社 2010 年版，第 1 ~ 10 页。

② 参见芮明杰、陶志刚：《中国产业竞争力报告》，上海人民出版社 2004 年版，第 215 页。

③ 参见续俊旗等：《中欧电信法比较研究》，法律出版社 2008 年版，第 119 页。

立，业务范围是："对铁道部、电力部的专用通信网络进行改造、完善，在保证铁道、电力专用通信需要的前提下，将富余能力向社会提供长话业务；在公用市话网覆盖不到或公用市话能力严重不足的地区，可开展市话业务，同时还可经营无线通信（包括移动通信）业务和电信增值业务。"①1995 年我国电信总局以"中国邮电电信总局"的名义进行企业法人登记，力图逐步实现政企职责分开，而中国联通的成立，标志着我国电信业独家垄断的终结和引入竞争的开始，但远未形成预期的"双寡头"的市场结构。

1998 年国务院决定邮政、电信分开，在原电子部和邮电部基础上组建信息产业部。为了实现电信业的政企分开并引入竞争。1999 年国务院正式发布中国电信的拆分方案，中国电信被拆分为 4 个部分，即固定网络业务的中国电信集团公司、经营移动网络业务的中国移动通信集团公司（以下简称中国移动）、经营卫星通信业务的中国卫星通信集团公司（以下简称中国卫通）和经营无线寻呼业务的国信寻呼公司。随后，国务院又决定将国信寻呼公司并入中国联通，以增强中国联通的实力。②

2001 年国务院批准《电信体制改革方案》，对电信企业进行重组整合，再次决定对经营固定业务的中国电信以长江为界，南北拆分。西南、西北以及长江以南的 21 个省份组建新的中国电信；其余的北京市、天津市、河北省、山西省、内蒙古自治区、辽宁省、吉林省、黑龙江省、河南省、山东省等 10 个北部省（市、自治区）的电信公司组建新的中国网通。中国电信和中国网通相互之间还可以在对方经营地域开展包括本地电话在内的所有固定电

① 张宇燕：《国家放松管制的博弈——以中国联合通信有限公司的创建为例》，载《经济研究》1995 年第 6 期。

② 参见董理：《自然垄断产业规制改革的国际比较——对电信业的分析》，复旦大学出版社 2013 年版，第 181～184 页。

信业务。至2007年年底,中国电信业形成了"5+1"格局,即中国移动、中国联通、中国电信、中国网通、中国铁通、中国卫通共同撑起中国基础电信运营市场。按照电信改革的初衷,旨在使上述公司形成竞争机制,通过竞争推动我国电信业的健康发展,但十分遗憾的是,上述电信公司之间并未形成真正意义上的竞争。

2008年5月24日工业和信息化部、国家发展和改革委员会、财政部联合发布《关于深化电信体制改革的通告》,该通告指出,鼓励中国电信收购中国联通CDMA网(包括资产和用户),中国联通与中国网通合并,中国卫通的基础电信业务并入中国电信,中国铁通并入中国移动。① 经过1978~1993年的计划体制内改良、1994~1998年的市场化改革、1999~2004年的分拆与重组,并于2004~2008年进行新一轮重组之后,②我国电信业形成三大全业务运营商竞争的市场格局。2017年12月中国电信、中国移动根据国家有关央企公司制改制工作部署完成了公司制改制,企业类型由全民所有制企业变更为国有独资公司,"中国电信集团公司"更名为"中国电信集团有限公司","中国移动通信集团公司"更名为"中国移动通信集团有限公司"。2020年我国仍将进一步深化电信等重点领域的改革。

2003年为进一步加强我国香港特别行政区与内地的经贸合作,内地与我国香港特别行政区签署了《内地与香港关于建立更紧密经贸关系的安排》,允许我国香港特别行政区电信企业以合资方式进入内地经营互联网接入、数据中心业务、存储转发类业务、呼叫中心业务、信息服务业务等5项增值电信业务。随着我

---

① 参见陈甬军、胡德宝:《中国电信产业垄断分析——基于剩余需求法的实证研究》,载《广西社会科学》2008年第8期。

② 参见天则经济研究所:《八大行业垄断状况报告》,载《中国改革》2010年第12期。

国电信市场向非国有资本的逐渐开发,在电信增值业务领域我国已形成国资、民营、外资进行竞争的局面。

第二,我国电信行业已取得较好的发展成果。随着电子通信和网络技术的不断发展以及人们对即时通信的需求,电信的语音、网络、信息、数据服务已经成为交流和沟通的重要手段,我国电信行业因此得到了快速发展,运营商获得了巨大的利益,消费者通信的便捷性也获得了极大的满足。我国 2016 ~ 2017 年 6 月通信业的经济运行情况也说明我国电信业目前的实际情况,详见图 1① 和表 1②。

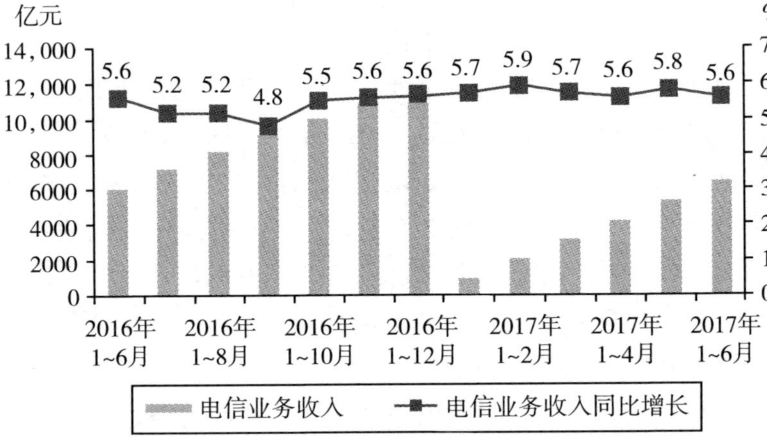

图 1　2016 ~ 2017 年 6 月电信业务收入发展情况

---

① 参见《2017 年 1 - 6 月份通信业经济运行情况》,载工业和信息化部网:http://www.miit.gov.cn/n1146312/n1146904/n1648372/c5735442/content.html,最后访问日期:2020 年 6 月 17 日。

② 参见《2017 年 6 月通信业主要指标完成情况(一)》,载工业和信息化部网:http://www.miit.gov.cn/n1146312/n1146904/n1648372/c5735478/content.html,最后访问日期:2020 年 6 月 17 日。

表1 2017年6月通信业主要指标完成情况(一)

指标名称	单位	本年本月止累计到达	比上年同期累计(±%)	本月
营业收入	亿元	7477.5	3.2	1268.6
其中:电信业务收入	亿元	6454.0	5.6	1104.6
固定本地电话通话时长合计	万分钟	7,811,857.6	-18.6	1,347,962.1
固定长途电话通话时长合计	万分钟	1,594,941.9	-22.7	281,765.8
移动电话去通话时长合计	万分钟	134,337,672.7	-4.7	22,613,511.8
其中:国内长途通话时长	万分钟	20,593,768.7	-34.3	3,501,999.1
国际长途通话时长	万分钟	44,024.7	-3.8	7298.6
移动短信业务量	万条	32,336,900.4		

2017年6月末,移动电话用户总数达到13.6亿户,其中1~6月累计净增4274万户。移动宽带用户(3G和4G用户)总数达到10.4亿户,其中2017年1~6月累计净增9605万户。2G和3G用户继续向4G用户转换,4G用户保持稳步增长,总数达到8.88亿户,占移动电话用户的65.1%,其中2017年1~6月累计净增1.18亿户。详见图2。①

① 参见《2017年1-6月份通信业经济运行情况》,载工业和信息化部网:http://www.miit.gov.cn/n1146312/n1146904/n1648372/c5735442/content.html,最后访问日期:2020年6月17日。

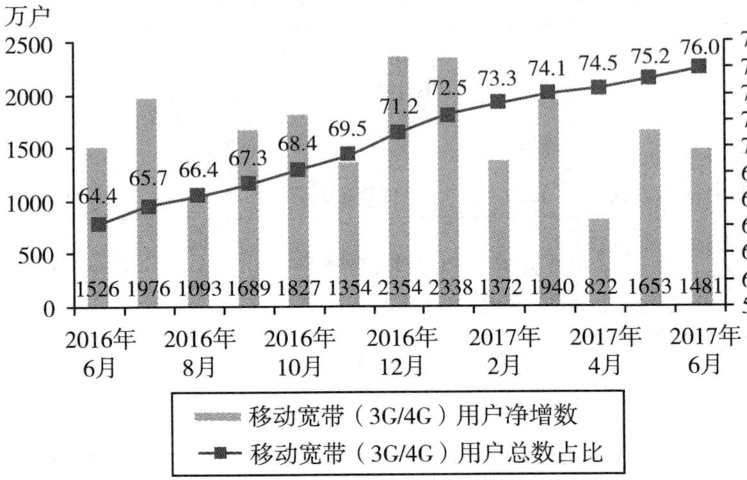

图2　2016 年 6 月至 2017 年 6 月移动宽带用户当月净增数和总数占比情况

2017 年 6 月末，移动互联网用户总数达到 11.7 亿户，同比增长 13.6%，其中 1～6 月净增 7938 万户。使用手机上网的用户达到 11 亿户，对移动电话用户的渗透率为 80.7%。光纤接入普及率的提高加速了 IPTV 业务发展，IPTV 用户总数 1.03 亿户，2017 年 1～6 月净增近 1600 万户，详见图 3① 和表 2②。

---

① 参见《2017 年 1－6 月份通信业经济运行情况》，载工业和信息化部网：http://www.miit.gov.cn/n1146312/n1146904/n1648372/c5735442/content.html，最后访问日期：2020 年 6 月 17 日。

② 参见《2017 年 6 月通信业主要指标完成情况（二）》，载工业和信息化部网：http://www.miit.gov.cn/n1146312/n1146904/n1648372/c5735472/content.html，最后访问日期：2020 年 6 月 17 日。

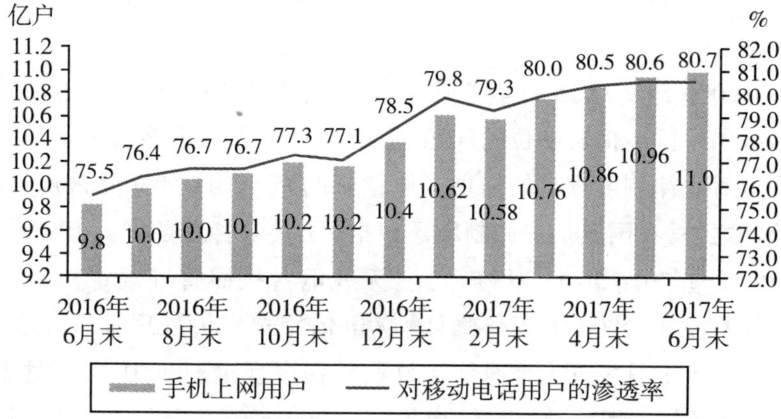

图3　2016 年 6 月至 2017 年 6 月手机上网用户和对移动电话用户渗透率情况

表2　2017 年 6 月通信业主要指标完成情况(二)

指标名称	单位	本月末到达	比上年末净增	本月净增
固定电话用户合计	万户	20, 010. 1	-652. 4	-76. 5
城市电话用户	万户	15, 162. 2	-457. 0	-42. 5
农村电话用户	万户	4847. 9	-195. 4	-34. 0
移动电话用户合计	万户	136, 467. 1	4273. 7	538. 9
其中:3G 用户	万户	14, 868. 7	-2211. 8	-347. 5
4G 用户	万户	88, 812. 0	11, 817. 1	1828. 3
互联网宽带接入用户	万户	32, 195. 2	2474. 5	379. 6
其中:xDSL 用户	万户	1524. 6	-452. 4	-60. 9
FTTH/0 用户	万户	26, 054. 9	3289. 3	523. 1
移动互联网用户	万户	117, 332. 5	7937. 5	1025. 3

第三,我国电信行业立法在逐步完善中。伴随我国电信产业的发展,电信立法应当对电信市场准入控制、资费管制、接入、普

遍服务提供、不对称管制、电信资源分配以及互联互通等进行规定。

2000 年 9 月 25 日国务院颁布了《电信条例》,在一定程度上缓解了中国电信法缺位的问题,但因在很多方面不能满足电信业发展对法律制度环境的需求,《电信条例》于 2016 年 2 月被修订。除此之外,我国电信法律制度还包括《无线电管理条例》(1993 年 9 月颁布,2016 年 11 月修订)、《无线电台执照管理规定》(1999 年 5 月发布,2009 年 2 月修订)、《电信用户申诉处理暂行办法》(2001 年 1 月发布)、《通信行政处罚程序规定》(2001 年 5 月发布)、《通信工程质量监督管理规定》(2001 年 12 月发布)、《电信网间互联争议处理办法》(2001 年 11 月发布)、《国际通信出入口局管理办法》(2002 年 6 月公布)、《国际通信设施建设管理规定》(2002 年 6 月公布)、《电信服务规范》(2005 年 3 月发布)、《无线电设备发射特性核准检测机构认定办法》(2006 年 10 月公布)、《建立卫星通信网和设置使用地球站管理规定》(2002 年 6 月公布,2009 年 2 月修订)、《电信业务经营许可管理办法》(2001 年 12 月公布,2009 年 2 月第一次修订,2017 年 6 月第二次修订)、《互联网新闻信息服务管理规定》(2005 年 9 月公布,2017 年 5 月修订)、《互联网电子邮件服务管理办法》(2006 年 2 月公布)、《互联网 IP 地址备案管理办法》(2005 年 2 月发布)、《非经营性互联网信息服务备案管理办法》(2005 年 2 月发布)、《互联网视听节目服务管理规定》(2007 年 12 月发布,2015 年 8 月修订)、《通信网络安全防护管理办法》(2010 年 1 月公布)、《规范互联网信息服务市场秩序若干规定》(2011 年 12 月公布)、《卫星移动通信系统终端地球站管理办法》(2011 年 4 月公布)、《通信短信息服务管理规定》(2015 年 5 月公布)、《网络安全法》(2016 年 11 月公布)、《无线电频率使用许可管理办法》(2017 年 7 月公布)、《网络产品和服务安全审查办法(试行)》(2017 年 6 月发布)等一系列法律法规。2018 年 4 月为贯彻党的十九大关于深化供给侧结构性改革精神,落实国务院关于鼓励和引导民间投资健康发展的决策部署,工业和信息化部发布《关于移动通信转售业务正式商用的通告》,进一步推动了我国电信行业的发展。

虽然我国 1980 年就开始正式起草《电信法》的工作;1988 年《电信法》起草工作列入国务院年度立法计划;1993 年《电信法》列入第八届全国人大立法规划;1998 年《电信法》列入第九届全国人大立法规划;2001 年《电信法》起草领导小组、工作小组和专家咨询委员会成立;2003 年《电信法》列入第十届全国人大立法规划;2004 年信息产业部通过了《电信法(送审稿)》提请国务院审议;2006 年《电信法》列入全国人大年度立法计划。但由于涉及诸多复杂问题,虽历经 39 年的立法历程,我国《电信法》的出台仍步履艰难。

三、我国电信行业改革进程中的反垄断执法

我国电信行业的发展仍存在较为严重的问题,例如,电信垄断造成了资源严重浪费和生产效率低下;出现了不同电信业务的交叉补贴;侵犯了消费者福利,造成收入分配不公平;还容易导致政治腐败,造成某些领域的过度竞争等。[①] 因此,我国电信行业必须改革,改革应当遵循政企分开、破除垄断、鼓励竞争、促进发展和公开、公平、公正的原则进行。同时,反垄断执法也会对不公平的排除、限制竞争行为进行执法,由于我国电信行业的改革还在进行过程中,在相当长的一段时间内,我国反垄断执法会与电信

---

① 参见王永强:《电信行业垄断的法律规制》,武汉大学出版社 2017 年版,第 85 ~ 92 页。

行业改革相伴相随,交织在一起。

第一,我国电信业务经营许可制度改革与反垄断执法。我国对电信业务经营按照电信业务分类实行许可制度。经营电信业务,必须依照规定取得国务院信息产业主管部门或者省、自治区、直辖市电信管理机构颁发的电信业务经营许可证。未取得电信业务经营许可证,任何组织或者个人不得从事电信业务经营活动。

2017 年 9 月 1 日实施的《电信业务经营许可管理办法》是对我国电信业务经营许可制度的再次修订,规定了电信业务经营许可证的申请、审批、使用、变更、监督检查和法律责任等内容。本次修订的主要内容是:(1)修改不适应改革要求的内容。一是根据国务院《关于取消和下放一批行政审批项目的决定》(国发〔2014〕5 号),取消了基础电信和跨地区增值电信业务经营许可证备案管理;二是根据《注册资本登记制度改革方案》(国发〔2014〕7 号)中关于注册资本认缴登记制的要求,取消了申请经营许可时提交财务会计报告和验资报告等要求;三是根据国务院《关于"先照后证"改革后加强事中事后监管的意见》(国发〔2015〕62 号),取消了申请经营许可时提交企业名称预核准通知书的要求,删除了电信业务经营许可证作为工商变更登记前置程序的规定。(2)建立电信业务信息化管理平台。为了推动电子政务建设、方便群众办事、完善事中事后监管手段,明确规定建立电信业务综合管理信息平台,推进经营许可证的网上申请、审批和管理及相关信息公示、查询、共享,完善信用管理机制。(3)建立信用管理制度。根据国务院《关于"先照后证"改革后加强事中事后监管的意见》等要求,强化了信用机制的约束作用,将信用情况作为经营许可条件之一,使电信业务经营者对其守信情况负责。同时,要求电信管理机构对被列入电信业务经营不良名单和失信名单的经营者实施重点监管。(4)建立信息年报和公示制度。根据国务院关于加强事中事后监管、减轻企业负担等要求,将经营许可证年检制度调整为信息年报和公示制度。电信业务经营者对其年报信息的真实性负责。(5)建立失信名单和惩戒制度。为了促进电信业务经营者诚信经营,设立了电信业务经营不良名单和失信名单。电信业务经营者受到电信管理机构行政处罚或者未按期报告年报信息的,将被列入不良名单。受到电信管理机构责令停业整顿、吊销经营许可证的处罚或者具有工业和信息化部规定的其他情形的,列入失信名单。列入失信名单的,将不得再申请电信业务经营许可证。(6)完善事中事后监管体系。根据国务院办公厅《关于推广随机抽查规范事中事后监管的通知》(国办发〔2015〕58 号),建立了随机抽查机制,对电信业务经营者年报信息、日常经营活动、执行电信管理机构有关规定的情况等进行检查,并规定了书面检查、实地核查、网络监测等检查手段。抽查中发现违法行为的,依法给予相应处理。(7)促进利企便民。考虑到增值电信领域创新活跃、融资需求高,经营者引入新股东、增加投资比较普遍且时限要求紧,为了便利企业拓展业务,优化或者取消了股东变更审批、持股比例计算和增值电信业务授权经营的限制性规定。

电信业务经营许可制度的修订推进了电信行业市场化的进程,使更多的市场主体可以从事电信业务,而市场化程度越高的行业,反垄断执法维护自由公平竞争的空间越大,责任越重。

第二,我国电信业务资费改革与反垄断执法。为贯彻落实党的十八届三中全会关于全面深化改革、完善主要由市场决定价格机制的精神,按照国务院《关于取消和下放一批行政审批项目的决定》要求,工业和信息化部、国家发展和改革委员会联合发布的《关于电信业务资费实行市场调节价的通告》(2014 年)提出,所有电信业务资费均实行市场调节价。电信企业可以根据市场情况和用户需求制定电信业务资费方案，自主确定具体资费结构、资费标准及计费方式。电信企业在自主制定电信业务资费方案时，应当遵循合法、公平、诚信原则，考虑用户的不同需求，提供业务打包等多种资费方案供用户选择。资费方案结构应科学合理、简单清晰，方案中需列明资费标准、计费方式、对应服务等内容。对涉及用户基本通信需求的固定语音、移动语音、短信息、宽带等业务，电信企业进行打包销售时，必须另外提供包内单项业务单独的资费方案。鼓励电信企业为城乡低收入群体提供更加优惠的资费方案。在同一本地网营业区（或业务区）内，电信企业应保证具有同等交易条件的同类用户对资费方案具有同等的选择权利。电信业务资费实行市场调节价意味着，电信企业拥有了电信业务资费的自主定价权，反垄断执法机构应当根据我国《反垄断法》的规定规制电信企业滥用自主定价权的行为。

我国电信行业反垄断执法主要针对以下几种行为：（1）对固定或变更价格协议行为的规制。固定或变更价格协议行为，是指具有竞争关系的行为人通过协议、决议或者协同行为，确定、维持或者改变价格，从而减弱或消除竞争的行为。价格是竞争中最敏感的信号，价格竞争是市场竞争的最重要的表现形式，固定或变更价格协议行为限制了正常的价格竞争，造成错误的资源分配，使消费者失去了选择的机会并承担了不合理的价格，实际上是一种以隐晦的方式对公众掠夺的行为。我国禁止具有竞争关系的经营者达成下列价格垄断协议行为：固定或者变更商品和服务（以下统称商品）的价格水平；固定或者变更价格变动幅度；固定或者变更对价格有影响的手续费、折扣或者其他费用；使用约定的价格作为与第三方交易的基础；约定采用据以计算价格的标准公式；约定未经参加协议的其他经营者同意不得变更价格；通过其他方式变相固定或者变更价格;国务院价格主管部门认定的其他价格垄断协议。(2)对固定转售价格行为及限制最低转售价格行为的规制。固定转售价格行为,是指经营者与交易相对人达成协议,固定交易相对人向第三人转售商品的价格。限制最低转售价格行为,是指经营者与交易相对人达成协议,限定向第三人转售商品的最低价格的行为。与固定转售价格行为不同,限制最低转售价格行为没有完全剥夺商品批发商或零售商根据市场竞争状况作出相应价格调整的权利,但下游厂商的定价自主权受到了很大程度的限制,即其转售价格必须在某一价格之上。由于价格被限定在某一价格之上,这样会推动商品的高价,不但对消费者利益造成了损害,也使经营效率低下的厂商得以生存,无法使资源得到最合理的配置。(3)对不公平的垄断性高价销售行为的规制。不公平的垄断性高价销售行为,是指具有市场支配地位的企业向交易相对人索取不合理的超高的销售价格的行为。具有市场支配地位的经营者由于不受竞争压力的限制,就不再根据市场机制和竞争规则来确定商品价格,而通过确定较高的垄断价格使其获利最大化。(4)对掠夺性定价行为的规制。掠夺性定价,是指具有市场支配地位的经营者,没有正当理由,为了排挤竞争对手,在一定市场和一定期限内以低于成本的价格销售商品或提供服务,从而消除或限制竞争的行为。许多国家(地区)的反垄断法都禁止无正当理由而将商品或服务以低于成本的价格连续在市场上供应的掠夺性定价行为,因为这种定价行为可能会将竞争者排挤出市场或者吓退欲进入该市场的潜在竞争者。(5)对价格歧视行为的规制。价格歧视行为,是指具有市场支配地位的经营者在提供或接受产品或服务时,没有正当理由对交易条件相同的交易相对人实行与成本无关的价格上的差别待遇。价格歧视行为使提供或接受产品或服务的经营者的交易机会不同,尤其不利于中小企业获得公平竞争的机会,并可能成为市场进入的障碍,因此是最容易受到反垄断法禁止的差别待遇行为。

第三,我国电信接入、互联互通的推进与反垄断执法。电信行业是网络型产业,在非独家经营的情况下,不同电信网络之间的互联互通以及重要电信网络设施的共享是涉及有关电信企业利益的重要问题,①也是各国电信业监管和反垄断执法需要面对的重要问题。电信接入,是接入提供者根据具体的条件,以排他或非排他的方式,将其网络设施或者网络服务提供给接入申请者,以使接入申请者能够提供相关的电信服务。根据欧洲议会和欧盟理事会的定义,电信接入包括但不限于:(1)网络元素及其附属设施的接入,涉及以固定或非固定方式实现的设备联接,特别包括本地环路的接入和基于本地环路提供电信业务所必需的设施与服务的接入;(2)物理基础设施的接入,包括建筑物、管道和杆线的接入;(3)有关软件系统的接入,包括运营支撑系统、码号编译或者具有相同或相似功能系统的接入;(4)固定与移动网络的接入,包括漫游、数字电视业务系统的接入;(5)虚拟网络业务的接入等。② 互联互通,是指同一或不同电信业务经营者使用的公共电信网络进行物理或逻辑上的联接,使一家电信业务经营者的用户能够与本电信业务经营者的其他用户或者另一家电信业务经营者的用户进行通信,或者获得另一家电信业务经营者提供的业务。电信接入是互联互通的上位概念,互联互通,是基础电信业务经营者在其公用电信网络之间实施的一种特定类型的接入,电信接入义务与互联互通义务的目标侧重点不同。在基础电信业务的竞争中,最常见的妨碍竞争的手段是设置障碍,限制转

---

① 参见游钰:《公用事业反垄断利益关系研究》,法律出版社2017年版,第210页。

② 参见娄耀雄主编:《电信法》,对外经济贸易大学出版社2010年版,第53页。

售和接入，因此，各国电信法都会对转售和接入作出强制性的规定。[①] 在我国电信法律法规中也有要求运营商互相提供并享有基础网络及设施的强制性规定，要求一方提供并开放自有的本地固话或公用通信网络、设施、业务并保证该服务的可持续性和质量，另一方享有前者提供的服务并支付相应的费用。[②]

经济合作与发展组织在评价电信互联互通的作用时指出：确保公平竞争的最重要的管制保障措施就是确立公平、透明的互联框架，但反垄断执法部门对强制电信接入义务的审查应秉持审慎态度。美国联邦贸易委员会在1996年《展望21世纪：竞争政策、高新技术及全球市场》一文中的观点可资借鉴，即反垄断执法对电信接入规制的条件是：(1)考察电信接入是否必要，即反垄断执法部门应该排除任何强制性接入的可能性，除非对于竞争来说是必要的。(2)分析拒绝接入的目的和意图。如果经营者的拒绝接入行为有合理的效率抗辩理由或者没有证据表明拒绝接入存在排他性交易的目的和意图，就不能给予申请人强制性接入。(3)全面权衡。反垄断执法机构在决定是否给予强制接入救济时，应全面考虑“必要性”“意图”“拒绝接入的排他效应”“消费者福利”等，寻找恰当的利益平衡点。[③]

在我国修订后的《电信条例》中，关于互联互通条款的规定也已经与《反垄断法》交织在一起，体现出电信立法对《反垄断法》以及竞争文化的关注和重视。我国《电信条例》第17条规定：“电信网之间应当按照技术可行、经济合理、公平公正、相互配合的原

① 参见娄耀雄：《电信法学研究》，北京邮电大学出版社2010年版，第39页。

② 参见娄耀雄编著：《电信监管法律问题研究》，北京邮电大学出版社2015年版，第86页。

③ 参见胡甲庆：《电信行业规制与反垄断规制法律问题研究》，中国社会科学出版社2012年版，第199～200页。

则,实现互联互通。主导的电信业务经营者不得拒绝其他电信业务经营者和专用网运营单位提出的互联互通要求。前款所称主导的电信业务经营者,是指控制必要的基础电信设施并且在电信业务市场中占有较大份额,能够对其他电信业务经营者进入电信业务市场构成实质性影响的经营者。主导的电信业务经营者由国务院信息产业主管部门确定。"需要关注的是,我国《电信条例》的互联互通条款与《反垄断法》禁止的滥用市场支配地位行为中的拒绝交易行为,在违法行为构成要件上有一定的相通之处,但又存在明显的差异。按照我国《反垄断法》的规定,具有市场支配地位的市场主体由于本身市场力量的强大,在没有正当理由的情形下,是不能行使拒绝交易权的,否则会构成市场支配地位的滥用。[①] 反垄断法在规制拒绝交易行为时,有时涉及拒绝进入必需设施,即具有市场支配地位的经营者对自己控制的必需设施,拒绝其他竞争者使用。实践中对这种行为的审查要考虑以下内容:(1)具有市场支配地位的经营者控制了某一必需设施,而其他竞争者不能再建其他另一设施;(2)其他竞争者进入必需设施是必要的,而不是为了便利或节省费用;(3)支配者提供该设施的可行性;(4)支配者拒绝其他经营者使用的理由。

第四,我国电信行业"三网融合"与反垄断执法。"三网融合",是指在数字技术革命的推动下,电信网、广播电视网、计算机互联网的相关技术和业务相互渗透融合,使同样的应用和内容可通过不同的网络和不同的终端加以实现和传输的现象和过程。[②] 这种融合,国外称为"数字整合"(Digital Convergence),我国台湾

① 参见孟雁北:《拒绝交易权的限制问题研究》,载《广东商学院学报》2005年第1期。

② 参见汪向东:《三网融合中的规制政策:国际发展趋势与评论》,载《中国信息界》2006年第14期。

地区称为“数位汇流”,其实质就是三网可以相互准入,实现经营范围的交叉,电信运营商、互联网运营商、广播电视运营主体都可以从事电信、互联网和广播电视的经营。由于计算机互联网的开放性,其与电信网、广播电视网当然并自然地融合起来,所以“三网融合”主要是电信网与广播电视网尤其是有线电视网的融合问题。技术的创新使媒介产品出现了替代性和相关性,进而使产业边界和市场结构出现了融合,“三网融合”就表现为在技术上趋于一致,在网络层上可以实现互联互通,在业务层上互相渗透和交叉,范围经济的原理说明,构造全业务的运营商可以获得联合经营的低成本优势。[①] 传统的电信网络业者可以拓展业务范围,将其提供的服务从传统的语音服务和单纯的资料服务扩展到宽频,并进一步深入到内容服务领域。新的传输技术,尤其是随着 DSL 网络技术的升级和 VDSL 技术的应用,使采取诸如网络电视(IPTV)方式传输电视节目得以实现。广播电视业者的传统业务是广播信号和广播内容传输,网络技术的升级提高了有线通信双向传输能力,有线电视业者扩展其业务范围,开始提供宽频互联网和语音传输服务。

在“三网融合”下的产业规制具有复杂性。我国《电信条例》第 44 条规定:“公用电信网、专用电信网、广播电视传输网的建设应当接受国务院信息产业主管部门的统筹规划和行业管理。”从电信技术角度来说,电信服务分为单向有线(如有线电视)、双向有线(如固定电话)、单向无线(如广播)和双向无线(如手机电话和 WiFi)等,这些电信服务方式,在发展初期有各自不同的技术特征,有线与无线、单向与双向的通信服务差异性明显,凡是属于

---

① 参见肖叶飞:《传媒产业融合与政府规制改革》,载《国际新闻界》2011 年第 12 期。

“单向”“一对多”的通信媒介均被归类为传播的范畴，并且按照其所使用平台的性质分别接受无线广播电视、有线广播电视、卫星广播电视法律制度的管制，而凡属于“双向”“一对一”的通信媒介则被归类为电信的范畴，接受电信法的管制。① 但随着技术的发展和市场需求的变化，技术、网络与业务不断融合，固网和移动通信网不断融合，电信网、广播电视网、计算机网也实现了融合，这种融合使电信具体业务之间的边界日益模糊，也使传统的分业监管模式无法适应。例如，网络电视，其通过电信基础网络传输，在互联网上表现，而其节目内容又符合电视管理的要求，因而在监管问题上，电信、互联网、广播电视三个对应的监管机构都对其有管理权限，而无论是监管空白还是监管冲突都会影响产业的发展。在美国和英国，由于其“三网融合”的进度快、覆盖面广，采取统一的监管机构进行融合管制，极大地促进了融合产业的实现与高速发展。但我国电信业由于长期实施分业监管机制，要想达到融合管制并不能够一蹴而就。在实践中，可以结合实际情况建立融合的法律授权，推进电信与广电监管机构的融合，摸索出具有中国特色的“三网融合”监管机构。“三网融合”将市场界限变得更为模糊，混合电信、电视或网络产业特质的媒体产品或服务推陈出新，使反垄断执法中的相关市场界定更加困难。对市场支配地位的认定也会产生影响，因为产业融合对进入壁垒的影响是双向的，既会降低市场壁垒，加速企业之间的并购，也会使市场集中度提高，进入壁垒提高。

第五，我国电信产业管制与反垄断执法。我国电信业的规模经济、范围经济和外部经济特征使其成为具有“自然垄断性”的行

① 参见王健、朱宏文：《“三网融合”与法律变革——兼论我国反垄断法如何应对“三网融合”的挑战》，载《法商研究》2008 年第 4 期。

业。在现行经济体制下,我国电信业存在自然垄断、经济垄断、行政垄断并存的现象。因此,我国在电信行业改革过程中要避免电信产业管制行为的错位,要防止行政垄断的产生。

2009 年 8 ~ 10 月云南省通信管理局牵头组织中国移动通信集团云南分公司、中国电信股份有限公司云南分公司、中国联合网络通信有限公司云南分公司和中国铁通集团有限公司云南分公司多次会议协商,于 2009 年年底达成《云南基础电信运营企业规范各类赠送活动的协议》,对 4 家电信运营商开展相关赠送活动的内容、额度、频次等进行了约定,包括各企业均不得采取“无预存话费”、“无保底消费”或“无在网时限”等方式开展赠送活动;赠送通信内产品的价值不得高于用户承诺在网期限内承诺消费总额的 60%,赠送通信外产品的价值不得高于用户承诺在网期限内承诺消费总额的 30%;赠送活动对同一用户每年不超过两次(含两次);在各电信企业制定的积分回馈方案中,用户消费价值与积分价值之比不超过 1∶1,积分价值与兑换服务的价值之比不超过 1∶0.05。2011 年 6 月,云南省通信管理局组织召开了第一次规范电信市场秩序工作会,进一步细化了违规行为的解决流程。云南省通信管理局牵头组织 4 家电信运营商达成协议,对赠送的范围、幅度、频次等进行约定,并通过下发整改通知书等手段强制执行,限制了电信运营商的竞争能力和手段。同时,云南省通信管理局制定争议解决规则,要求处于竞争关系的电信运营商,在对赠送行为出现争议时,首先进行逐级协调,并争取达成一致,实质上是要求电信运营商就相关问题达成垄断协议,排除和限制了相关市场竞争,上述行为违反了《反垄断法》第 8 条“行政机关和法律、法规授权的具有管理公共事务职能的组织不得滥用行政权力,排除、限制竞争”的规定,属于第 36 条所列“滥用行政权力,强制经营者从事本法规定的垄断行为”的行为。2014 年云南省发展和改革委员会作为反垄断执法机构对云南省通信管理局违反《反垄断法》的行为，已督促云南省通信管理局进行整改，停止相关做法，恢复公平竞争的市场秩序。国家发展和改革委员会也就此与工业和信息化部进行了沟通。工业和信息化部将指导各省、自治区、直辖市通信管理局加强对《反垄断法》等法律法规的学习，提高依法行政能力，对辖区内类似行为进行清理规范。[①] 我国电信产业规制行为应当符合《反垄断法》的法律规定，反垄断执法应当禁止电信监管部门从事行政垄断行为。

四、我国电信行业反垄断执法中的必需设施原则

必需设施原则，是反垄断中历史悠久又极富争议的制度，这一理论多年来既受到了许多评论者严厉的批评，同时也得到了许多支持者的大力维护。[②] 必需设施和必需设施原则是两个不同的概念，“必需设施”要解决的是何为“必需设施”的问题；“必需设施原则”要解决的是反垄断法如何在实施中对“必需设施”的拥有者进行规制的问题。

第一，我国电信行业反垄断执法需要关注必需设施原则。在电信等网络性产业的反垄断规制问题上，“必需设施原则”对判定电信业是否构成滥用市场支配地位行为具有较强的实践价值。例如，在我国互联网接入市场中，中国电信、中国联通控制着下游运营商及终端用户消费者不可复制的、不可缺少的必需设施，既包括网络基础设施，又独占互联互通技术，其有义务让其他运营

---

① 参见《云南省通信管理局违反反垄断法滥用行政权力排除限制竞争被依法纠正》，载国家发展和改革委员会网：http://www.ndrc.gov.cn/fzgggz/jgjdyfld/jjszhdt/201506/t20150602_694802.html，最后访问日期：2017 年 8 月 14 日。

② 参见李剑：《反垄断法核心设施理论研究》，上海交通大学出版社 2015 年版，第 1～2 页。

商以合适的商业条件使用该设施,即允许以合理条件进入互联网接入领域,以避免限制竞争的后果。[①] 再如,2014 年 7 月 15 日中国通信设施服务股份有限公司正式成立,经营范围是铁塔建设、维护、运营;基站机房、电源、空调配套设施和室内分布系统的建设、维护、运营及基站设备的维护。2014 年 9 月 11 日中国通信设施服务股份有限公司进行了工商变更登记手续,正式更名为"中国铁塔股份有限公司"。铁塔公司是由国家牵头、三大运营商出资成立的一个促进铁塔共建共享的举措,目的在于加快我国 4G 发展进程。它仅仅负责新建 4G 基站的机房、铁塔、站址和管道建设并维护,不包括建设基站主设备,也不包括存量基站资产,它的成立是电信基础设施共建共享的延伸,尚未达到所谓的网业分离的高度。尽管铁塔公司的成立有利于减少电信行业内铁塔以及相关基础设施的重复建设,提高行业投资效率,进一步提高电信基础设施共建共享水平,缓解企业选址难的问题,增强企业集约型发展的内生动力,但铁塔作为电信业的基础设施由铁塔公司一家经营,是否会构成必需设施以及是否需要适用必需设施原则值得反垄断执法关注。

第二,必需设施的界定问题研究是适用必需设施原则的基础。欧共体委员会将"必需设施"界定为"竞争对手如果不能接入使用就无法为他们的客户提供相应服务的设施"。尽管各国反垄断法关于"必需设施"没有统一的通用概念,但从字面上分析,必需设施由两个部分组成,即"必需"和"设施",要想准确地界定必需设施,就需要分别对"必需"和"设施"进行界定。关于"必需",其核心要素是"必不可少"和"不可替代"。首先,该设施对于其

① 参见丁国峰:《电信业滥用市场支配地位的法律规制——以电信联通涉嫌垄断为例》,载《江淮论坛》2012 年第 3 期。

他企业参与相关市场的竞争是必不可少和真正必需的，一旦缺乏该投入物就无法进入某相关市场进行竞争，或者构成其他经营者进入市场的严重障碍。其次，必需设施是其他竞争者进入市场的“瓶颈”，要进入某市场必须使用这一设施，这个设施具有不可替代性，其他经营者对必需设施的依赖也由此产生。当一个设施能够被认定为必需设施，就根本不可能存在“设施之间的竞争”，而正是由于没有替代，才可能造成市场封闭的效果，并进而影响竞争。关于“设施”，其关键点在于“设施”是否包括“要素”，而不仅仅是基础设施等有形物，是否可以是无形财产而不仅仅是有形财产。尽管技术领域的必需设施具有特殊性，学术界也存在必需设施理论与保护知识产权的公共目的是否具有根本性冲突的争论，但根据欧盟的实践经验，对必需设施中的“设施”作广义的解读更适应当前经济形势的发展，而韩国也将“必需设施”进一步解释为“必需要素”，①其用意显然将有形的设施扩大到了包括软件等无形设施的进入障碍。

第三，必需设施原则在反垄断执法中具有适用的空间。必需设施原则是指如果市场中的一个具有市场支配地位的企业控制了必不可少和不可替代的必需设施（包括基础设施、技术和自然条件等），则有义务让其他经营者以合理的商业条款使用该必需设施以避免反竞争的后果。德国《反对限制竞争法》第 19 条第 2 款第 4 项规定：“（2）当具有支配地位的企业作为某种特定类型的商品或工商业服务的提供者或需求者时，滥用尤其存在于以下几种情形中：……4. 拒绝其他企业以合理对价进入其拥有的网络或其他基础设施，导致另一个企业由于事实上或者法律上的原因无

① 韩国《公平交易委员会施行令》规定：没有正当理由而拒绝、中断或者限制其他企业或新进竞争者在商品或服务的生产、供给、销售中利用或者解除必需设备（要素）的行为视为市场支配地位的滥用行为。

法在前置或者后置市场上作为占市场支配地位的企业的竞争者从事经营活动;但是,占市场支配地位的企业能够证明因为运营条件或者其他原因导致网络或其他基础设施的共同使用不可能或者不可期待的除外……”欧盟是在滥用市场支配地位的框架下来适用必需设施原则。在1995年的“麦吉尔案”(Magill)中,欧盟委员会认为,在一个经营者拥有构成另一市场必需设施的市场支配地位的情况下,该经营者就有义务在非歧视基础上允许竞争者进入和向竞争者供应该必需设施,特别是在电信、能源运输、交通和信息技术领域。但是,反垄断执法机构和法院在处理这类案件时一般很慎重,避免过宽适用“必需设施原则”。允许其他竞争者进入必需设施的命令,只有在提供此种进入的收益超过损害时才能作出。[①] 从欧盟委员会的裁决来看,如果一个或者多个企业控制了必需设施,并且拒绝竞争对手使用设施,或者仅仅允许在歧视性条件下使用,那么,该拒绝违反了《欧共体条约》第82条的规定。经过几年的司法实践,欧盟适用必需设施原则的判断标准已经初步形成,该判断标准分别为:(1)该设施由具有市场支配地位的企业控制;(2)竞争者缺乏复制该设施的现实能力;(3)必需设施为竞争者进入相关市场所必需;(4)具有支配地位的企业允许竞争者使用必需设施是可以实施的。[②] 欧盟之所以比美国更容易接受“必需设施原则”,原因之一在于其竞争法制中包含有市场支配地位滥用行为的规范。

相较而言,美国《谢尔曼法》第2条虽有关于企图独占(attempt to monopolize)或独占化(monopolization)的规范,但不是非常严格的独占地位滥用行为的规范,也不需要必须具备市场支

---

① 参见王先林:《竞争法学》,中国人民大学出版社2009年版,第278页。

② 参见黄武双:《竞争法视野下的关键设施规则在知识产权领域的运用——以欧盟判例为主线》,载《电子知识产权》2008年第7期。

配地位这一主体要件。根据美国1996年新《通信法案》,Verizon作为纽约州地区已有的通信运营商,有义务同新进入市场的竞争者共享其电话网络,以增加本地通信市场上的竞争。鉴于该系统为通信行业的一项必需设施,这一共享义务也包括对于操作支持系统(Operations Support System,OSS)的共享条款。相关共享条款受到纽约公共服务委员会和联邦通信委员会的审核和监督。1999年当新进入的竞争者向纽约公共服务委员会和联邦通信委员会起诉Verizon未能完全履行其关于OSS的共享协议时,两部门展开并行调查,要求Verizon作出补救措施和对其进行更严格的监管。此后,纽约的律师事务所Trinko以集体诉讼的方式起诉Verizon以歧视性条款试图阻止终端客户使用服务,违反了《谢尔曼法》第2条的规定,产生了反竞争的后果。[①] 美国最高法院在反垄断案件中指出,如果强制企业将自己所有的必要设施同竞争者共享将导致不利的后果:首先,反垄断法旨在促进竞争者投资创新,而强制共享与此目的相抵触;其次,会导致法院过多地参与到市场行为中;再次,共享会为共谋行为提供便利;最后,将会侵犯竞争者自由选择交易对象的权利。对于必要设施原则,美国最高法院指出,"即使我们认可一些下级法院创设的必要设施理论构成判例法,这个结论也不会改变……我们从未认可该理论……并且我们认为在本案也没有必要认可或否定它"。

第四,我国电信行业反垄断执法对必需设施原则的适用与限制。必需设施原则在电信领域的应用标志着必需设施理论的发展。首先,根据必需设施原则,任何"必需设施"提供者在向其用户提供特定线路方面都是独一无二的,电信领域的必需设施就具有这样的特殊性,如电信企业向某些特殊的用户提供接入服务,

① See 540 U. S. 398(2004).

这种接入有时只能通过该电信企业的陈述媒介进行，很可能是独一无二的。其次，某些电信必需设施可能有能力传送从其他网络那里发来的信号，而其他的电信必需设施却可能无法实现这种传送。最后，在反垄断实践中，必需设施原则可能是帮助互联互通要求得以实现的重要工具。①

尽管我国电信行业反垄断执法存在适用必需设施原则的空间，但应当尽量避免必需设施原则的泛化。合理适用必需设施原则应当关注：(1)开放必需设施可以促进竞争并提高社会福利，适用必需设施原则不应当出现的情况包括：引发过度竞争；经营者的进入仅仅起到瓜分垄断利润的效果等。(2)拥有必需设施的经营者没有拒绝的正当商业理由，如品质保证、维持产出的一致性、避免"搭便车"、技术安全、使用效率、交易成本、维持技术标准一致等。(3)必需设施的开放具有可行性，应当在经营者既有的营业范围内判断其是有能力提供必需设施给其他的经营者的。②(4)反垄断执法机构如果不能作出是否适用必需设施原则的判断，或者无法监督必需设施的开放使用，则可以保持反垄断执法的谦抑性，让行业的管制措施发挥更重要的作用。

五、我国电信行业滥用市场支配地位行为的分析框架③

2016 年 1 月河北省工商局召开电信运营商行政约谈会，通报了河北省电信业目前存在的 3 大类 11 个主要问题，其中涉嫌违反

---

① 参见祁欢：《公共服务业反垄断豁免法律制度研究》，知识产权出版社 2013 年版，第 201 ~ 202 页。

② 参见李剑：《反垄断法核心设施理论研究》，上海交通大学出版社 2015 年版，第 114 ~ 118 页。

③ 关于滥用市场支配地位行为的分析框架的部分内容曾以《论禁止滥用市场支配地位行为的分析框架——以利乐反垄断案为例》为题发表于《竞争政策研究》2017 年第 3 期。

我国《反垄断法》的行为主要表现在5个方面:(1)电信运营商在提供宽带上网服务时,在消费者缴纳全年上网费用的情况下,通过签署包含搭售固话、手机终端、手机号码等内容的《宽带上网服务协议》的方式,捆绑销售固话、手机、强迫消费者选择其被搭售产品。(2)电信运营商在提供宽带上网服务时,附加宽带上网与手机或固话关联停机的交易条件。只要手机、固话欠费,宽带上网即停止使用,同时还要求必须每月缴足保底消费的手机话费,否则关联停机、停网等。(3)电信运营商在手机上网套餐服务业务中,存在套餐档次设置起点高、跨度大、套餐结构设置不合理、套餐内外收费差距大等问题。在没有实现携号转网的客观限制条件下,通过制定和使用格式合同的方式,强制对消费者套餐资费每月剩余流量清零。(4)电信运营商在开展定制手机、合约机手机业务中,故意设置技术壁垒,强制消费者只能使用其提供的业务,不得使用其他运营商提供的同类服务。(5)电信运营商对手机"吉祥号码"保底消费。[①] 我国《反垄断法》实施后的第一起反垄断民事诉讼案件是"李某某诉中国网通滥用市场支配地位案",李某某认为,中国网通滥用其在北京地区的垄断地位,在"亲情1+1"服务条件上对预付费用户实施差别待遇,违反了我国《反垄断法》的规定从而提起诉讼。内蒙古自治区工商行政管理局经国家工商行政管理总局授权于2015年11月对内蒙古广播电视网络集团有限公司锡林郭勒分公司涉嫌垄断的行为进行立案调查,于2016年6月7日对涉案当事人作出行政处罚决定,[②]处罚的也

---

① 参见《省工商局约谈移动联通电信三大运营商》,载搜狐网:http://www.sohu.com/a/56311067_119586,最后访问日期:2017年8月13日。

② 参见《竞争执法公告2016年第5号内蒙古广播电视网络集团有限公司锡林郭勒分公司滥用市场支配地位案》,载国家工商行政管理总局网:http://www.saic.gov.cn/fldyfbzdjz/jzzfgg/201703/t20170309_232284.html,最后访问日期:2017年8月14日。

是滥用市场支配地位的行为。2017 年 3 月在国家发展和改革委员会的指导下，吉林、辽宁两省物价局分别对吉化集团信息网络技术有限公司、中国联通丹东市分公司、中国联通长春市分公司、长春一汽通信科技有限公司等电信企业实施的垄断行为进行了调查，并依法作出了行政处罚，即吉林省物价局查处“吉化集团信息网络技术有限公司滥用市场支配地位附加不合理交易条件行为案”；辽宁省物价局查处“中国联通丹东市分公司滥用市场支配地位从事搭售行为和达成实施纵向垄断协议案”；吉林省物价局查处“中国联通长春市分公司与长春一汽通信科技有限公司达成实施横向价格垄断协议案”。[①] 我国电信行业可能出现的违反《反垄断法》的行为涵盖垄断协议行为、滥用市场支配地位行为、经营者集中行为和行政垄断行为，但上述电信领域已发生或涉嫌违反我国《反垄断法》的案件和事件反映出，我国电信行业涉嫌垄断行为的执法重点之一应是滥用市场支配地位行为，梳理出滥用市场支配地位行为的反垄断分析框架，对于我国电信行业的反垄断执法至关重要。

我国《反垄断法》在禁止滥用市场支配地位行为时，主要通过遵循严密的违法判断的分析框架来实现反垄断法对市场主体经营自主权的尊重与限制之间的平衡，具体分析框架为：(1)界定相关市场；(2)认定经营者在相关市场上是否具有市场支配地位；(3)认定具有市场支配地位的经营者是否从事了滥用行为；(4)分析滥用行为是否产生了排除、限制竞争的后果。依据要件主义的思维范式，尽管我国反垄断执法与司法针对滥用支配地位行为的认定，已经形成了较为固定的分析框架，但是每个案件发生的行

① 参见《吉林、辽宁两省部分地区电信企业实施垄断行为被依法查处》，载国家发展和改革委员会网：http://jjs. ndrc. gov. cn/gzdt/201703/t20170316_841142. html，最后访问日期：2017 年 8 月 27 日。

业和领域不同,经营者商业经营模式不同,市场竞争结构和集中度不同,市场经营者的竞争力量对比不同,因此,不同的滥用市场支配地位行为的案件,还需要遵循个案分析原则来进行判断。

第一,界定相关市场。相关市场,是指经营者在一定时期内就特定商品或者服务进行竞争的商品范围和地域范围,界定相关市场,通常是对竞争行为进行分析的起点。美国最高法院也指出,在审理垄断化或企图垄断的案件时,相关市场界定扮演了至关重要的角色,其为分析市场力量提供了约束和市场结构,降低了犯错误的风险和成本。[①] 根据国务院反垄断委员会《关于相关市场界定的指南》的规定,界定相关市场有定性分析与定量分析两种方法,其中定性分析方法的核心是需求替代分析与供给替代分析,定量分析方法主要是假定垄断者测试方法。但界定相关市场的方法不是唯一的,在反垄断执法与司法实践中,需要根据实际情况适用不同的分析方法,任何因素在界定相关市场时的作用都不是绝对的,需要根据案件的不同情况有所侧重。

第二,认定市场支配地位。市场支配地位,是指一个经营者或者数个经营者在相关市场具有的能够控制商品价格、数量或者其他交易条件,或者能够阻碍、影响其他经营者进入相关市场能力的市场地位。这里的"其他交易条件",是指除商品价格、数量之外能够对市场交易产生实质影响的其他因素,包括商品等级、付款条件、交付方式、售后服务、交易选择权和技术约束条件等。这里的"阻碍、影响其他经营者进入相关市场",是指排除、延缓其他经营者进入相关市场,或者导致其他经营者虽能够进入相关市场但进入成本大幅度提高,无法与现有经营者开展有效竞争等。

---

① See U. S Department of Justice, Competition and Monopoly: Single-Firm Conduct under Section 2 of the Sherman Act(2008).

根据我国《反垄断法》第18条和第19条的规定，我国认定市场支配地位主要有推定分析模式和认定分析模式。所谓推定分析模式，是指依照法律规定，从已知的基础事实推断主体法律状态的过程。为了降低反垄断执法机构和司法机关的评估难度，减少工作量，也为了降低当事人的举证难度，提高法律的实施效率，许多国家的反垄断法都规定了可以推定经营者具有市场支配地位的情形。[①] 我国《反垄断法》第19条规定，有下列情形之一的，可以推定经营者具有市场支配地位：(1)一个经营者在相关市场的市场份额达到1/2的；(2)两个经营者在相关市场的市场份额合计达到2/3的；(3)3个经营者在相关市场的市场份额合计达到3/4的。有前款第2项、第3项规定的情形，其中有的经营者市场份额不足1/10的，不应当推定该经营者具有市场支配地位。被推定具有市场支配地位的经营者，有证据证明不具有市场支配地位的，不应当认定其具有市场支配地位。当原告或执法机构依据市场份额推定被告或行政相对人具有市场支配地位时，被告或行政相对人可以运用竞争约束分析法，或者从市场行为、市场绩效等多个角度予以反证，以此平衡依据市场份额推定市场支配地位可能带来的判断误差。所谓认定分析模式，是指经营者是否具有市场支配地位，可以综合考量各种要素认定。我国《反垄断法》第18条规定，认定经营者具有市场支配地位，应当依据下列因素：(1)该经营者在相关市场的市场份额，以及相关市场的竞争状况；(2)该经营者控制销售市场或者原材料采购市场的能力；(3)该经营者的财力和技术条件；(4)其他经营者对该经营者在交易上的依赖程度；(5)其他经营者进入相关市场的难易程度；(6)与认定该经营者市场支配地位有关的其他因素。反垄断执法机构或原告

---

① 参见刘继峰：《反垄断法》，中国政法大学出版社2012年版，第195页。

综合使用各种分析方法，并借助《反垄断法》第 18 条第 6 项“与认定该经营者市场支配地位有关的其他因素”的开放性规定，可以使市场结构要素、市场行为要素与市场绩效要素得到综合考量。目前，我国反垄断执法和司法在认定市场支配地位时大多选择了认定分析模式，尽管各种因素在认定作用上的权重因个案事实及具体行业特性会有所不同，这主要源于市场份额很难直接决定支配地位，决定支配地位的恰恰是“经营者控制市场的能力”，而市场份额仅仅是控制市场的结果和一般表征之一。[①]

第三，认定滥用行为。滥用市场支配地位行为违法性判定，除要证明滥用行为的存在之外，还需要排除经营者行为具有正当理由的情形。在反垄断实践中，经营者会基于自身行为具备正当理由而提出抗辩，如出于产品整合创新目的、维护产品品质、应对对手竞争等。经营者提出的“正当理由”具有多样性、复杂性，在涉嫌滥用市场支配地位行为的认定中，需要对抗辩理由正当与非正当进行权衡，“没有正当理由”的立法规定，也要求反垄断执法与司法关注行为所带来的正、反两方面的经济效果，并遵循个案分析原则通过具体分析来衡量滥用市场支配地位行为的影响。

第四，评估反竞争后果。我国《反垄断法》第 17 条规定，禁止具有市场支配地位的经营者从事下列滥用市场支配地位的行为：(1)以不公平的高价销售商品或者以不公平的低价购买商品；(2)没有正当理由，以低于成本的价格销售商品；(3)没有正当理由，拒绝与交易相对人进行交易；(4)没有正当理由，限定交易相对人只能与其进行交易或者只能与其指定的经营者进行交易；(5)没有正当理由搭售商品，或者在交易时附加其他不合理的交

---

① 参见刘贵祥：《滥用市场支配地位理论的司法考量》，载《中国法学》2016 年第 5 期。

易条件;(6)没有正当理由,对条件相同的交易相对人在交易价格等交易条件上实行差别待遇;(7)国务院反垄断执法机构认定的其他滥用市场支配地位的行为。仅从法律规定本身进行分析,经营者只要构成我国《反垄断法》第17条第1项至第6项规定的行为,并不需要判断该行为是否能够造成排除、限制竞争,似乎可以直接推定上述行为可能导致排除、限制竞争的结果,因此,排除、限制竞争的结果要件是否是证明滥用市场支配地位行为成立的要件之一,在立法解读上是存在争论的。对于国务院反垄断执法机构认定的其他滥用市场支配地位的行为,必须要证明排除、限制竞争的后果。对于该法第17条第1项至第6项规定的典型滥用市场支配地位行为,是否需要单独论证排除、限制竞争的后果要件本身存在争议。尽管从具体的法律规定中很难推导出排除、限制竞争后果要件的存在,但是如果结合反垄断法产生和发展的历史进程,尤其是反垄断法的立法目标,可以得出排除、限制竞争后果要件的不可或缺性。

更为重要的是,滥用市场支配地位行为分析框架中的界定相关市场、认定市场支配地位、认定滥用行为、评估反竞争效果的四步分析步骤,并不是各自独立甚至孤立进行的,而是环环相扣、相互关联的,不仅相关市场界定与市场支配地位认定需要考量市场行为与市场绩效,而且在对滥用行为的正当理由的认定中也需要与反竞争效果相互权衡。因此,滥用市场支配地位分析框架中的四步分析步骤应当系统进行,相互应照,并保持内在逻辑上的一致性。

六、结论

全球电信市场已实现了从受规制下垄断到规制下竞争的转变,电信市场的结构和竞争状况发生了深刻的变化。电信行业引入竞争的最直接的结果就是通信费用的下降和服务水平的提高，而消费者单位通信成本的下降又会刺激电信需求的上升；不断扩展着的电信市场将摊薄因为增加竞争而可能导致的重复建设成本。[①] 放松电信行业规制，引入竞争，构建有效的电信市场竞争结构，提高电信竞争效率，是我国电信行业改革的目标，也是电信行业反垄断执法的目的。我国电信行业改革呼唤反垄断执法，而反垄断执法也可以推动电信行业的改革，两者殊途同归。

随着我国电信行业反垄断的案件的不断涌现，我国反垄断执法已经开始关注必需设施理论在电信行业的适用问题，并且重点聚焦于对滥用市场支配地位行为的规制。在理论研究和案例积累相对丰富的时候，建议国务院反垄断委员会参照正在向社会公开征求意见的《关于汽车业的反垄断指南》，制定关于电信业的反垄断指南，对电信行业反垄断执法的分析框架、容易涉嫌垄断的市场经营行为等进行有针对性的规定。

---

① 参见周其仁：《竞争与繁荣——中国电信业进化的经济评论》，中信出版社 2013 年版，第 16 页。

第八章 我国石油天然气行业反垄断执法问题研究

一、引言

石油包括原油以及由原油炼制的汽油、柴油、航空煤油和航空汽油等成品油。天然气按照生成形式不同可分为伴生气和非伴生气两种，其中，伴生气是指伴随原油共生，与原油同时被采出的油田气。我国《石油天然气管道保护法》第3条规定："本法所称石油包括原油和成品油，所称天然气包括天然气、煤层气和煤制气……"我国《对外合作开采陆上石油资源条例》第28条规定，"石油"是指蕴藏在地下的、正在采出的和已经采出的原油和天然气。石油天然气是关系国民经济安全和社会发展的重要战略物资和不可再生资源，既有自然特性，也有社会特性。其中，自然特性，是指石油天然气资源具有数量有限性、赋存不均衡性、生态整体性等特点；社会特性，是指石油天然气资源具有经济性、政治性和法律性等特点。社会特性基于自然特性而产生，并随着经济和社会的发展而日趋丰富。[①] 从20世纪五六十年代以来，世界石油天然气的消费量超过煤炭，成为主宰工业的主要能源，人类进入了“石油时代”。根据国际能源机构(International Energy Agency, IEA)的预测，在21世纪的前20年里，石油仍将是一次能源中占支配地位的能源。[②]

我国现有的石油天然气的相关法律、法规、规章等，大多采取了石油与天然气合并立法的模式，甚至可以说，我国石油天然气立法一直以来都有将石油和天然气合并立法的传统。例如，国家能源局2014年2月颁布的《油气管网设施公平开放监管办法(试行)》；国家能源局为进一步加强油气行业规划管理，健全科学合理的规划编制机制，充分发挥规划的引导和约束作用，完善规划动态调整机制等，于2019年2月修订了《石油天然气规划管理办法》。在很长的一个历史时期里，我国天然气产业一直被认为是石油产业的组成部分，石油天然气产业一直存在统一经营的状况，我国长期以来也采用石油天然气合并管理的体制。一方面，其原因在于石油产业和天然气产业均存在自然垄断业务和非自然垄断业务，产业环节具有相似性；另一方面，在于石油天然气产业合并管理是目前最能提高管理效率，节约行政成本的管理体制。尽管天然气单独立法可能会成为我国石油天然气立法未来

---

① 参见黄振中、赵秋雁、谭柏平：《中国能源法学》，法律出版社2009年版，第5页。

② 一次能源，是指直接取自自然界没有经过加工转换的各种能量和资源，它包括：原煤、原油、天然气、核能、太阳能、潮汐能、地热等。由一次能源经过加工转换以后得到的能源产品，称为二次能源，如电力、汽油、柴油、重油等。

的选择，[①]但从立法工作和产业发展的客观现实出发，我国石油天然气产业分别立法会大大延缓立法的进程，现阶段更务实的选择是石油天然气合并立法，本章也因此将石油天然气作为一个行业来进行研究，但这并不代表天然气产业没有自己的产业特性，以及作出了天然气产业不会单独立法的判断。

石油天然气产品蕴含了丰富的政治、经济属性，在某些时空条件下甚至成了国家竞争的重要载体。世界上许多国家都将石油天然气企业列为国家绝对控股或者是国家独资，石油天然气企业在市场上占有高份额具有一定合法性，但市场主体都有"自利动机"，在利益驱动下，对于行为者来说十分合理的行为，却可能给市场整体带来负面影响，如价格歧视、拒绝交易等。因此，反垄断规制成为世界各国（地区）普遍采用的规制石油天然气行业的法律手段之一。[②] 例如，2015 年 4 月 8 日当荷兰皇家壳牌宣布同意以大约 470 亿英镑现金加股票（共计 700 亿英镑）的方式收购英国天然气集团（BG），当收购完成后，新公司将接近世界上最大的石油商美国埃克森美孚（ExxonMobil）。该并购案消息一传出，就引发了主要国家（地区）的反垄断执法机构如何进行经营者集中反垄断审查的讨论。再如，我国内蒙古自治区工商行政管理局经国家工商行政管理总局授权于 2015 年 7 月 24 日对鄂尔多斯市三亚液化石油气有限公司等 3 家公司涉嫌垄断经营行为进行立

① 随着近 20 年来天然气在世界能源结构中所占的比重越来越大，天然气单独立法已经成为一种趋势。而且，目前国际上已发现不少与石油不在一起的纯气田。天然气不仅会与石油在一起，还会与煤、页岩、冰、沼泽、水等在一起，分别称为煤层气、页岩气、可燃冰、沼气、水溶天然气等。天然气从成因、分布到勘探方法、开发程序、销售方式等各方面都与石油有明显的区别，完全可以成为一个独立的产业部门。参见李占五：《"十二五"时期中国能源管理体制改革任务及着力点》，载《中国能源》2011 年第 6 期。

② 参见侯卓：《论中国石油行业的三维法律规制》，载《石油化工管理干部学院学报》2014 年第 1 期。

案调查。2016 年 6 月 28 日内蒙古自治区工商行政管理局对该案作出中止调查决定。因当事人在规定的时限内履行了整改承诺，未出现法律所规定的恢复调查情形，内蒙古自治区工商行政管理局依据我国《反垄断法》及《工商行政管理机关查处垄断协议、滥用市场支配地位案件程序规定》有关规定，于 2016 年 12 月 14 日作出终止调查决定。① 由于石油天然气产业是勘探、开发、生产、储运、加工和销售石油天然气资源及其石油天然气产品的企业集合，因此，石油天然气产业上、中、下游产业链关系密切，具有非常鲜明的产业链结构和产业链信息传递效应。② 其上游从事的业务包括石油天然气的勘探开发与进口，中游主要是石油天然气的存储和运输，下游主要是石油天然气的炼制、加工、销售，③而不同的产业环节市场结构具有明显的差异性，因此，我国石油天然气行业反垄断执法面临的问题也会具有差异性，值得深入研究。

二、我国石油天然气产业的发展历程与石油天然气体制改革

我国石油天然气产业是在体制不断完善和改革中逐步发展起来的。

第一，我国石油天然气产业初步发展和集权管理阶段（1949～1982 年）。我国在 20 世纪 50 年代末期，初步形成了玉门、新疆、青海、四川 4 个石油天然气基地。1963 年由于大庆油田的发现，我国基本实现了石油自给。1978 年我国石油产量达到 1.04 亿吨，成为世界第八大产油国。但在改革开放初期，石油工业部集

① 参见《竞争执法公告 2017 年 8 号鄂尔多斯市三亚液化石油气有限公司等三家公司涉嫌垄断经营行为终止调查决定》，载国家工商总局网：http://www.saic.gov.cn/fldyfbzdjz/jzzfgg/201703/t20170328_261350.html，最后访问日期：2017 年 8 月 14 日。

② 参见杨嵘编著：《石油产业经济学》，西安交通大学出版社 2010 年版，第 14 页。

③ 也有观点认为，石油天然气的炼制环节属于石油天然气的中游产业。

中统一管理下的独家垄断市场结构未能改变,[①]石油天然气产业处于计划经济体制之下,在中央和地方各级行政主管部门的直接干预下,遵循统一分配、分级管理的原则展开勘探开发、加工流通等各项经营活动。我国石油天然气的勘探、开发、炼化和运输在不同时期分属不同政府部门管理,在销售环节则采取"统购统销"的政策。1981 年之后,国家计划产量之内的产品执行计划内价格,超出计划内产量的产品执行计划外价格,石油价格进入双轨制阶段。在这个阶段,我国石油天然气产业从零星分布发展为成体系的行业,基础建设得到了较大的发展,但仍没有从根本上改变石油天然气产业行政色彩浓郁的状况。

第二,我国石油天然气产业化分工和产业改革启动阶段(1982～2002 年)。我国于 1979 年、1980 年连续两年出现的原油产量停滞不前的局面,催生了"亿吨石油大包干"政策及后续改革措施,并最终导致了国家石油公司(中国石油化工总公司)的成立,这也是中国石油产业市场化的先声。1988 年第七届全国人民代表大会第一次会议审议通过了《国务院改革方案》,国家撤销石油部,通过推动政企分开、组建行政性总公司,形成中石油、中石化、中海油、新星、中化五家公司上下游分割、陆海分治、内外贸分开的产业组织结构。从经济体制改革的大环境来看,在这个阶段,政府职能的归位和石油企业向市场主体的转型,已经开始为我国石油天然气产业的市场化奠定了基础。

1998 年 4 月我国石化工业体制改革按照上下游结合的原则,分别组建了两个特大型石油石化集团公司:中国石油天然气集团和中国石油化工集团,同时,中国海洋石油总公司保持原有功能

---

① 参见江山、黄勇:《论中国石油行业的反垄断法适用》,载《现代法学》2011 年第 4 期。

和地位不变。至此,我国油气行业形成了上下游一体化、南北分治、海陆分割三足鼎立的局面。同时,国务院将化学工业部、石油天然气总公司、石油化工总公司的政府职能合并,组建国家石油和化学工业局(2001 年撤销),归国家经贸委管理。1999 年中石油、中石化和中海油按照"主业与辅业分离、优良资产与不良资产分离、企业职能与社会职能分离"的原则,开展企业内部重组,组建了各自的股份公司。2000 年经国务院批准,中石油、中石化和中海油的油气核心业务分别在境外成功上市,实现了公司治理和体制的重大转变。2001 年国家经贸委等五部门又联合公布《关于进一步整顿和规范成品油市场秩序的意见》,赋予三大石油公司对炼制、批发和零售环节的垄断权。[①] 在这个阶段,我国石油天然气产业已经拉开了市场化改革的序幕。

第三,我国石油天然气产业加强改革阶段(2003 ~ 2017 年)。由于加入 WTO 等一系列重大事件的影响,我国开始加快管制行业的改革进程,以因应国内非公有制经济进一步发展的要求和 WTO 成员方对于降低跨国贸易、投资壁垒的外在压力。2005 年 2 月国务院发布的《关于鼓励支持和引导个体私营等非公有制经济发展的若干意见》第 2 条特别规定:"允许非公有资本进入管制行业和领域。加快管制行业改革,在电力、电信、铁路、民航、石油等行业和领域,进一步引入市场竞争机制……"2005 年经再次重组而成的陕西延长石油集团公司,成为具有开采、炼化、销售完整产业链的中国第四大石油企业;中国中化集团公司也成为具有两家境外油田的开采权,年产超过 800 万吨的大型石化企业。2006 年我国商务部颁布《成品油市场管理办法》和《原油市场管理办

---

① 参见江山、黄勇:《论中国石油行业的反垄断法适用》,载《现代法学》2011 年第 4 期。

法》,进一步推动石油市场的开放。自 2007 年 1 月 1 日起,我国允许有资质的国内生产商从事石油销售和储存,也允许国外公司建立和投资企业从事原油相关业务。2008 年国家发展和改革委员会、商务部发布《关于民营成品油企业经营有关问题的通知》(发改经贸〔2008〕602 号),进一步明确了民营成品油企业的经营规则、用油价格和国有石油公司的供油规则等。2009 年 6 月中海油年 1200 万吨加工能力的惠州炼油项目投产,标志着中海油全面进入炼化下游领域,形成了完整的石油产业链。我国石油天然气产业开始进入更加市场化和国际化的新阶段,并且重视推动大型石化企业强强联合,开展战略合作,优化产业布局和上下游资源配置。鼓励企业间、相关产业间联合布局和一体化发展,建设具有国际竞争力的产业集群。鼓励有条件的企业开展境外并购、重组或投资合作,增强抵御国际市场风险的能力。[①] 2014 年 11 月国务院《关于创新重点领域投融资机制鼓励社会投资的指导意见》(国发〔2014〕60 号)也指出,要打破行业垄断和市场壁垒,切实降低准入门槛,建立公平开放透明的市场规则,营造权利平等、机会平等、规则平等的投资环境,进一步鼓励社会投资特别是民间投资。在这个阶段,我国石油天然气产业市场投资主体逐步向多元化的方向发展,石油天然气产业逐步走向政府管制下的垄断竞争,竞争的范围有逐步扩大的态势。[②]

第四,我国石油天然气产业深化改革阶段(2017 年至今)。2017 年 5 月 21 日中共中央、国务院联合发布的《关于深化石油天

---

① 参见《石化和化学工业"十二五"发展规划》,载工业和信息化部网:http://www.miit.gov.cn/n11293472/n11293832/n11293907/n11368223/14450266.html,最后访问日期:2016 年 3 月 7 日。

② 参见孟雁北:《中国〈石油天然气法〉立法的理论研究与制度构建》,法律出版社 2015 年版,第 9～12 页。

然气体制改革的若干意见》规定,我国深化石油天然气体制改革的总体思路是:针对石油天然气体制存在的深层次矛盾和问题,深化油气勘查开采、进出口管理、管网运营、生产加工、产品定价体制改革和国有油气企业改革,释放竞争性环节市场活力和骨干油气企业活力,提升资源接续保障能力、国际国内资源利用能力和市场风险防范能力、集约输送和公平服务能力、优质油气产品生产供应能力、油气战略安全保障供应能力、全产业链安全清洁运营能力。通过改革促进油气行业持续健康发展,大幅增加探明资源储量,不断提高资源配置效率,实现安全、高效、创新、绿色,保障安全、保证供应、保护资源、保持市场稳定。重点改革任务具体为:(1)完善并有序放开油气勘查开采体制,提升资源接续保障能力。实行勘查区块竞争出让制度和更加严格的区块退出机制,在保护性开发的前提下,允许符合准入要求并获得资质的市场主体参与常规油气勘查开采,逐步形成以大型国有油气公司为主导、多种经济成分共同参与的勘查开采体系。(2)完善油气进出口管理体制,提升国际国内资源利用能力和市场风险防范能力。(3)改革油气管网运营机制,提升集约输送和公平服务能力。分步推进国有大型油气企业干线管道独立,实现管输和销售分开。完善油气管网公平接入机制,油气干线管道、省内和省际管网均向第三方市场主体公平开放。(4)深化下游竞争性环节改革,提升优质油气产品生产供应能力。加大天然气下游市场开发培育力度,促进天然气配售环节公平竞争。(5)改革油气产品定价机制,有效释放竞争性环节市场活力。完善成品油价格形成机制,发挥市场决定价格的作用,保留政府在价格异常波动时的调控权。推进非居民用气价格市场化,进一步完善居民用气定价机制。依法合规加快油气交易平台建设,鼓励符合资质的市场主体参与交易,通过市场竞争形成价格。加强管道运输成本和价格监管,按照准许成本加合理收益原则,科学制定管道运输价格。(6)深化国有油气企业改革,充分释放骨干油气企业活力。完善国有油气企业法人治理结构,鼓励具备条件的油气企业发展股权多元化和多种形式的混合所有制。(7)完善油气储备体系,提升油气战略安全保障供应能力。建立完善政府储备、企业社会责任储备和企业生产经营库存有机结合、互为补充的储备体系。(8)建立健全油气安全环保体系,提升全产业链安全清洁运营能力。加强油气开发利用全过程安全监管,建立健全油气全产业链安全生产责任体系,完善安全风险应对和防范机制。2017 年 8 月 23 日国家发展和改革委员会发布《关于进一步加强管制行业价格监管的意见》,要求依据已出台的定价办法和成本监审办法,深入开展跨省长途管道运输成本监审,合理制定价格水平,适时完善监管规则。强化省内短途管道运输和配气价格监管,加快落实输配气价格监管要求,全面梳理天然气各环节价格,2018 年年底前各地要建立起输配环节定价办法、成本监审办法,重新核定省内短途管道运输价格,制定独立配气价格,降低偏高输配价格。

三、我国石油天然气产业非自然垄断领域的反垄断执法

石油天然气产业投资主体多元化的形成程度,反映了投资主体投资的自由度,石油天然气产业不同的领域需要区别对待。[①]石油天然气产业链可以按照上、中、下游进行划分,也可以被区分为自然垄断领域和非自然垄断领域,并对非自然垄断领域采取逐步放松管制、鼓励竞争的政策。[②]

---

① 参见王孝莹:《建国以来中国石油行业制度变迁的理论与实证分析》,载《东岳论丛》2009 年第 11 期。

② 参见王丹:《中国石油产业发展路径:寡占竞争与规制》,中国社会科学出版社 2007 年版,第 13 页。

第一,我国需要通过市场准入制度改革推动石油天然气产业的发展。市场准入是政府弥补“市场失灵”和实现政策目标的重要手段之一。在石油天然气领域,很难存在完全市场化的充分竞争的市场,因为完全自由化的市场竞争会在石油天然气产业发展中造成投资混乱和资源浪费,美国得克萨斯州的Spindletop在发现石油后的迅即崛起和随后的快速衰退就是比较突出的例子。[①]即使是在市场化程度相当高的欧美国家,石油天然气市场也是寡头垄断局面,运营商的数量比较少,这既是市场机制选择的结果,也有政策导向的作用。同时,发达国家的实践经验还表明,石油天然气行业进行市场化改革,允许民营资本进入,将加剧行业的竞争程度,降低产业的成本,促使产品价格不断下降,产品与服务质量不断提高。石油天然气行业作为典型的“关系国民经济命脉的重要行业和关键领域”,我国长期以来对非国有制经济涉足其中有严格的限制,而市场准入制度的改革会促进石油天然气产业的市场竞争,进而推动石油天然气产业的发展。

第二,我国石油天然气上游的寡头垄断市场结构与反垄断执法。我国石油天然气上游的资源勘探开发领域形成的基本上是寡头垄断、适度竞争的市场格局。根据我国《矿产资源法》的规定,石油属于特定矿种,特定矿种的矿产资源勘查登记工作,可以由国务院授权有关主管部门负责,开采石油、天然气、放射性矿产等特定矿种,由国务院授权的有关主管部门审批,并颁发采矿许可证。国家对石油天然气上游产业实施特许经营,授权中石油、中石化、中海油总公司从事陆上及海上油气资源的勘探开发,其他企业禁止入内。在这样的背景下,中石油和中石化两个特大型

① 参见[美]约瑟夫·P.托梅因、理查德·D.卡达希:《美国能源法》,万少廷译,法律出版社2008年版,中文版“总序”第2页。

企业集团公司以黄河为界南北分治，在开采权方面，只有中石化、中石油、中海油等少数国有公司享有开采特权，中石油和中石化主要对陆上石油资源实行上下游相结合、南北分治，中海油则垄断了中国海上油气资源的勘探、开发和销售权。有观点认为，中石油、中石化和中海油 3 大企业几乎占有了全部石油天然气采矿权，却“占而不采”，而拥有资金的其他国有企业和民营企业，却被排除在勘探和采油领域之外。[①] 2010 年国务院发布《关于鼓励和引导民间投资健康发展的若干意见》，鼓励民间资本参与石油天然气建设，支持民间资本进入油气勘探开发领域，与国有石油企业合作开展油气勘探开发。2012 年 6 月国家能源局发布的《关于鼓励和引导民间资本进一步扩大能源领域投资的实施意见》在“拓宽民间资本投资范围”一项中，列举了六大子目，其中明确指出“支持民间资本进入油气勘探开发领域，与国有石油企业合作开展油气勘探开发，以多种形式投资煤层气、页岩气、油页岩等非常规油气资源勘探开发项目，投资建设煤层气和煤矿瓦斯抽采利用项目”。随着油气资源开发竞争的激烈，国家为提高油气资源开发效率，也在逐渐打破原有的资源分配格局，“三桶油”出现各自矿区互相渗透的局面，尤其是地方国资石油企业（如陕西延长石油集团）的出现，使石油天然气上游产业的垄断格局状态开始出现新的变化，出现了适度竞争的局面，即目前我国石油天然气勘探开发领域是中石油、中石化主导陆上油气资源开发，中海油主导海洋油气资源开发，陕西延长石油有限公司主导陕西省油气资源开发的寡头垄断格局，但市场格局随着市场准入制度的改革仍处在变动过程中。尽管我国《矿产资源法》所要求的探矿权、采

① 参见王中义、罗松：《从能源法草案看中国的能源市场体系框架》，载《重庆科技学院学报》（社会科学版）2009 年第 2 期。

矿权并没有阻碍民营企业进入，但国内大部分的勘探区块都已经被中石油、中石化和中海油登记，那些还没有被登记的区块大多数都不具备开采的条件，而且还需要交一笔登记费。产量不确定的风险，以及上游探勘开发所要求的高额资金、先进技术都是民营企业难以达到的。另外，在上游领域，三大石油公司之间划地域而治的做法以及对外合作的专营权使市场准入存在一定的障碍。

从石油天然气资源供应的角度出发，原油进口也属于石油天然气上游产业。我国原油进口分为国营贸易和非国营贸易，根据1999年国务院办公厅转发国家经济贸易委员会等部门《关于清理整顿小炼油厂和规范原油成品油流通秩序意见的通知》的规定，两大石油集团生产的原油，中海油国内销售的原油及中国新星石油公司和地方油田生产的原油，以及进口的原油，全部由国家统一配置，不得自行销售。① 根据我国加入世界贸易组织的承诺，我国从2002年开始，每年下达非国营贸易配额，允许非国营贸易企业从事部分数量原油的进口，并逐年增加配额。② 我国原油进口环节市场准入限制放宽，可以进一步增强成品油批发环节的竞争性，但并没有改变我国石油天然气上游领域寡头垄断、适度竞争的市场格局。

我国石油天然气上游领域的反垄断执法既需要禁止企业滥用市场支配地位的行为，同时可以通过推动公平竞争审查制度来深化石油天然气产业投资主体多元化的改革。2013年5月18日

---

① 参见《国储油仓储招标幕后：石油垄断拐点将现?》，载搜狐网：http://news.sohu.com/20100531/n272466193.shtml，最后访问日期：2020年2月18日。

② 参见姜雷：《石油贸易央企再扎堆　中石化上书力护旧制》，载新浪财经网：http://finance.sina.com.cn/roll/20100520/07237969963.shtml，最后访问日期：2020年2月18日。

国务院批转国家发展和改革委员会《关于2013年深化经济体制改革重点工作意见的通知》(国发〔2013〕20号)中规定:抓紧清理有碍公平竞争的政策法规,推动民间资本有效进入金融、能源、铁路、电信等领域。而在石油天然气产业勘探开发领域,反垄断执法还需要面对我国对外资开放的程度远高于对民营资本的开放程度以及民营资本能否进入上游领域的思考。《对外合作开采陆上石油资源条例》第7条规定:"中国石油天然气集团公司、中国石油化工集团公司负责对外合作开采陆上石油资源的经营业务;负责与外国企业谈判、签订、执行合作开采陆上石油资源的合同;在国务院批准的对外合作开采陆上石油资源的区域内享有与外国企业合作进行石油勘探、开发、生产的专营权。"《对外合作开采海洋石油资源条例》第6条规定:"中华人民共和国对外合作开采海洋石油资源的业务,由中国海洋石油总公司全面负责。中国海洋石油总公司是具有法人资格的国家公司,享有在对外合作海区内进行石油勘探、开发、生产和销售的专营权。"2015年4月10日起施行的新版《外商投资产业指导目录》放宽了外商投资的准入领域,其中就涉及外商对石油行业的投资,允许外资以合资、合作的形式对石油、天然气的勘探开发环节,鼓励外资以各种形式进入物探、钻井、测井、录井、井下作业等石油勘探开发新技术领域。我国石油天然气资源勘探开发环节可以由国有企业和外国公司参与,由此引发外资准入是否有充分的合理理由取得比民营资本更多的市场准入机会的质疑,以及是否需要经过公平竞争审查来对这样的制度设计进行变革的疑问。

第三,我国石油天然气产业下游市场支配地位企业的存在与反垄断执法。我国石油天然气产业的下游主要是指加工冶炼和销售,其中,市场准入制度改革的重点是在成品油销售市场,但无论是加工冶炼环节还是成品油销售环节,仍不可避免存在具有市场支配地位的企业,从而反垄断执法需要关注市场支配地位是否被滥用。

我国成品油市场主要由上下游一体化的中石油、中石化两大集团控制,虽然我国已经放开成品油批发市场,但非国有企业仍无力与两大石油巨头竞争,我国成品油市场仍主要呈现“双寡头垄断”的市场结构,①这种“双寡头垄断”结构的形成有其特定的历史原因。20 世纪 90 年代初,我国非国资的加油站占比达到 60%,各类社会批发企业有 8500 多家。但在 1999 年,国务院办公厅转发国家经济贸易委员会等 8 部门的第 38 号文件规定,要以清理整顿的方式将小炼油厂关闭,或者采取划转、联营、参股、收购等方式进行重组,成品油全部交由中石油、中石化经营。2001 年国务院办公厅转发国家经济贸易委员会等 5 部门的第 72 号文件规定,新建的加油站统一由中石油、中石化全资或控股建设,成品油由两大集团集中批发。全国成品油批发企业布局规划,新设成品油批发企业,一律由中石油、中石化报国家经济贸易委员会审批。这两个文件以及相关配套文件确定并再次强调了两大集团的批发经营权,同时赋予并进一步强化了两大集团的零售专营权,一举改变了我国石油成品油零售批发市场的格局。以 2004 年商务部《成品油管理暂行办法》为开端,我国又开始允许、引导企业、民营资本进入成品油零售市场并开展竞争。2006 年商务部发布的《成品油市场管理办法》第 3 条规定:“国家对成品油经营实行许可制度”,并分别规定了申请成品油批发和零售经营资格的要求。2006 年又颁布了《原油市场管理办法》,规定对原油的经营实行许可证制度,由商务部决定是否给予原油销售、仓储许

---

① 参见陈明艺、赵聪聪:《基于中国成品油定价机制的石油双寡头行为分析》,载《经济与管理》2012 年第 10 期。

可。上述两个管理办法的颁布实施标志着我国已履行加入WTO时的承诺,开放了成品油零售和批发市场,但两大石油巨头,即中石油和中石化仍是贯穿石油产业上、中、下游产业链的行业巨头。[①] 2007年商务部出台《成品油经营企业指引手册》和《原油经营企业指引手册》,明确规定了外资企业和民营企业进入成品油市场的市场准入要求。2008年3月3日国家发展和改革委员会和商务部发布《关于民营成品油企业经营有关问题的通知》,一方面,要求中石油、中石化两大石油公司采取收购、参股、联营等方式,加快推进对民营批发企业的重组;另一方面,也要求中石油、中石化向签订长期供货协议的民营批发及零售企业供油,同时保持民营石油企业的合理利润。

我国石油天然气产业的加工冶炼环节市场准入条件相对容易达到,竞争格局更趋向多元化。我国炼厂众多,炼油行业存在中小型规模的企业数量多、大型或特大型炼厂数量较少,行业集中度不够等问题,全国炼厂平均加工规模为每年300万吨左右,不到世界炼厂平均加工规模的50%。全国的炼油企业主要归属中石油、中石化两大集团,近年来,中海油也开始涉足这一领域,先后在广东惠州等地建设炼厂,但总体规模尚不能与两大集团相提并论。在山东、陕西、新疆、宁夏等地,地方炼油企业数量众多,全国范围内有实力的也不少,如延长、华锦等。随着国内市场进一步开放,国际炼油行业巨头或在中国投资设厂,或在周边地区(如韩国、越南、印度等)布点,全面参与我国炼油行业的竞争。例如,继道达尔在20世纪90年代中期参股建成大连西太平洋石化公司后,埃克森美孚、沙特阿美参加的福建炼化一体化项目于

① 参见江山、黄勇:《论中国石油行业的反垄断法适用》,载《现代法学》2011年第4期。

2009年正式投产，还有中俄天津东方石化项目、委内瑞拉与中国石油合资的广东揭阳项目，卡塔尔与中国石油的合资项目等。[①]我国非国营贸易原油进口管理制度的改革也推动了石油炼制环节的市场竞争。2010年中石油、中石化对于原油进口的垄断被正式被打破，中国兵器工业集团下属的振华石油控股公司拥有了真正意义上的原油进口权，对于配额内的非国营贸易进口原油，振华石油可以直接进口，自己支配，振华石油进而成为继两大石油集团之后，国内第三家为自有炼化企业供给原油的国内企业。[②]

尽管目前我国成品油批发业务的竞争主要在中石油和中石化之间进行，我国石油天然气下游产业远未达到有效竞争所要求的经济规模与市场活力的兼容状态，[③]但石油天然气冶炼和销售领域的反垄断执法，因该领域的非自然垄断属性而不具有更多的与其他行业反垄断执法的差异性。同时，反垄断执法会通过禁止企业从事滥用市场支配地位行为来推动成品油市场准入制度改革的落地。

四、我国石油天然气产业自然垄断领域的反垄断执法

石油天然气中游产业包括存储业务，但重点应是管道运输业务，因为管道运输作为最先进的油气运输方式，具有运输能力大、成本低、效率高、损耗小、安全性强、管理方便等特性。我国石油天然气管道运输的相关法律、法规、规章主要有：《原油、天然气长

---

① 参见崔民选主编：《中国能源发展报告(2011)》，社会科学文献出版社2011年版，第15页。

② 参见姜雷：《石油垄断破冰　兵工集团原油进口权获批》，载新浪财经网：https://finance.sina.com.cn/roll/20100630/20368210987.shtml，最后访问日期：2020年2月18日。

③ 参见王丹：《中国石油产业发展路径：寡占竞争与规制》，中国社会科学出版社2007年版，第62页。

输管道与铁路相互关系的若干规定》(1987 年发布)、《石油天然气管道安全监督与管道暂行规定》(2000 年发布)、《石油天然气管道安全监督与管理暂行规定》(2000 年发布)、《石油天然气管道保护条例》(2001 年颁布,2011 年失效)、《石油天然气管道法》(2010 年颁布)、《油气管网设施公平开放监管办法(试行)》(2014 年颁布,2019 年失效)、《油气管网设施公平开放监管办法》(2019 年发布)等。

第一,我国石油天然气管网建设已经初具规模,且发挥着重要作用。石油天然气的运输主要分为陆路输运和管道运输两种途径,鉴于我国石油天然气资源分布不均衡,客观上形成了西油东运、北油南下的基本配置格局,成品油物流费用常年居高不下,长距离管网运输是石油天然气运输环节的发展趋势。我国石油输送管道的建设和运营主要由石油公司负责,从地域分布来看,已基本形成了跨区域的石油管网格局,其中,中国石油天然气集团公司旗下的中国石油天然气管道局和中国石油天然气股份有限公司旗下的中国石油管道公司是中国石油的陆上管道建设、施工和经营的管道公司,中国石油天然气管道局海洋工程分公司还从事滩海、近海海洋管道工程勘查、设计、建设、管道工程和输送业务。作为油气领域的重要环节,我国油气管网设施建设、运营主要集中于少数大型央企,主干油气管网处于高度垄断经营状态,部分省份也出现了天然气管网由地方企业垄断经营的现象。据不完全统计,截至 2013 年年底,我国已经建成油气管道总里程约 11 万千米,其中,天然气管道 6.4 万千米,原油管道 2.6 万千米,成品油管道 2 万千米。全国在用的成品油长输管道约为 1.44 万公里,其中,中国石油约占 6713 公里,中国石化占 6246 公里,中海油占 207 公里,解放军后勤部占 1080 公里,陕西延长石油集团占201公里。①

第二,我国石油天然气管道运输领域也在进行市场准入制度的改革。石油天然气管道运输市场准入,是指依法对石油天然气运输管道建设经营活动的申请者进行资质审查和批准,要求管道拥有者或运营者向其系统用户以外的主体开放管道,第三方利用管道的运输能力和相关服务输送自己的石油天然气产品,同时支付相应的费用。② 我国《能源发展"十二五"规划》提出的"加强油气管网监管,稳步推动天然气管网独立运营和公平开放"要求,是油气领域改革的重大突破,将持续引领全国主要油气管网实现互连互通,促使中国油气管网运营开始与以第三方准入为核心的国际通行做法接轨,有利于形成更加公平、开放的油气市场。国务院发展研究中心课题组于2013年10月在为十八届三中全会提交的"383"改革方案也提出:将石油天然气管网业务从上、中、下游一体化经营的油气企业中分离出来,组建若干家油气管网公司,并建立对油气管网的政府监管制度。③ 2013年5月和12月,我国分别下发国务院《关于取消和下放一批行政审批项目等事项的决定》(国发〔2013〕19号)与国务院《关于发布政府核准的投资项目目录(2013年本)的通知》(国发〔2013〕47号),明确"跨境、跨省(区、市)油气管网(不含油气田集输管网)项目由国务院投资主管部门核准,其余项目由省级政府核准;进口液化天然气接收、储运设施由国务院行业管理部门核准"。2013年6月中国石油即以

① 参见《中国成品油管道运输现状和趋势(2013)》,载百度文库网:https://wenku.baidu.com/view/a5ce8937a26925c52cc5bfb9.html,最后访问日期:2020年2月18日。

② 参见于文轩:《石油天然气法研究——以应对气候变化为背景》,中国政法大学出版社2014年版,第176页。

③ 参见《油气管网改革宜"小步慢走不回头"》,载江苏省能源协会网:http://www.jsea.org.cn/end.asp? id=322.,最后访问日期:2020年2月18日。

西部管道公司50%的股权作为出资，与泰康资产和国联基金合资成立中石油管道联合有限公司。2014年3月20日国家发展和改革委员会公布《天然气基础设施建设与运营管理办法》，鼓励、支持各类资本参与投资建设纳入统一规划的天然气基础设施。我国油气管网建设也因上述政策而亮点频出：中缅、中贵管道投产，主要干线实现互连互通，天然气输配网络化格局初步形成；地方“气化工程”加速，省域管网建设踊跃推进；“西三线”项目引入社会资本投资，管道建设资本实现多元化。[①] 2014年5月12日中石油发布公告称，将以西气东输一线和二线相关资产和负债出资设立东部管道公司，并将通过产权交易所公开转让所持东部管道公司的全部股权。2014年5月21日国家发展和改革委员会发布基础设施领域中鼓励和吸引民间投资以合资、独资、特许经营等方式参与建设及营运的项目目录，其中，中国石油所属的西气东输三线中段工程入选。[②] 上述事件虽然预示着中石油的管道垄断地位即将终结，但这只是打破了原中石油油气管道“一家独大”的局面，出售后的东部管道公司在东部仍具有绝对的优势地位。

第三，我国石油天然气产业的管网运输具有自然垄断性，也因此当然会受到更多的法律规制，反垄断执法也会关注具有自然垄断性质的管道运输企业的滥用市场支配地位行为。

石油天然气产业链中的管道运输环节具有自然垄断性质，尤其是天然气的输送必须依赖铺设的管道而进行。管道建设具有巨大的沉没成本，整个管网由一个企业经营具有明显的规模效应

---

① 参见高鹏、王海英、朱金华、王立献：《2011—2013年中国油气管道进展》，载《国际石油经济》2014年第6期。

② 参见《消息称中石油出售东部管道公司可能搁浅》，载新浪财经网：http://finance.sina.com.cn/chanjing/gsnews/20140811/144019974281.shtml，最后访问日期：2016年5月26日。

和产业成本函数的次可加性，特别是单位成本和价格受管径和运输气量因素影响大，管道管径越大、运输气量越多，单位成本和价格越低，反之单位成本和价格越高。如果多个企业经营则会出现重复铺设、管道规格不同而不能互相接入等一系列问题，因而该环节具有自然垄断属性。当然，随着市场的日渐成熟，在同一区域也可能出现两条高压管道进行竞争，这就意味着，高压管道的自然垄断性质会逐渐减弱。[①] 无论如何，具有自然垄断性的油气管道作为准公共物品和关系国家能源安全的重要战略性资产，其必然会受到法律更多的规制。目前，我国《石油天然气管道保护法》主要解决的是石油天然气管道的保护问题，对于管道的建设审批、运营监管等问题并未作出明确的规定。2014 年 2 月国家能源局颁布《油气管网设施公平开放监管办法（试行）》，旨在促进油气管网设施公平开放，提高管网设施利用效率，保障油气的安全稳定供应，规范油气管网设施开放相关市场行为，在目前油气行业纵向一体化的体制下，解决上、下游多元化市场主体的开放需求问题。该办法规定，油气管网设施开放的范围为油气管道干线和支线（含省内承担运输功能的油气管网），以及与管道配套的相关设施；在有剩余能力的情况下，油气管网设施运营企业应向第三方市场主体平等开放管网设施，按签订合同的先后次序向新增用户公平、无歧视地提供输送、储存、气化、液化和压缩等服务。[②] 2016 年 9 月 7 日国家能源局发布《关于做好油气管网设施开放相关信息公开的通知》，要求管网企业根据使用者的申请公

① 参见武盈盈：《中国自然垄断产业组织模式演进问题研究——以天然气产业为例》，经济管理出版社 2014 年版，第 27 页。

② 参见《〈油气管网设施公平开放监管办法（试行）〉印发》，载中央人民政府网：http://www.gov.cn/gzdt/2014-02/24/content_2620233.htm，最后访问日期：2016 年 1 月 9 日。

开“剩余能力”和对应时段。2016 年 10 月 12 日国家发展和改革委员会公布《天然气管道运输价格管理办法(试行)》和《天然气管道运输定价成本监审办法(试行)》,明确将按照“准许成本加合理收益”的原则,以跨省管道运输企业法人为对象,核定管道运价率,并规定“管道负荷率不低于 75% 时取得税后全投资收益率 8% ”的标准,以鼓励天然气管网向第三方公平开放。此次管道运输价格是在国家首次对天然气跨省管道运输企业开展成本监审的基础上核定的,标志着科学透明的管道运输价格监管体系基本建立,管道运输价格监管向制度化、精细化迈出实质性步伐。2019 年 5 月 24 日为提高油气管网设施利用效率,促进油气安全稳定供应,规范油气管网设施开放行为,维护油气管网设施运营企业和用户的合法权益,按照油气体制改革的任务要求,国家发展和改革委员会、国家能源局、住房和城乡建设部、国家市场监督管理总局制定了《油气管网设施公平开放监管办法》,自发布之日起施行,国家能源局《油气管网设施公平开放监管办法(试行)》(国能监管〔2014〕84 号)同时废止。[①]

我国政府制定了一系列制度办法,为油气管网设施向第三方市场主体公平开放创造了许多条件,但因为油气管道设施的运力情况并不均衡,并且会随着不同时间段运量高峰、低峰的起伏不断发生变化,当管道运输满负荷运行或者超载之时,国有企业自身的运输尚且难以保障,更谈不上向其他企业,尤其是民营企业提供公平的接入。2019 年 3 月 19 日中央全面深化改革委员会第七次会议审议通过了《石油天然气管网运营机制改革实施意见》,提出组建石油天然气管网公司。国家管网公司组建开始进入筹

① 参见《四部门关于印发〈油气管网设施公平开放监管办法〉的通知》,载中央人民政府网:http://www.gov.cn/xinwen/2019-06/02/content_5396824.htm,最后访问日期:2020 年 2 月 26 日。

备阶段。此前,油气领域基础设施建设与运营工作主要由国内三大石油公司承担,上、中、下游一体化运营模式在行业发展初期发挥了集成协调优势。2019年12月9日国家石油天然气管网集团有限公司成立,公司的主要职责是负责全国油气干线管道、部分储气调峰设施的投资建设,负责干线管道互联互通及与社会管道联通,形成"全国一张网",负责原油、成品油、天然气的管道输送,并统一负责全国油气干线管网运行调度,定期向社会公开剩余管输和储存能力,实现基础设施向所有符合条件的用户公平开放等。目前,我国对于如何实现第三方市场主体接入并保证公平,未能给出具体、可操作的细化措施,也缺乏配套性的政策支持,而管道运输领域的反垄断执法则可以通过禁止具有市场支配地位的管道企业的差别待遇、拒绝交易等行为来推动气管网设施向第三方市场主体的公平开放。

五、我国石油天然气行业反垄断执法重点关注的行为

美国经济学家施蒂格勒于1958年在《法与经济学》杂志上发表的《规模经济》一文中,用生存法对美国炼油企业规模变化的情况进行统计分析后得出结论:如果逐渐向最佳经济规模逼近的厂商是垂直一体化的,并且反之则相反的话,那么就能推断,垂直一体化是该产业最佳厂商的必备条件。施蒂格勒的结论表明,石油产业实施上、下游一体化经营能够获得最佳规模经济效益。[①] 综观世界石油工业发展史,石油产业确实也需要上、下游一体化发展,那些能够在大风大浪中生存下来,并保持基业的"百年石油老店",大都是一体化经营的石油产业寡头。在美国《石油情报周

---

① 参见王丹:《中国石油产业发展路径:寡占竞争与规制》,中国社会科学出版社2007年版,第15页。

刊》公布的世界最大的 50 家石油公司中,有 40 家属于这种一体化的综合性石油公司,[①]包括英国石油公司和埃克森公司在内的大型石油公司的业务都实现了产业纵向一体化。我国的中石油和中石化两大石油集团公司具有石油上、中、下游,内外贸及产销一体化经营的资格,也带有纵向一体化的产业特征。在我国石油天然气纵向一体化的产业背景下,中石油、中石化和中海油作为国家石油公司,中石油侧重于产业链的上游,对上游市场形成了一定程度的垄断;中石化侧重于产业链的下游,对下游市场形成了垄断;中海油对海上油气资源形成了垄断,中国石油天然气产业实际上是寡头垄断的市场格局,[②]反垄断执法本身并不禁止企业的市场支配地位,但会禁止企业排除、限制竞争的行为。

第一,我国石油天然气行业反垄断执法禁止垄断协议行为。垄断协议行为,是两个或两个以上的企业,采取合同、决议、默契或其他形式,共同决定产品或服务的价格,或就产品的销售数量、生产技术标准,以及产品的销售地区、销售对象进行限定,从而排斥、限制或妨碍特定市场的竞争的行为。但在我国石油天然气产业的上游和下游的市场准入制度进行比较大的变革之时,随着竞争主体的增多,垄断协议行为产生的概率也会增大。

2008 年 10 月江西省泰和县华维液化石油气储配站为独家经营泰和县城散装液化石油气业务,与该县江西省赣中南石油有限责任公司、江西省新深港液化气销售配送有限公司泰和分公司、泰和县马市普工液化石油气有限公司、泰和县辉煌液化气站、夏某某(个体经营者)、郭某某(个体经营者)等 6 家经营户达成协

① 参见吕建中:《关于油价问题的几点认识——兼谈如何破解国内成品油价格改革难题》,载《价格理论与实践》2008 年第 6 期。

② 参见王丹:《中国石油产业发展路径:寡占竞争与规制》,中国社会科学出版社 2007 年版,第 4 页。

议，由华维气站一家经营泰和县城的散装液化石油气充装、销售业务，马市普工公司负责液化气批发业务（不再从事散装零售），万合液化气站负责万合附近乡下散装零售业务，赣中南公司、辉煌气站、新深港公司、继龙气站均停止县城液化气零售业务。华维气站按月支付赣中南等6家经营户现金9.4万～10.4万元人民币（其中，赣中南公司1.15万元/月，新深港公司1万元/月，马市普工公司3万元/月，2009年1月之后，马市普工公司4万元/月，继龙气站1万元/月，辉煌气站1.2万元/月，万合气站0.85万元/月）。经国家工商行政管理总局授权，江西省工商行政管理局于2010年8月对江西省泰和县液化石油气经营者从事垄断协议行为进行立案调查并认为，华维气站为控制泰和县的散装液化石油气经营市场，与赣中南公司、新深港公司、马市普工公司、辉煌气站、夏某某、郭某某等6家经营户达成协议，人为排除、限制了正当竞争，造成泰和县液化石油气市场独家经营的状况，一方面，这种行为使消费者失去了选择商品的权利，严重损害消费者的利益；另一方面，也使市场失去优胜劣汰的机制，效益好的企业因为不能参与正当竞争，不能根据市场的情况扩大自己的生产规模，从而也就不能扩大自己的市场份额，因此也严重损害企业的竞争力，使社会资源不能得到优化配置。上述行为构成我国《反垄断法》禁止的垄断协议行为，江西省工商行政管理局于2011年4月对有关涉案当事人下达了行政处罚决定。①

第二，我国石油天然气行业反垄断执法禁止滥用市场支配地位的不公平高价销售行为。不公平高价销售行为，是指具有市场支配地位的企业向交易相对人索取不合理的超高的销售价格的

---

① 参见《竞争执法公告2013年第2号江西省泰和县液化石油气经营者从事垄断协议案》，载国家工商行政管理总局网：http://www.saic.gov.cn/fldyfbzdjz/jzzfgg/201703/t20170309_232247.html，最后访问日期：2017年8月14日。

行为。具有市场支配地位的经营者由于不受竞争压力的限制，就不再根据市场机制和竞争规则来确定商品价格，而通过确定较高的垄断价格使其获利最大化。在我国成品油领域中，曾有律师在2009年向国家发展和改革委员会、商务部、国家工商行政管理总局申请调查国内市场销售成品油涉嫌垄断行为，举报中石油、中石化滥用市场支配地位高价销售成品油，①这种情况导致2009年到2012年国内汽油价格累计上调3000元/吨、柴油累计上调2760元/吨。②

在国家发展和改革委员会指导的反垄断执法实践中，湖北省物价局对中石油昆仑燃气有限公司咸宁分公司、仙桃中石油昆仑燃气有限公司、大冶华润燃气有限公司、江夏华润燃气有限公司、石首市天然气有限公司等5家天然气公司滥用市场支配地位以不公平的高价销售商品的价格垄断行为进行处罚，共计罚款295.5万元人民币。经查明，自2013年以来，上述5家从事管道天然气供应及相关服务的天然气公司，凭借在相关区域内管道天然气供应及相关服务的特许经营权，通过与非居民用户签订管道燃气设施建设安装合同的形式，取得了在相关区域内非居民管道燃气设施建设安装市场的市场支配地位，并且滥用该市场支配地位，在非居民管道燃气设施建设安装经营成本、市场价格没有显著变化的情况下，剥夺了交易相对人自行选择设计、施工、监理等单位以及自行购买建设安装材料的权利，以不公平的高价收取非居民管道燃气设施建设安装费用。具体违法行为表现为：(1)在非居民管道燃气设施建设安装经营和实际操作过程中，剥夺了交易相对人自行选择设计、施工、监理等单位以及自行购买建设安

---

① 参见王健：《我国成品油市场中的反垄断问题》，载《法学》2012年第2期。

② 参见孟霈泽：《"石油垄断有功"的再思考——兼论石油行业推向市场的制度保障》，载《济宁学院学报》2016年第3期。

装材料的权利。(2)收取的非居民管道燃气设施建设安装费用,明显大幅高于实际发生的经营成本。(3)在非居民管道燃气设施建设安装中使用建设安装材料(含配套设备)的计费价格,大幅高于实际采购价格。(4)非居民管道燃气设施建设安装费用和利润,明显大幅高于其他相同经营者。上述5家天然气公司的滥用市场支配地位行为,构成我国《反垄断法》第17条禁止的具有市场支配地位的经营者以不公平的高价销售商品的行为。①

第三,我国石油天然气行业反垄断执法禁止滥用市场支配地位的限定交易行为。限定交易行为,是指具有市场支配地位的经营者,没有正当理由,限定交易相对人只能与其进行交易或者只能与其指定的经营者进行交易的行为。限定交易行为不但是对意思自治和合同自由的限制,侵犯了交易相对人的自主选择权,而且也会对竞争产生无效率的排挤性效果,或会迫使竞争对手不得不寻找成本更高的销售渠道,提高竞争对手的成本,阻碍潜在的竞争,从而产生排除、限制市场竞争的后果。

2015年2月江苏省工商行政管理局接江苏省宿迁市市区部分房地产开发企业举报,宿迁中石油昆仑燃气有限公司在宿迁市城区管道燃气供应服务市场中具有市场支配地位,却限定房地产开发企业只能将所开发住宅小区的燃气管道工程交由其承建,限定房地产开发企业在与其签订的《燃气管道报装合同》中所需用的施工材料只能由其提供,这些施工材料主要有管材(包括PE管、无缝钢管、镀锌管)、管件、阀门、燃气表、调压箱等。2015年6月8日经国家工商行政管理总局授权,江苏省工商行政管理局对宿迁中石油昆仑燃气有限公司涉嫌滥用市场支配地位的垄断行

---

① 参见《湖北省物价局对5家天然气公司价格垄断行为进行处罚》,载国家发展和改革委员会网:http://jjs.ndrc.gov.cn/fjgld/201607/t20160712_811023.html,最后访问日期:2017年8月27日。

为进行立案调查并认为,宿迁中石油昆仑燃气有限公司滥用市场支配地位的限定交易行为剥夺了其他企业的公平竞争权,扰乱了公平竞争的市场秩序,剥夺了房地产开发企业的自由选择权,且没有正当理由限定房地产开发企业的燃气管道安装工程只能与其进行交易,限定房地产开发企业燃气管道安装工程中所需用的施工材料只能由其提供,行为违反了我国《反垄断法》的禁止性规定。江苏省工商行政管理局于 2016 年 12 月 30 日对涉案当事人作出行政处罚决定。

第四,我国石油天然气行业反垄断执法禁止滥用市场支配地位的拒绝交易行为。拒绝交易行为,是指具有市场支配地位的经营者没有正当理由,拒绝与交易相对人进行交易的行为。2010 年我国各地爆发大规模"柴油荒",大量民营加油站停业或倒闭,[①]有调查显示,[②]仅仅 2010 年 11 月一个月,因油源短缺而停业或倒闭的民营加油站就比上月增长了一倍,达 5000 家以上。在 2011 年 4 月重庆市涪陵区的"油荒"中,民营企业直接通过成品油协会向该区商务局投诉,投诉文件中显示,中石油与中石化已基本停止了向民营加油站供应汽油和柴油。[③] 2012 年上半年,有新闻报道称中石油中石化两大集团酝酿或实际在我国部分地区停止批发成品油。[④] 从 2008 年开始,部分或全国性的"油荒"闹剧几乎每年

---

① 参见黄烨:《"油荒",原是垄断惹的祸》,载《国际金融报》2011 年 4 月 22 日,第 1 版。

② 参见朱毛齐:《"柴油荒"三问》,载《经济导报》2010 年第 47 期。

③ 2011 年 4 月重庆市涪陵区的成品油协会代表区域内的诸多民营加油站,向该区商务局提交《关于涪陵区民营加油站目前处于断档、脱销、无油可供、经营困难等情况需立即解决的请示》称"中石油、中石化已基本停止向民营加油站供应汽油和柴油将近一个月,请求政府有关部门介入,帮助解决油源短缺问题"。

④ 参见《石化双雄运量停批多地成品油,意在 300 元批零差价》,载人民网:http://energy.people.com.cn/GB/17597454.html,最后访问日期:2017 年 9 月 7 日。

都在发生，最后大多是政府直接进行市场干预，指令中石油或中石化向加油站正常供油或上调成品油价格，以缓解“油荒”，达到暂时的供需平衡。[1] 这一过程的反复出现会引发反垄断执法的关注，但需要注意拒绝交易行为是否构成反垄断法禁止的滥用市场支配地位行为是有严格的构成要件规定的。

2014 年 1 月 26 日云南盈鼎公司向昆明市中级人民法院对中国石油化工股份有限公司和中国石化销售有限公司云南石油分公司（以下简称中石化云南分公司）提起诉讼，诉称中石化云南分公司滥用其在成品油销售市场的支配地位，拒绝购买其生产的生物柴油 BD100，导致云南盈鼎公司亏损严重。云南盈鼎公司请求法院判令中石化云南分公司将其销售的生物柴油纳入销售体系，并赔偿其经济损失人民币 300 万元。2014 年 12 月 8 日昆明市中级人民法院作出一审判决，认定中石化云南分公司实施了滥用市场支配地位的拒绝交易行为，并判令其将云南盈鼎公司生产的生物柴油“纳入其燃料销售体系”，驳回云南盈鼎公司的其他诉讼请求。昆明市中级人民法院一审宣判后，该案原、被告双方均向云南省高级人民法院提起上诉。2015 年 8 月 13 日云南省高级人民法院作出二审裁定，认为原一审判决认定基本事实不清，违反法定程序，裁定撤销原判，发回重审。在重审程序中，云南盈鼎公司将本案被告变更为中国石化销售有限公司和中石化云南分公司。昆明市中级人民法院在重审中认为：（1）在没有国务院能源主管部门或省级人民政府以相关规定的形式对地沟油制生物柴油的销售主体、销售数量（或配额）、销售定价、销售方式、销售奖励和亏损补贴等一系列问题都予以明确的情况下，对中石化云南分公

---

① 参见汪撷：《运用市场机制，解决油荒难题》，载《中国石油与化工》2008 年第 8 期。

司作为石油成品油销售企业因我国《可再生能源法》第16条第3款所担负的法定义务不宜用强制命令的方式在不考虑任何条件的前提去完成，而应经过相关市场主体协商一致达成交易。(2)双方未能建立交易关系，也不属于违反我国《反垄断法》第17条第1款第3项规定的“没有正当理由，拒绝与交易相对人进行交易”的行为。原告云南盈鼎公司以《反垄断法》提起拒绝交易的反垄断诉讼，诉讼请求要求被告承担责任的法律依据是我国《可再生能源法》第31条，而该条规定的法律责任的产生基于经营者违反我国《可再生能源法》第16条第3款的义务。但是，该法定义务的履行需要国务院能源主管部门或云南省人民政府制定出台相关的针对地沟油制生物柴油销售的配套政策方有可操作性，在国务院能源主管部门或云南省人民政府没有制定出台相关的针对地沟油制生物柴油销售的配套或规定之前，被告中石化云南分公司没有与原告建立地沟油制生物柴油交易关系，不能认定为违反我国《可再生能源法》第16条第3款规定的义务，因此，不产生该法第31条所规定的责任。2016年10月8日昆明市中级人民法院作出重审一审判决，判决驳回云南盈鼎公司全部诉讼请求。原告云南盈鼎公司不服判决，以判决存在事实认定错误、适用法律错误及程序错误为由向云南省高级人民法院提出上诉。2017年8月28日云南省高级人民法院认为原审判决认定事实清楚，适用法律正确，判决驳回上诉，维持原判。2017年9月云南盈鼎公司向最高人民法院提交民事再审申请书；2017年12月最高人民法院向中石化云南分公司送达应诉通知书。2018年3月29日，最高人民法院开庭审理。2019年11月11日，最高人民法院作出再审裁定，驳回盈鼎公司的再审申请。

六、结论

我国20世纪80年代以来的经济体制改革的实质，是一个不断向非国有经济主要是民营经济和外资经济开放市场的过程，表现为所有制结构和市场主体的日益多元化、经济运行过程的市场化、法治化和去政治化、去行政化等，石油天然气行业的体制改革也是遵循这样的路径。有学者应用动态博弈方法研究了国有管制行业的市场准入问题。针对国有垄断市场的准入幅度及其开放顺序，设计了两个动态博弈模型并进行了分析和讨论。结果表明：市场准入幅度越大，社会总产出将会不断增加，社会福利水平也将随之提高；在市场开放顺序方面，民营企业、外资企业顺次进入较之两者同时进入，无论是社会总产出还是社会福利水平都会更高。这些结论可为政府政策措施的制定提供一定的理论支撑。[①] 与此同时，石油天然气产业又具有资源约束性、规模经济性、范围经济性、网络经济性等特点。范围经济性意味着，同时生产两种或两种以上的产品是有效率的，而当企业之间的相互依赖度较高时，交易成本会很高，而高交易成本解释了为什么存在范围经济时，通常只有单个企业生产产品。[②] 网络经济性，是指管制行业在提供服务时容易形成网络系统，这种网络系统使一定区域内只存在一家企业就足够了，更多企业的存在会是一种资源的浪费，[③]因此，石油天然气行业的垄断问题是与生俱来的。

---

① 参见孟庆春、杨立春：《动态博弈在国有垄断行业市场准入中的应用》，载《现代管理科学》2009年第12期。

② 参见[美]丹尼斯·W.卡尔顿、杰弗里·M.佩洛夫：《现代产业组织》（第4版），胡汉辉、顾成彦、沈华译，中国人民大学出版社2009年版，第43页。

③ 参见郭丽、河金英、靳智强：《也论中国自然垄断行业的垄断特征与法律规制——与郑鹏程先生商榷》，载《广西政法管理干部学院学报》2004年第1期。

我国石油天然气产业既不是纯粹的自然垄断性产业，也不是纯粹的竞争性产业，在产业的未来发展以及政府对产业进行规制的时候，会采取非自然垄断性领域与自然垄断性领域相分离的政策。对于石油天然气产业上游与下游这些非自然垄断领域，我国应当放松进入壁垒，允许更多的企业进入，以充分发挥市场竞争机制的作用。与此同时，政府仍需要控制进入非自然垄断领域的企业绝对数量，并要求这些企业达到最小经济规模的要求，以避免低水平的过度竞争，进而实现有效竞争。[①] 对于自然垄断性领域，如石油天然气管道输送业务，政府应进行更多的规制来防止企业滥用自然垄断形成的市场力量。而且，随着我国石油天然气行业市场准入制度改革的不断推进，“如果一个方面放松监督，而在另一个方面不加强监督，结果可能是灾难性的”，[②]我国不仅应当加强石油天然气产业的事后监管，而且反垄断执法机构也需要加强对石油天然气行业的垄断行为的执法力度。

---

① 参见杨嵘编著：《石油产业经济学》，西安交通大学出版社2010年版，第175页。

② 崔之元：《“看不见的手”范式的悖论》，经济科学出版社1999年版，第9～10页。

第九章　我国电力行业反垄断执法问题研究

一、引言

根据我国《国民经济行业分类》，电力行业，是指电力生产业和电力供应业，具有公共事业的属性。电力生产业，是指通过电力装置将各种一次能源转化成电能的过程。根据一次能源的类型不同，具体分为火力发电、水力发电、核力发电、风力发电和其他能源发电等。电力供应业，是指利用电网出售给用户电能的输送与分配活动，以及供电局的供电活动。电力产业是我国最为重要的基础产业之一，其运行效率与安全直接关系整个国民经济的顺利发展。

电力行业由于投资巨大、资产专用性强、规模经济特征显著等特点，在发展初期被视为自然垄断行业，采用发、输、配、售纵向一体化的垂直垄断运营模式，并受到政府严格的管制。尽管这种垂直垄断运营模式有利于保障电网规模投入和安全稳定，在电力行业发展初期有着重要意义，但随着技术和经济条件的变化，发电侧的自然垄断程度被逐步弱化甚至消失，售电侧也不再具有垄断经营的价值，传统模式便逐渐暴露出竞争缺乏和激励不足的缺点。[①] 随着经济、管理和技术的发展，鉴于自然垄断产业组织因垄断带来的种种弊端，各国纷纷进行打破垄断和引入竞争的改革，"整个电力工业是自然垄断行业"的传统观念也受到了广泛的挑战。人们认识到，电力行业的发电和售电环节可以率先引入竞争机制，但输电和配电环节在较长时期内仍需要垄断经营，政府虽然应进行严格管制，但管制的方法和手段可以革新。[②] 事实上，电力行业也是我国最早实行放松准入管制，鼓励多种所有制企业进入发电领域，实行政企分离的管制行业，[③]由于我国电力行业具有很高的市场集中度，许多企业在电力行业不同环节都有相当大的市场控制力，这些具有市场控制力的企业本身就已经是一个潜在的实施垄断及限制竞争行为的"危险主体"，随时可能滥用自己的"经济特权"或者从事垄断协议行为等限制竞争行为，[④]因此，我国电力行业反垄断执法问题应当进行深入的研究。

二、我国电力产业的发展历程与电力体制改革

我国电力工业的发展是从国有国营、政府高度统一集中管理

① 参见王敏娜：《从澳大利亚电力监管体系看我国电力监管体制改革方向》，载《华北电力大学学报》（社会科学版）2015 年第 6 期。

② 参见赵会茹、李春杰、李泓泽编著：《电力产业管制与竞争的经济学分析》，中国电力出版社 2007 年版，第 1～2 页。

③ 参见王俊豪、周小梅：《大部制背景下垄断性产业的管制机构改革——以中国电力管制机构改革为例》，载《中国工业经济》2008 年第 7 期。

④ 参见张占江：《电力行业的反垄断法规制研究》，载《华北电力大学学报》（社会科学版）2006 年第 4 期。

的模式下起步，在计划经济体制下，政企合一，电力市场由国家独家经营，没有竞争，电力工业的投资和运营费用由中央政府拨款，营业利润全部上交国家。在此期间，虽然我国管理电力的机构先后经历了燃料工业部、电力工业部、水利电力部，权力分配也经历了中央和地方分权的反复调整，但“政企合一、国有国营”是贯穿始终的重要特点。这种国有国营电力体制的弊端主要是：(1)电力产业纵向、横向一体化所引起的垄断会带来效率损失，特别是由于无法准确把握处在不断变化中的市场需求和生产成本；(2)政企不分的管理体制会导致低效率；(3)电力生产投资主体单一会带来效率损失。[①] 这些弊端使我国电力行业发展严重滞后于整体经济发展，我国长期以来也一直处于比较严重的缺电状况，从而推动了我国电力体制改革的历史进程。

第一，20 世纪八九十年代我国开始进行电力投资体制和管理体制改革。改革开放后，我国开始对计划经济下的电力体制进行改革。从 1981 年开始，我国对原有的基础设施建设投资体制进行改革，试行并逐步推行“拨改贷”政策，实行资金的有偿使用，电力企业的投资也由过去政府无偿拨款改为大部分依靠银行贷款。1985 年 5 月国务院颁发《关于鼓励集资办电和实行多种电价的暂行规定》，提出“政企分开，省为实体，联合电网，统一调度，集资办电”和“因地因网制宜”的方针，出现了中央、地方和社会其他方面集资或独资兴建的独立发电企业。同时，国家对原来不计成本的电价形成机制也进行了改革，对新建电厂适用“还本付息”的电价，对电力投资也起到激励作用。1988 年国家能源投资公司和华能集团公司成立，各省(市、自治区)纷纷成立电力开发公司和能

---

① 参见林卫斌：《网络型产业市场构造与规制——以电力行业为例》，北京大学出版社 2017 年版，第 116 ~ 117 页。

源投资开发公司。我国电力管理体制也在进行改革，1988 年国务院成立能源部作为电力行业的主管部门，1993 年成立新电力部对全国电力行业进行管理，电力部的主要职责是规划、指导、检查、监督、协调、服务以及制定政策法规等。

1995 年我国开始对电力市场实行多家集资办电政策，一大批地方电厂、建设—经营—转让（Build - Operate - Transfer，BOT）等各种形式的合资电厂发展起来，逐步形成了投资主体多元化的格局，这个阶段被称为我国第一轮电力体制改革，改革的出发点是解决电力短缺问题，但并没有把打破独家垄断的电力市场结构作为主要任务。[①] 1995 年我国《电力法》颁布，但由于我国电力市场建设尚未形成，《电力法》对电力市场缺乏相关规定。1997 年我国进行第二轮电力体制改革，改革的主要内容是政企分开，电力企业具有了一定程度的自主权，但还没有完全脱离行政干预，并不属于真正意义上的企业。1998 年电力工业部撤销，并把其行使的主要行政管理职能移交给国家经济贸易委员会，国家发展计划委员会则收回了电力项目审批权和电价定价权，原电力工业部的部分行业管理职能则转交给了中国电力企业联合会。1998 年，国家电力公司成立，接收原电力工业部管理的所有国有资产的经营权，承接原电力部下属的 5 大区域集团公司、7 个省公司和华能、葛洲坝 2 个直属集团。至此，“国家经贸委、国家计委等部门行使行政管电职能，国家电力公司等电力企业自主经营，中国电力企业联合会等行业协会自律服务的我国电力体制框架初步形成”。[②]

20 世纪八九十年代的电力投资体制和管理体制改革促进了我国电力工业的快速发展和电力产业组织的巨大变迁，并为电力

---

① 参见唐昭霞：《中国电力市场结构规制改革研究》，西南财经大学出版社 2011 年版，第 110 页。

② 李虹：《中国电力工业监管体制改革研究》，载《管理现代化》2004 年第 6 期。

体制市场化改革创造了条件，其中，政企分离的改革标志着我国电力体制由计划经济向市场经济迈出了重要一步。

第二，《电力体制改革方案》框架下的电力体制改革为我国电力行业市场化创造了条件。2002 年国务院以打破电力行业垄断、区域垄断为核心，颁布《电力体制改革方案》(国发〔2002〕5 号，以下简称 5 号文)，把电力体制改革的目标确定为“打破垄断、引入竞争、提高效率”，将国家电力公司管理的电力资产按照发电和电网两类业务进行划分，通过“厂网分开、主辅分离、输配分离、竞价上网”等手段逐步构建竞争性的电力市场。2002 年 12 月在国家电力公司拥有的发电资产基础上，发电环节形成中国大唐集团公司、中国国电集团公司、中国华电集团公司、中国华能集团公司及中国电力投资集团公司等 5 家发电公司。这 5 家电力公司与其他发电公司，如国华电力、华润电力、国投电力、长江电力以及深能源、申能源、粤电力等，共同组成了我国的发电产业，形成了具有一定竞争性的发电市场体系。自 2000 年开始的以“厂网分离”为标志的电力体制改革，从国家电力公司中剥离出了电力传输、配电等电网业务，我国输电环节已有国家电网公司下辖的 6 个区域电网和南方电网公司下辖的南方电网，形成了国家、大区、省、地和县的五级电网调度体系。

2003 年国家电力监管委员会成立。2003 年国务院印发《电价改革方案》，国家电力监管委员会制定了《电力市场运营基本规则(试行)》《购售电合同》《并网调度协议》等规范性文件。2004 年我国开始进行直接供电试点改革。直接供电是我国电力市场纵向结构改革的直接突破，是电力发、输、配、售垂直一体化的市场结构被分解的标志之一，可以打破售电环节的垄断。2004 年 4 月国务院电力体制改革工作领导小组印发《电力用户向发电企业直接购电试点暂行办法》以保证该试点工作规范有序地开展。

2005 年 2 月国务院颁布《电力监管条例》。2007 年 4 月国务院颁发《关于“十一五”深化电力体制改革的实施意见》(国办发〔2007〕19 号),要求主辅分离,优化调度方式,输配分开试点,全面电价改革,加快电力市场建设,逐步实现竞价上网。2009 年 6 月国家电力监管委员会、国家发展和改革委员会、国家能源局联合印发《关于完善电力用户与发电企业直接交易试点工作有关问题的通知》(电监市场〔2009〕20 号),分市场准入条件、试点主要内容、计量与结算、有关要求和组织实施 5 个部分进行了具体规定。2011 年 9 月国务院国有资产监督管理委员会、国家发展和改革委员会印发《电网主辅分离改革及电力设计、施工企业一体化重组方案》,由两大电网公司剥离的辅业与 4 家中央电力设计施工企业重组形成中国电力建设集团有限公司、中国能源建设集团有限公司。2012 年 6 月国家电力监管委员会颁布《加强电力监管支持民间资本投资电力的实施意见》,要求加强市场准入监管,支持和引导符合资质条件的不同所有制企业进入电力市场;加强调度和交易监管,保障不同所有制发电企业的合法权益;加强新建机组并网监管,保障民间资本投资的发电机组公平、无歧视接入电网;加强可再生能源发电调度监管,促进全额保障性收购制度在不同所有制发电企业的全面落实;加强电价及电费结算监管,对不同所有制企业实行统一的电价政策;加强电力建设市场监管,促进电力建设市场开放;加快电力市场建设,为不同所有制企业参与竞争创造条件;完善大用户直购电试点的政策措施,积极推进大用户直接交易;积极推动电价改革,促进形成有利于公平竞争的电价机制。2013 年 3 月根据《国务院机构改革和职能转变方案》,国家能源局和国家电力监管委员会的职责进行整合后重新组建国家能源局,由国家发展和改革委员会管理,不再保留国家电力监管委员会。2013 年国务院批转国家发展和改革委员会

《关于2013年深化经济体制改革重点工作的意见》,明确提出要推进大用户直购电和售电侧电力体制改革试点。

5号文框架下的“厂网分开”“主辅分离”等改革举措进一步改变了电力产业的市场结构,为实现电力市场的竞争创造了条件。电力行业破除了独家办电的体制束缚,从根本上改变了指令性计划体制和政企不分、厂网不分等问题,初步形成了电力市场主体多元化竞争格局。在发电方面,组建了多层面、多种所有制、多区域的发电企业;在电网方面,除国家电网和南方电网,组建了内蒙古电网等一些地方电网企业;在辅业方面,组建了中国电建、中国能建两家设计施工一体化的企业。但5号文改革框架确定的市场交易模式是竞价上网,这种市场交易模式使电网企业在电力批发市场上具有买方垄断势力,在零售市场上又具有卖方垄断势力,不是一种有效的市场交易模式,而市场交易模式的偏差是5号文改革框架下电力改革进展不顺利的重要原因之一。[①] 由于市场设计上的缺失,我国电力市场运行机制没有取得突破,而受管理权限的约束,独立的监管机构也难以发挥好监管功能,电力体制改革并没有实现电力市场的有效竞争。

第三,《关于进一步深化电力体制改革的若干意见》框架下的电力体制改革进入新阶段。我国电力行业发展面临一系列亟须通过改革解决的问题,如市场交易机制缺失,资源利用效率不高;价格关系没有理顺,市场化定价机制尚未完全形成;政府职能转变不到位,各类规划协调机制不完善;发展机制不健全,新能源和可再生能源开发利用面临困难;立法修法工作相对滞后,制约电力市场化和健康发展等。因此,中共中央和国务院于2015年3月

---

① 参见林卫斌:《网络型产业市场构造与规制——以电力行业为例》,北京大学出版社2017年版,第144页。

印发了《关于进一步深化电力体制改革的若干意见》(中发〔2015〕9号,以下简称9号文)。我国深化电力体制改革的重点和路径,是在进一步完善政企分开、厂网分开、主辅分开的基础上,按照管住中间、放开两头的体制架构,有序放开输配以外的竞争性环节电价,有序向社会资本放开配售电业务,有序放开公益性和调节性以外的发用电计划;推进交易机构相对独立,规范运行;继续深化对区域电网建设和适合我国国情的输配体制研究;进一步强化政府监管,进一步强化电力统筹规划,进一步强化电力安全高效运行和可靠供应。我国推进电力体制改革的重点任务是:(1)有序推进电价改革,理顺电价形成机制;(2)推进电力交易体制改革,完善市场化交易机制;(3)建立相对独立的电力交易机构,形成公平规范的市场交易平台;(4)推进发用电计划改革,更多发挥市场机制的作用;(5)稳步推进售电侧改革,有序向社会资本放开配售电业务;(6)开放电网公平接入,建立分布式电源发展新机制。

2015年4月24日全国人大审议通过了修改《电力法》的决定,删除了原《电力法》第25条第3款中"供电营业机构持《供电营业许可证》向工商行政管理部门申请领取营业执照,方可营业"的法律规定,①本次修改意味着,更多的售电主体可以进入电力市场,鼓励社会资本投资配电业务,逐步向符合条件的市场主体放开增量配电投资业务,也符合"逐步放开售电侧,构建多元化的售电主体"的新一轮电力改革的思路。2015年11月国家发展和改革委员会与国家能源局等部门发布系列电力体制改革配套文件,即《关于推进输配电价改革的实施意见》《关于推进电力市场建设

---

① 2015年《电力法》的修改,并不是取消了《供电营业许可证》的核准,而只是将工商登记前置审批事项改为后置审批。

的实施意见》《关于电力交易机构组建和规范运行的实施意见》《关于有序放开发用电计划的实施意见》《关于推进售电侧改革的实施意见》《关于加强和规范燃煤自备电厂监督管理的指导意见》等。尤其值得关注的是,《关于推进电力市场建设的实施意见》将电力市场分为中长期市场和现货市场,同时将市场分为分散式和集中式,这完全打破了我国电力市场的交易模式,为各类市场主体参与市场竞争提供条件。2016 年 8 月拥有 7 家参股公司的贵州省贵安新区配售电有限公司正式揭牌成立,其中贵州电网公司占 40%,贵安新区管委会下属投资公司占 30%,社会资本占 30%。[①] 2016 年 9 月 6 日国家发展和改革委员会同意北京、福建、甘肃、黑龙江、海南等 5 省(市)开展电改试点;2016 年 9 月 7 日国家发展和改革委员会同意湖北、四川、辽宁、陕西、安徽、河南、新疆、山东等 8 省(自治区)开展电力体制改革综合试点。2017 年 8 月经报国务院批准,中国国电集团公司与神华集团有限责任公司合并重组为国家能源投资集团有限责任公司。按照新一轮电力体制改革"三开放,一独立"的原则,发电侧放开竞争、售电侧放开竞争,以及电网严格监管、建设交易机构、构建电力市场,都将带来市场化红利。我国新一轮电力体制改革实际上放弃了"竞价上网"的模式而采用了以双边交易为主的模式,没有继续上一轮输配分开的改革举措,而是在输配一体的前提下,培育多元售电主体,同时,通过逐步开放配电业务在增量上进行输配分开,正在打破电力行业的垄断。2018 年 12 月 29 日我国《电力法》第三次修订,将第 25 条第 3 款修改为:"……供电营业区的设立、变更,由供电企业提出申请,电力管理部门依据职责和管理权限,会同同

---

① 参见《电力垄断正被打破 新一轮电改社会资本机遇何在》,载搜狐网:http://www.sohu.com/a/110882499_344985,最后访问日期:2018 年 8 月 26 日。

级有关部门审查批准后,发给《电力业务许可证》。供电营业区设立、变更的具体办法,由国务院电力管理部门制定。”

2019 年 7 月 31 日国家发展和改革委员会办公厅与国家能源局综合司印发了《关于深化电力现货市场建设试点工作的意见》,主要包括 6 部分内容:一是合理设计电力现货市场建设方案,主要明确电力市场模式选择、现货市场组成、现货市场主体范围,并提出要有利于区域电力市场建设。二是统筹协调电力现货市场衔接机制,包括省间交易与省(区、市)现货市场、电力中长期交易与现货市场、电力辅助服务市场与现货市场等多重关系。三是建立健全电力现货市场运营机制,包括用电侧和清洁能源消纳参与现货市场的机制、现货市场价格形成机制、现货市场限价设置等内容。四是强化提升电力现货市场运营能力,在完善运营工作制度、提高组织保障水平、加强电力系统运行管理和健全市场信息披露机制方面提出基本要求。五是规范建设电力现货市场运营平台,对技术支持系统功能建设和运行管理提出要求。六是建立完善电力现货市场配套机制,包括建立与现货市场衔接的用电侧电价调整机制、完善与现货市场配套的输配电价机制、提高电力系统长期供应保障能力、加强电力市场监管和开展现货市场运营绩效评估等内容。① 2019 年 10 月 21 日国家发展和改革委员会印发了《关于深化燃煤发电上网电价形成机制改革的指导意见》,坚持市场化方向,按照“管住中间、放开两头”的体制架构,进一步深化燃煤发电上网电价机制改革,加快构建能够有效反映电力供求变化、与市场化交易机制有机衔接的价格形成机制,为全面有序

---

① 参见国家发展和改革委员会办公厅、国家能源局综合司《印发〈关于深化电力现货市场建设试点工作的意见〉的通知》,载国家发展和改革委员会网:https://www.ndrc.gov.cn/xxgk/zcfb/ghxwj/201908/t20190807_960970.html,最后访问日期:2020 年 2 月 27 日。

放开竞争性环节电力价格,加快确立市场在电力资源配置中的决定性作用和更好发挥政府作用奠定坚实基础。① 2020 年 1 月 19 日国家发展和改革委员会在深入总结第一监管周期输配电价改革实践,积极借鉴国际输配电价监管经验的基础上,修订出台了《省级电网输配电价定价办法》和《区域电网输电价格定价办法》。2020 年 2 月 18 日国家发展和改革委员会与国家能源局印发了《关于推进电力交易机构独立规范运行的实施意见》,进一步深化细化电力交易机构改革相关政策,明确了加快电力交易机构独立规范运行的具体任务要求。② 我国电力体制改革仍在不断推进中。

三、我国电网公司的自然垄断属性与反垄断执法

自然垄断是经济学的一个传统概念。现代自然垄断理论认为,规模经济和范围经济都不是自然垄断的充分条件,成本弱增性(subadditivity)才是自然垄断的本质特征,③并且自然垄断性质不是一成不变的,而是具有变迁性的。目前,关于自然垄断的经济学认识已经超越了单个产品的阶段,在成本弱增性的基础上提

---

① 参见国家发展和改革委员会《关于深化燃煤发电上网电价形成机制改革的指导意见》,载信用中国网:https://www.creditchina.gov.cn/home/zhngcefagui/201910/t20191025_173155.html,最后访问日期:2020 年 2 月 27 日。

② 参见国家发展和改革委员会、国家能源局《印发〈关于推进电力交易机构独立规范运行的实施意见〉的通知》,载国家发展和改革委员会网:https://www.ndrc.gov.cn/xxgk/zcfb/tz/202002/t20200224_1221078.html,最后访问日期:2020 年 2 月 27 日。

③ 自然垄断理论认为:就单一产品的自然垄断性而言,规模经济是自然垄断的充分条件,但不是必要条件,即只要规模经济存在,就具有自然垄断性,但自然垄断不一定必须要求存在规模经济。在规模不经济的情况下,只要成本劣加性存在,就同样存在自然垄断性。就多产品的自然垄断性而言,规模经济既不是自然垄断的充分条件,也不是自然垄断的必要条件。决定自然垄断性的是成本劣加性,而多产品的成本劣加性决定与联合生产的经济性,通常可用范围经济来表示。

出了范围经济理论,即如果有一个企业生产整个行业的产品的成本,比两个或两个以上的企业分别生产该产品的总成本更低,那么这个行业就是自然垄断的。[①]

第一,我国电力行业由发电、输电、配电和售电 4 个环节组成,其中,输配电环节具有自然垄断属性。

发电环节存在的固定资本沉淀性虽然会增加发电市场进入与退出壁垒,但随着资本市场的日益发达,沉淀成本不会成为障碍,因此,发电市场并不具有自然垄断性。售电环节由于不存在电网,没有沉没成本,企业进退比较容易,也几乎不存在任何自然垄断的可能。《关于推进售电侧改革的实施意见》明确指出,电网企业可以参加售电业务,这意味着未来售电领域将出现 3 类不同的公司:以电网企业为投资主体的公司、以社会资本为投资主体的公司、以独立售电公司为投资主体的公司。

输电环节具有极强的自然垄断性。首先,输电网的一次性投资额大但运营成本较小,随着输送电量的增加,单位平均成本在减少。输电网络一旦建成,即使用户不断增加,也不需要进一步投资,从而取得规模经济效益。随着长距离、特高压、跨区输电网的出现,输配环节的规模经济性得到进一步加强,因为扩大电网规模可以使电网覆盖更多的供电区域,从而增加对电网的利用,降低所承担的平均固定成本,取得规模经济效益,也可以更好地获取网络的外部经济效益。其次,输电环节的固定成本具有沉淀性。输电网的建设需要大量的资金投入,要想收回投资,时间周期长,而且输电设备只能用于输电,专用性极强,其在折旧期间不具有其他用途,也几乎不存在退出的可能,所以输电环节的沉淀成本非常大,在一定程度上也增加了输电环节的自然垄断

① 参见于良春:《自然垄断与政府规制》,经济科学出版社 2003 年版,第 6 页。

性。最后,输电环节有比较严格的进入壁垒,如资本壁垒,政策和法律壁垒以及退出壁垒等,这些也会增加输电环节的自然垄断属性。

配电环节具有比较强的自然垄断性。在配电网覆盖范围不变的情况下,用户越多,其分摊的成本就会越少,从而获得一定的规模经济效应,但其规模经济效应只是限定在一定的范围内。配电网是一种区域性电网,它是将高压电力通过变电设备转变为适宜生产和生活使用的电压等级的电压,完成其电力输送的任务,与输电环节相比,规模效应明显降低。配电环节虽然具有固定成本沉没的特点,又是按用电的密度程度自然形成的,但一味扩大配电区域并不能取得规模经济效益,相反,当配电区域过大时甚至会出现不经济的现象。有观点已对配电环节的自然垄断属性提出质疑,美国的实证资料也在一定程度上表明,竞争性建立电力分销业务可以提高生产效率和分配效率,动态地看,配电环节自然垄断的边界有一定的可变性。① 相对输电环节,配电环节具有较弱的自然垄断性,可以实现一定程度的竞争(如区域间的竞争)。

电力行业的发电、售电环节适合多家企业竞争,属于非自然垄断业务领域;输电、配电环节具有自然垄断性,属于自然垄断性业务。我国电力体制改革9号文也明确提出,应该“放开两头,管住中间”,放开输配以外的经营性电价,放开售点和增量配电业务,设置独立的电力交易平台。

第二,我国输配电环节的企业主要是国家电网公司与南方电网公司。国家电网公司成立于2002年12月29日,是经国务院同

① 参见唐昭霞:《中国电力市场结构规制改革研究》,西南财经大学出版社2011年版,第35~37页。

意，进行国家授权投资的机构和国家控股公司的试点单位，连续13年获评中央企业业绩考核A级企业，在世界500强企业中排名第二位，是全球最大的公用事业企业。公司以建设运营电网为核心业务，是关系国民经济命脉和国家能源安全的特大型国有重点骨干企业，承担着保障更安全、更经济、更清洁、可持续的电力供应的基本使命。[①] 自2011年起，国家电网加设了西北分部、华中分部、华东分部、东北分部，开始大刀阔斧地拆分四大区域电网。2011年年底，华北电网有限公司也加设了华北分部。2012年最后一块区域电网——华北电网被分拆为国家电网华北分部和冀北电力公司两部分。随着五大分部注册成为独立法人，加上电力调度资产转移至省市公司，五大区域电网逐渐失去独立市场主体地位，被“空壳化”，国家电网的“全国一张网”工程也进一步得以巩固。南方电网公司则是根据国务院《电力体制改革方案》于2002年12月29日正式挂牌成立并开始运作。南方电网公司属中央管理，由国务院国有资产监督管理委员会履行出资人职责。南方电网公司供电区域为广东、广西、云南、贵州和海南等5个省（自治区），负责投资、建设和经营管理南方区域电网，经营相关的输配电业务，参与投资、建设和经营相关的跨区域输变电和联网工程；从事电力购销业务，负责电力交易与调度；从事国内外投融资业务；自主开展外贸流通经营、国际合作、对外工程承包和对外劳务合作等业务。我国输配电环节主要由国家电网公司与南方电网公司控制，而且两家企业在业务经营上又分别有不同的地域范围，目前没有竞争关系，甚至南方电网可以被视为局域网。因此，电网企业的市场支配地位比较容易被认定。

---

① “公司介绍”，载国家电网网：http://www.sgcc.com.cn/html/sgcc_main/col2017011304/column_2017011304_1.shtml，最后访问日期：2020年2月18日。

我国各地区时差、温差相差很大，电力资源分布严重不均衡。只有全国联网、构造让所有发电企业到网上来竞争的市场平台，统一竞价上网，才能真正实现全国统一大市场、西电东送、北电南调，进而实现资源优化配置以及整个电力行业的有效竞争。我国目前的输电网被分成若干块，彼此互不相连，这导致了我国电力行业电网的不充分垄断与电源的不充分竞争并存的格局。[①] 由于电网企业处于联络供需各方的天然枢纽地位，拥有网络基础设施和大数据资源，是发挥产业引导、消费引导和多维资源整合的最佳平台，在涉及多元利益的资源整合中具有不可替代的优势和作用。例如，电网企业在电力规划、投资、价格、市场准入等方面有较大决策权或影响力，并拥有买卖电的独家经营特许权，这些权利是从原来政企不分的电力部、厂网不分的国家电力公司继承和沿袭下来的，2002 年以来的电力体制改革，并未削弱电网这方面的权力，相反，随着电网规模扩大、跨省区输电增加以及提升电力系统安全等需要，加上政府有关政策、管理缺失和监管不到位等问题，电网的权利不仅没有被削弱，反而还有所强化。目前，电网企业维系垄断的主要手段是电力调度权，电力调度权包括指挥、规划、配置、准入、交易、信息、技术等 7 项职能，电网企业通过下属电力调度机构行使相应职权，在电力行业和市场中具有举足轻重的影响力，应将由政府行使的电网规划、标准、并网准入等行政权上收，避免出现政策缺位和管理“真空”，使电网回归到企业的本来角色，不再承担行政职能。[②] 因此，我国对电网企业的定位改革是整个电力体制改革的重点之一。

---

① 参见张占江：《电力行业的反垄断法规制研究》，载《华北电力大学学报》（社会科学版）2006 年第 4 期。

② 参见何勇健：《打破电力体制改革僵局的几点思考——兼论消除电网垄断权力的路径选择》，载《价格理论与实践》2012 年第 5 期。

在 9 号文框架下的新一轮电力体制改革中，“管住中间，放开两头”是改革的基本框架，其中，“管住中间”就是指具有自然垄断属性的输配电环节。基于能源管网输送企业的自然垄断性和公用性，德国在《能源经济法》中规定了能源管网输送企业的义务：一是提供网络接口的义务。德国《能源经济法》第 17 条第 1 款规定：能源供应企业应当以内部供应或向关联企业在同等情况下供应能源的技术和经济标准，向最终用户、同级的或次级的电力供应和燃气供应管网以及能源生产和储存设施提供网络接口；二是能源供应管网的开放义务。第 20 条第 1 款规定：能源供应管网的运营企业应依据客观实际的标准，无歧视地向所有人开放网络，并在互联网上公布接入能源供应管网的条件和资费标准。我国《关于推进售电侧改革的实施意见》也规定，电网企业对供电营业区内的各类用户提供电力普遍服务，保障基本供电；保障电网公平无歧视开放，向市场主体提供输配电服务。我国《售电公司准入与退出管理办法》第 16 条规定，拥有配电网运营权的售电公司按国家有关规定和合同约定承担普遍服务。《有序放开配电网业务管理办法》第 23 条规定，配电网运营者须履行“无歧视开放电网，公平提供电源(用户)接入等普遍服务”。

我国电力体制改革将改变电网企业集电力输送、电力统购统销、调度交易为一体的状况，电网企业不再以上网和销售电价价差作为主要收入来源，而是按照政府核定的输配电价收取过网费。2017 年颁布的《省级电网输配电价定价办法(试行)》是我国历史上第一个针对超大网络型自然垄断电网行业的定价办法，意味着我国对电网企业的监管进入了制度化监管的新阶段。自 2002 年电力体制改革以来，国家电网公司、南方电网公司均已成为规模巨大的电网企业，需要防范电网企业利用垄断地位损害发电企业和电力用户的合法权益。该办法的出台，加上此前已颁布的《输配电定价成本监审办法》,标志着我国已初步建立起科学、规范、透明的电网输配电价监管框架体系,将建立独立的输配电价体系。

第三,电网企业的行为会成为我国电力行业反垄断执法关注的重点。有学者认为,我国目前输电和配电网络不分,配电端垄断,用户对所需电力服务无选择权,输电和配电环节之间存在大量的交叉补贴;同时,配电部门拥有自己的发电企业,又承担着将独立发电厂通过输电网络传输的电能卖给用户的职能,这样的利益冲突,极易导致其利用自身的垄断特点,帮助自己的发电企业获得更多的交易机会,[①]电网企业的行为会受到电力监管机关和反垄断执法机构的双重关注。2017 年 3 月国家发展和改革委员会价格监督检查与反垄断局发布了《关于开展全国电力价格专项检查的通知》(发改价监〔2017〕548 号),检查范围为各电网公司、发电企业,地方政府及有关部门。检查的重点工作包括:在销售电价、输配电价方面,地方政府及有关部门是否越权出台有关电价政策,或违反政府定价目录权限制定电价政策,继续实施未列入定价目录的电价政策;电网企业是否存在擅自提高国家规定的销售电价和输配电价,或采取改变用电类别、价外加价等方式,变相提高销售电价的行为;电网企业是否存在提高标准或超范围收取基金、附加费等,变相提高销售电价的行为;电网企业执行农村各类用电价格,特别是农业排灌用电、农产品初加工用电、农村安全饮用水工程用电价格等,是否存在不执行国家规定价格的行为;是否存在农网改造完成后仍不执行同网同价,以及价外收费的行为;电网企业及其关联单位在电力

---

① 参见张占江:《电力行业的反垄断法规制研究》,载《华北电力大学学报》(社会科学版)2006 年第 4 期。

工程建设安装过程中，是否存在不按规定提供服务或者只收费不服务、少服务的，以及改变收费主体或形式，变相收取国家已取消收费项目的行为；电网企业及其关联单位是否存在未经有定价权的价格主管部门批准，自立名目，擅自向用户收取管理费、服务费等；转嫁经营成本，将应属电网企业的正常运营维护成本，由电力用户负担的行为。

当电网企业比较容易将市场优势渗透至上、下游产业（发电公司和售电公司、用户）时，便有机会从事滥用市场支配地位，从事排除或限制竞争的行为。我国电力行业反垄断执法关注的行为包括：(1)没有正当理由，限定交易相对人只能与其进行交易或者只能与其指定的经营者进行交易。在用户申请用电时，电网企业为了某种利益追求或利益牵连，直接或通过非正当渠道为电力用户指定电力工程的设计和施工单位，使电力用户不能通过市场的竞争择优选择自己中意的设计施工方。(2)没有正当理由搭售商品，或者在交易时附加其他不合理的交易条件。例如，在电网改造过程中，电网企业向电力用户推销其公司或特定厂家的用电装置及采取统一招标方式将电表购回再要求电力用户购买等。(3)没有正当理由，对条件相同的交易相对人在交易价格等交易条件上实行差别待遇。电网企业因种种原因对同类性质的用电执行不同的电价或对不同性质的用电人执行相同的电价，以及给城乡提供不同质量的供电服务、执行不同的电价等。[①] (4)其他排除、限制竞争行为。随着我国电力体制改革中"直购电"试点工作的开展，用户可以从发电企业直接购买电力，致使电网企业作为电力单一购买者的地位发生了变化，其独家交易权受到了挑战，

---

① 参见杨军、栗侠：《〈反垄断法〉对电网企业的影响探析》，载《陕西电力》2009年第2期。

电网企业可能利用独家拥有的电网传输设施从事限制竞争对手的行为。

四、我国电力行业协会的双重性与反垄断执法

行业协会,一般是指由同业经济组织和个人组成,实行行业服务和自律管理,在县级以上人民政府社团登记管理机关依法登记的社团法人。行业协会是我国经济建设和社会发展的重要力量,随着我国经济体制改革的不断深化,行业协会对经济活动的参与度和影响力越来越高。

第一,我国电力行业协会最典型的代表是中国电力企业联合会。中国电力企业联合会于1988年由国务院批准成立,是全国电力行业企事业单位的联合组织、非营利的社会团体法人,至今已历经六届理事会。在第一届、第二届理事会期间,中国电力企业联合会作为国家事业单位先后由能源部和电力部归口管理,其主要任务是为电力企事业单位提供服务,并协助能源部和电力部加强行业管理。1998年以后,中国电力企业联合会转为在国家民政部登记注册的社会团体法人,是以全国电力企事业单位和电力行业性组织为主体,包括电力相关行业具有代表性的企业、行业组织自愿参加的、自律性的全国性行业协会组织。2015年12月中国电力企业联合会第六届理事会成立,国家电网公司为理事长单位,15个大型电力企业集团和华北电力大学为副理事长单位,直接管理和代管12个全国性专业协会,基本形成了功能齐全、分工协作、优势互补、规范有序、覆盖全行业的服务网络。20多年来,中国电力企业联合会以服务为宗旨,面向企业、行业、政府和社会,在为会员服务、代表会员利益、反映会员诉求、依法维护会员权益,根据行业约规实施行业自律管理等方面做了大量工作,发挥了桥梁纽带作用,成为在国内外具有

较大影响的行业组织。[1] 中国电力企业联合会的主要职责是：(1)深入开展行业调查研究，提出对电力行业改革与发展的政策和立法建议，参与制定电力行业发展规划、产业政策、行业准入条件和体制改革工作。(2)制定并监督执行行业约规，建立行业自律机制，推动诚信建设、规范会员行为、协调会员关系、维护行业秩序。(3)反映会员和行业企业的诉求，开展法律服务，维护会员和行业企业的合法权益。(4)参加政府部门组织的有关听证会。(5)组织开展行业环保、资源节约和应对气候变化等相关工作。(6)组织开展行业的特有职业技能鉴定、职业教育培训规范及基地评估工作。(7)组织和参与行业产品、资质认证，科技成果的评审与新技术和新产品的鉴定与推广；组织开展企业现代化管理研究，负责企业管理成果的评审与推广应用工作；开展政策、法律、管理、技术、工程、信息等有关咨询服务。(8)开展国际交流、合作与智力引进，组织国内企业联合开拓国外市场，联系相关国际组织，参与协调对外贸易争议。(9)根据主管单位授权，接受政府部门和有关机构委托，负责行业统计，收集、综合、分析和发布行业信息，开展行业普法教育，开展电力标准化及电力建设定额制修订，负责行业可靠性管理等工作；完成主管单位交办的相关工作。(10)受委托代管行业有关学协会组织；指导电力行业协会的发展建设等。[2]

中国电力企业联合会负责监督电力行业执行标准的制定和电力行业的自律机制的运行，对电力企业的服务质量和电力市场的公平竞争实施有效管理，其监管协调职能的发挥能为中国电力

① “中国电力企业联合会简介”，载中国电力企业联合会网：http://www.cec.org.cn/zdljj.html，最后访问日期：2017年8月28日。

② “主要职能”，载中国电力企业联合会网：http://www.cec.org.cn/zyzn.html，最后访问日期：2017年8月28日。

监管体制的良好运行提供重要保障,也将政府管理部门、电力监管机构和电力企业三者联系起来,形成"政府宏观调控、监管机构依法监管、企业自主经营、行业协会自律服务"的新型政企关系模式,保证电力管理系统的有效运转。①

第二,反垄断法视野中的行业协会具有双重性。行业协会既可能促进竞争,又可能限制竞争。行业协会对竞争的促进主要是通过服务、协调、自律功能来实现的。例如,行业协会服务功能中的信息交换、研究开发、举办展览、提供教育和培训服务等功能的发挥都在某种程度上提高了会员企业的市场竞争力;行业协会的协调功能有利于避免竞争者之间恶性竞争的发展和蔓延,保护有序的竞争秩序,也有利于政府的竞争政策、法规的制定和执行;行业协会自律功能对竞争的促进主要通过行业协会制定和执行竞争规则来实施。② 但与此同时,从行业协会诞生的那一刻起,行业协会的体内就潜伏着限制竞争的本能冲动,一旦条件成熟,行业协会限制竞争的冲动就会转化为现实。例如,行业协会为了实现会员企业利益的最大化可能倡导会员企业从事所谓的行业"自律"行为,希望会员企业之间不要自相残杀,进行激烈的竞争,最好能签订价格同盟等协议,行业协会从事的这些行为实际上是损害、限制竞争的行为,而这些使竞争无法正常进行的行为正是反垄断法所要制约的对象。再如,由于行业协会的行为天然地接近联合行为,其必然内在地隐含着限制竞争的可能性。在实践中,行业协会常常对协会成员实行业务统一管理和不自觉地排斥非协会成员的经济活动,尤其在行业协会所在行业处于激烈的市场

① 参见曹丽媛、贺运政:《中国电力监管体制改革的过去、现在与未来》,载《华北电力大学学报》(社会科学版)2017 年第 2 期。

② 参见叶明:《行业协会限制竞争行为的反垄断法规制》,法律出版社 2010 年版,第 27 页。

竞争的时候,就很容易把天然的协调能力转化为共谋的能力,组织协会成员实施限制竞争行为。①

基于行业协会的行为可以起到限制竞争的作用,各国反垄断法均把行业协会等联合组织视为受其规范的行为主体。近年来,行业协会通过制定行业标准、价格计算公式、公布行业指导价或者基准价、交换敏感价格信息等,引导行业内经营者达成价格垄断协议的情况快速增多。行业协会的这些行为,表面上披着行业自律的合法外衣,实际上则是以更为间接和隐蔽的方式,引导、组织经营者达成价格垄断协议,对经营者的定价自主权乃至整个市场竞争秩序的破坏极大。我国在价格改革的时代背景下,放开由市场定价的商品和服务越来越多,在一些竞争不充分或者准入门槛较高的行业,行业协会也往往通过发布行业指导价、基准价等形式,引导、控制行业整体价格水平,把鼓励、引导行业内经营者达成价格垄断协议作为价格自律的主要形式,一些行业协会组织限产保价,客观上保护了落后产能,这些都必然会引起反垄断执法的关注,电力行业也不例外。

第三,《行业协会价格行为指南》的颁布实施会推动我国电力行业反垄断执法工作。我国《反垄断法》第16条规定:"行业协会不得组织本行业的经营者从事本章禁止的垄断行为",但并未对行业协会组织经营者达成垄断协议的具体表现形式作出规定。2017年7月20日为进一步引导、规范行业协会的价格行为,促使行业协会在我国经济转型升级的过程中发挥更好、更大的作用,确保行业协会健康长远发展,国家发展和改革委员会发布了《行业协会价格行为指南》。该指南的发布,为行业协会提供了具体

① 参见孟雁北:《反垄断法视野中的行业协会》,载《云南大学学报法学版》2004年第3期。

的、可操作的价格行为法律引导，也为反垄断执法提供了重要指引。

行业协会可以在促进市场竞争中发挥作用。在维护行业和行业内经营者的合法权益过程中，行业协会从事以下行为，一般不会有法律风险或风险较小，并且对于促进市场公平竞争、维护行业利益有积极作用：(1)向政府价格主管部门反映行政机关、法律法规授权的具有管理公共事务职能的组织或者其他经营者侵害会员自主定价权的行为；(2)向省级以上政府价格主管部门举报行业上、下游经营者或者同行业其他经营者达成价格垄断协议、滥用市场支配地位等行为；(3)向省级以上政府价格主管部门反映行政机关滥用行政权力排除、限制竞争的行为；(4)拒绝行政机关要求行业协会实施垄断协议行为的指示，并将上述情况向省级以上价格主管部门报告；(5)在价格监督检查和反垄断执法过程中，在会员向政府价格主管部门陈述、申辩时，依法向会员提供帮助；(6)提示会员不得利用行业协会作为平台，相互之间交换价格、成本信息或者协调价格政策；(7)在组织会员活动的过程中若发现会员之间相互商讨价格、交流价格信息，及时予以制止；(8)对会员违反价格、反垄断法律法规规定的行为，采取告诫、行业内通报、公开谴责等手段予以制止。

行业协会也可能从事限制市场竞争的行为。行业协会发布价格信息，容易引导行业内经营者之间达成价格垄断协议，存在很大法律风险。相比发布历史的、行业综合性的、公开收集到的价格信息，发布现行的或者将来的价格信息，发布某一经营者、某一产品的价格信息，发布经营者难以收集的价格信息，导致行业内经营者达成价格垄断协议的法律风险更大。具体表现为：(1)行业内生产经营成本越稳定，行业集中度越高，越可能受到行业内经营者近期发生的成本、价格信息的影响。行业协会发布行业内经营者近期发生的生产成本、销售报价、成交价格等价格信息，容易引发价格垄断协议的达成。(2)行业协会发布市场份额较大的企业将要执行的价格，容易引发价格垄断协议的达成。(3)行业的生产经营与上下游联系越紧密，行业内经营者越容易对上下游成本、价格波动采取一致性的应对措施。行业协会发布上下游成本、价格的变化信息，越容易引发价格垄断协议的达成。(4)行业协会掌握的行业管理权限越大，收集和处理行业内经营数据越全面，发布的价格、成本变化趋势分析越具体，对会员的影响和管控能力越强，其所发布的价格趋势分析越容易引发价格垄断协议的达成。

除法律、行政法规另有规定的外，行业协会从事以下价格行为，具有明显的排除、限制竞争效果，法律风险极高：(1)组织本行业的经营者达成价格垄断协议；(2)组织交换会员之间的价格信息，将价格信息在会员或者行业内其他经营者之间相互通报；(3)通过统一优惠条件或者期限的方式，组织本行业的经营者达成价格垄断协议；(4)发布行业内指导价、基准价、参考价、推荐价等具有引导性的价格；(5)以公布价格计算公式的方式对成本构成、利润率等因素予以限定；(6)制定具有排除、限制价格竞争的规则、决定、通知、标准等；(7)通过行业内惩戒机制，保证或者促进经营者实施价格垄断协议。

我国电力行业协会还可以借鉴其他行业协会的经验，制定本行业的指南。例如，2017 年 9 月 26 日中国水泥协会印发《中国水泥行业市场价格协会行为自律指南(试行)》，要求水泥协会应依法引导水泥企业正确行使自主定价权，积极推动行业价格诚信建设，指导水泥企业建立健全内部价格管理制度，引导水泥企业规范价格行为。水泥协会可以为水泥企业提供从公开渠道收集的，本行业历史的、公开的价格信息，可以为水泥企业提供成本变动信息和分析预测；但严禁传递经营者当前和计划中的价格信息，严禁在经营者之间交叉传递价格信息。该指南特别强调，水泥协会不得组织水泥企业相互串通，操纵市场价格；制定排除、限制价格竞争的规则、决定、通知等。

五、我国电力行业反垄断执法重点关注的行为

电力行业是一个复合性市场，既有竞争经营的部分，也有垄断经营的部分，但无论是在可竞争的发电、售电环节还是在垄断经营的输配电环节，限制竞争行为都可能会存在，电力行业反垄断执法不会豁免电力行业的任何一个环节，任何一个主体。2017年6月7日南方能源监管局、广东省发展和改革委员会就联合下发了《关于建立广东电力市场反垄断联合执法工作机制的通知》，该通知指出：参与广东电力市场交易的市场主体应严格遵守市场交易规则，加强自律，不得达成实施价格垄断协议、操纵市场交易价格；不得滥用市场支配地位损害其他市场主体的合法利益。

第一，我国电力行业反垄断执法禁止行政主体滥用行政权力排除、限制竞争行为。例如，国家发展和改革委员会收到举报，全国共有12个省（自治区、直辖市）政府部门出台指定供电企业，统一建设新建居民住宅小区供配电设施并统一收费（以下简称“统一收费、统一建设”），涉嫌滥用行政权力，排除限制竞争。国家发展和改革委员会在听取了有关部门、供电企业、房地产企业和住宅业主意见的基础上，督促相关地方对照我国《反垄断法》，清理纠正排除限制竞争的规定和做法。2016年6月30日重庆市人民政府办公厅明确停止执行《重庆市新建居民住宅小区供配电设施建设管理办法（试行）》。2016年11月7日贵州省发展和改革委员会明确暂停执行新建住宅区供配电设施建设费收费标准。2013年9月1日山西省物价局明确表示《关于新建住宅小区供电设施工程费（试行）的批复》试行1年期满，停止实施。2016年1

月 12 日辽宁省物价局发布《关于完善新建住宅供电工程建设收费的通知》,删除了“统一收费、统一建设”的内容。2016 年 8 月 15 日吉林省物价局发布《关于完善向新建住宅小区收取电力配套设施工程费的通知》,删除统一建设规定。河北等省废止相关文件。2016 年 1 月 15 日河北省物价局和住房和城乡建设厅废止原《河北省设区市市区新建住宅小区电力设施建设费管理暂行办法》。2016 年 6 月 7 日黑龙江物价监督管理局废止原《黑龙江省新建住宅供电设施工程收费管理办法》。2016 年 6 月 28 日甘肃省发展和改革委员会废止原《关于新建居民住宅供配电工程建设暂行收费标准的通知》。2016 年 11 月 16 日江西省发展和改革委员会决定自 12 月 1 日起,放开新建住宅供配电设施建设收费标准,由项目建设单位与供配电设施施工企业协商确定。2016 年 12 月 16 日天津市发展和改革委员会决定自 2017 年 3 月 1 日起,对新建住宅电力工程建设费实行市场调节,房地产开发企业可自主选择电力设施建设企业,费用标准由双方协商确定。① 2017 年 1 月 23 日广西壮族自治区人民政府废止《广西壮族自治区新建住宅小区供配电设施建设维护管理办法》。2017 年 1 月 24 日青海省发展和改革委员会决定停止执行现行配套费政策,废止《青海省城市新建房屋供配电工程配套费管理暂行办法》,暂停向房屋开发建设单位收取供配电工程配套费。②

我国反垄断执法不仅禁止行政垄断行为,而且也通过积极推

① 参见《“新居配”中排除限制竞争的行为得以纠正》,载国家发展和改革委员会网:http://jjs.ndrc.gov.cn/gzdt/201612/t20161229_833273.html,最后访问日期:2017 年 8 月 27 日。

② 参见《广西、青海纠正新居配中排除限制竞争行为》,载国家发展和改革委员会网:http://jjs.ndrc.gov.cn/gzdt/201702/t20170204_837230.html,最后访问日期:2017 年 8 月 27 日。

进公平竞争审查制度的实施来预防行政垄断行为的产生。2017年7月3日国家发展和改革委员会、财政部、商务部、国家工商行政管理总局会同有关部门研究制定了《推进落实公平竞争审查制度2017年工作重点》，要求各政府部门在2017年按照“谁制定、谁清理”的原则，结合清理范围和清理重点，对现行政策措施进行系统梳理，废除或者调整妨碍全国统一市场和公平竞争的规定和做法。我国电力主管机关也应当根据国务院《关于在市场体系建设中建立公平竞争审查制度的意见》（国发〔2016〕34号）对现有的管理电力市场的政策措施进行公平竞争审查，并根据《公平竞争审查制度实施细则（暂行）》要求，建立健全内部审查机制，严格履行审查程序，切实做好2017年以来新制定政策措施的公平竞争审查工作，防止出台排除、限制竞争的政策措施。

第二，我国电力行业反垄断执法禁止垄断协议行为。电力行业的发电企业为了避免“价格战”，在日复一日重复报价的过程中可能有意愿形成一种合谋。我国经重组以后的电力行业，仍然承袭了原国有电力部门的许多特点，发电企业之间经营情况相似，成本信息互相了解，这就为发电企业达成默契合谋提供了方便。例如，发电侧电力市场中默契合谋的表现形式，可以是多个发电企业“默契”持留容量或者“不约而同”地报出高价格，人为地造成电力供应紧张、电价飞升等诸多危害。①

2016年1月29日全国“12358”价格监管平台和山西省政府有关部门接到举报，反映山西省电力行业协会组织部分火电企业召开大用户直供座谈会，签署《山西省火电企业防止恶意竞争保障行业健康可持续发展公约》，涉嫌非法垄断直供电价格。经调

---

① 参见李美娟：《刍议发电侧电力市场的默契合谋与规制》，载《现代财经》2010年第7期。

查发现,2016 年 1 月 14 日下午,山西省电力行业协会召集大唐、国电、华能、华电等 4 家央企发电集团山西公司,漳泽电力、格盟能源、晋能电力、西山煤电等 4 家省属发电集团,以及 15 家发电厂,在太原市召开火电企业大用户直供座谈会,共同协商直供电交易价格,签订公约,并确定 2016 年山西省第二批大用户直供电报价,较上网标杆电价让利幅度不超过 0.02 元/千瓦时,最低交易报价为 0.30 元/千瓦时。经对销售数据进行核实,各涉案企业实施了直供电价格垄断协议。价格主管部门依法开展反垄断调查后,涉案企业按照法律要求及时进行了整改,由买卖双方根据市场情况公平确定直供电交易价格。山西省电力行业协会组织 23 家火电企业通过垄断协议控制直供电交易价格的行为,违反了我国《反垄断法》规定,违背了国家电力改革中引入竞争、鼓励大型工业用户向发电企业直接购电、交易双方协商定价的原则,不利于通过市场化、法治化的手段有效推进火电行业供给侧结构性改革,排除、限制了直供电市场的公平竞争,增加了下游实体企业的用电负担,损害了消费者利益。2017 年 8 月国家发展和改革委员会指导山西省发展和改革委员会依法作出处理决定,对达成垄断协议发挥组织作用的山西省电力行业协会,依法从重处罚,罚款 50 万元;对参与达成并实施垄断协议、积极配合调查、认真整改的涉案企业处上年度相关销售额 1% 的罚款,对 23 家涉案企业合计罚款人民币 7288 万元。对山西电力行业的反垄断执法维护了电力市场公平竞争,保障了电力体制改革深入推进,也反映了行业协会对行业自律的理解不到位,把鼓励、引导经营者达成价格垄断协议,作为价格自律的主要形式,组织企业联合起来限价保价,客观上保护了落后产能,各行业协会应引以为戒。

第三,我国电力行业反垄断执法禁止滥用市场支配地位行为。目前,我国电力行业输配电环节主要由国家电网公司和南方电网公司两家企业垄断经营，输电和配电网络不分，用户对所需电力服务无选择权，输电和配电环节之间存在大量的交叉补贴。同时，配电部门拥有自己的发电企业，又承担着将独立发电厂通过输电网络传输的电能卖给用户的职能，这样的利益冲突极易导致其利用自身的垄断特点帮助自己的发电企业获得更多的交易机会。[①] 因此，在我国电力行业具有市场支配地位的企业，很可能会从事限定交易行为、附加不合理交易条件行为、搭售行为、差别待遇行为等排除、限制竞争行为。

2008 年以来，江苏省电力公司海安县供电公司在企业申请高压用电、签订供电合同时，以口头告知或者发放书面工作单的形式，要求企业缴纳最低限额的预付电费，并将其作为供电公司供电的前提条件，即要求企业“准备一定数量的预付电费”，预付电费的限额为“变压器容量 ×144”元，企业办理用电手续须“带好预付电费进帐回单”。如不按供电公司要求支付“预付电费”，即便企业用电设施全部安装到位，供电公司亦不予供电。在企业用电后，电费不是从其“预付电费”中扣除，而是另行缴纳。2010 年供电公司通过电子邮件下发考核标准，要求所属营业所消灭“预付电费”空白，“预付电费”预收率要达到 100% ~105%，“对不续缴购电款的用电人坚决由负控断电”。经国家工商行政管理总局授权，江苏省工商行政管理局于 2013 年 8 月 19 日对江苏省电力公司海安县供电公司涉嫌滥用市场支配地位实施差别待遇的垄断行为进行立案调查。2014 年 8 月 19 日江苏省电力公司海安县供电公司按照法律规定，向江苏省工商行政管理局提交了《中止调查申请书》，提出了具体整改措施：一是在营业场所和网站公开办

① 参见马瑞：《浅析电力行业垄断力滥用——以〈中华人民共和国反垄断法〉为视角》，载《中国证券期货》2012 年第 1 期。

电流程,履行普遍供电义务,不再附加不合理的交易条件。二是对已收预付电费进行全面清理,与相关客户协商签订新的电费结算协议。三是在电力销售中,提供后付费一次性结算、后付费分次结算、负控预购电、电卡表预购电、分次结算等多种电费结算方式,供用户选择。2014 年 9 月 5 日江苏省工商行政管理局对本案作出中止调查决定。因供电公司在规定的时限内履行了整改承诺,未出现法律所规定的恢复调查情形,江苏省工商行政管理局依据我国《反垄断法》及《工商行政管理机关查处垄断协议、滥用市场支配地位案件程序规定》有关规定,于 2016 年 8 月 19 日对本案作出终止调查决定。

作为山东省烟台市牟平区唯一一家供电经营企业,2012 年 9 月至 2014 年 9 月,国网山东省电力公司烟台市牟平区供电公司在组织建设新建住宅小区供配电工程时,将 9 家新建住宅小区临时用电工程交由其关联企业——山东恒源电力有限公司进行施工。经国家工商行政管理总局授权,山东省工商行政管理局于 2014 年 9 月 18 日对国网山东省电力公司烟台市牟平区供电公司涉嫌滥用市场支配地位的垄断行为进行立案调查。2016 年 6 月 2 日牟平区供电公司向山东省工商行政管理局提交了《国网山东省电力公司烟台市牟平区供电公司中止调查申请书》,并承诺采取整改措施。2016 年 12 月 26 日山东省工商行政管理局对该案作出中止调查决定。牟平区供电公司履行承诺情况如下:一是规范配套费项目工程管理流程。自 2016 年 1 月起,重新梳理项目管理流程,根据《山东省物业管理条例》的有关规定,将所有项目统一纳入山东省电力公司招标管理平台,实施配套费工程设计、施工、物料、监理的公开招标。二是依法依规开展业务,严格工程标准。在配套费收费标准不变的基础上,增加项目负荷容量、提高工程物料标准,保障项目后期的不同阶段、不同设施的用电需求。三是提升服务质量和服务水平。发起用电业务线上办理流程,提高办电效率。制定了供电服务“十不发生”工作要求及10项防控措施,促进公司集体企业公平参与市场竞争,杜绝“三指定”行为。四是加强学法用法。多次有针对性地组织公司各层经营管理人员参加我国《反垄断法》《反不正当竞争法》等法律法规知识培训,把依法决策、依法经营、依法管理的成效作为考核公司经营管理人员的主要内容。因牟平区供电公司在规定的时限内履行了整改承诺,未出现法律所规定的恢复调查情形,山东省工商行政管理局依据我国《反垄断法》及《工商行政管理机关查处垄断协议、滥用市场支配地位案件程序规定》有关规定,于2017年6月30日对本案作出终止调查决定。

六、结论

我国电力行业以输配电网络为基础的产业经济属性,决定了电力行业并存着竞争与垄断;社会公用事业的政治属性,决定了电力行业必须同时注重效率与公平;电力运行高度协调统一的技术属性,决定了在电力行业中安全风险与竞争风险并存,[①]因此,我国电力体制改革是一项系统性工程,需要有序、有效、稳妥推进。新的电力体制改革致力于引进市场机制,形成多买多卖的市场竞争格局,建设成熟的电力市场,以此使市场在资源配置中起决定性作用。[②] 尤其是要推动电力行业的发电侧和售电侧开展有效竞争,培育独立的市场主体,着力构建主体多元、竞争有序的电力交易格局,形成适应市场要求的电价机制,激发企业内在活力,使市场在资源配置中起决定性作用。随着电力市场结构改革的

---

① 参见唐敏:《电力行业竞争法律机制研究》,法律出版社2013年版,第2页。

② 参见王伟:《新电改下中国电力监管体制改革路径》,载《中共中央党校学报》2016年第5期。

初步完成,需要引入具有竞争性的发售电环节的经济性监管,加强具有自然垄断性的输配电环节的网络接入监管、价格监管以及安全、环保等非经济性内容的社会监管。

电力行业不是整个行业都具有自然垄断性,不同的产业环节反垄断执法遇到的问题是不同的。在我国电力行业不断推进市场化改革的过程中,竞争性的发电、售电环节会引发是否存在垄断协议行为、滥用市场支配地位行为的反垄断执法关注;自然垄断性的输电配电环节会引发是否存在滥用市场支配地位行为的反垄断执法关注;动态改革过程中的电力管制行为会引发是否存在滥用行政权力,排除限制竞争的反垄断执法关注。

第十章　我国盐业反垄断执法问题研究

一、引言

我国盐的生产已有五六千年的历史，早在神农氏时代"夙沙煮海为盐"就揭开了我国盐业的序幕，随后湖盐和井盐的相继出现，使盐业经济不断发展并成为国家财政的重要支柱。进入现代社会以后，盐的经济价值被逐渐开发，从世界范围来看，盐的主要用途为化工业原料，其中烧碱和纯碱工业用盐占总产盐量的58.5%，除冰盐占总产盐量的14%，食盐占总产盐量的17.5%，其他包括农牧渔盐和水处理用盐占10%左右。[①] 盐作为一种重要的工业原料与铁、石油、石灰石、硫黄称为五大工业原料。

我国现有的盐品主要有食用盐、工业

---

① 参见符颖、王先林：《反垄断法对食盐专营的豁免与适用》，载《湘潭大学学报》（哲学社会科学版）2012年第6期。

用盐和畜牧用盐等。食用盐为直接食用和制作食品用盐,包括食盐、食用多品种盐、食品工业用盐等,一般质白,水分极少,用手揉捏时不会有凝结感,在生产环节适用的是食用盐国家标准(《GB 2721—2015 食品安全国家标准食用盐》),对食品防护、有害物质的监测比较严格,对人体是安全的,成本较高,售价高于工业用盐,销售对象为居民和食品生产企业。工业用盐主要用于氯碱、纯碱工业,皮革加工、印染、水处理等,包括功能性多品种盐、两碱工业用盐等,色泽灰暗,外形多为颗粒状,水分含量大,生产环节适用的是工业盐国家标准(《工业盐 GB/T5462—2015》),比较粗放,含有对人体有害的物质,成本较低,售价也低,销售对象为"两碱"等工业企业,不进入食用盐零售市场。畜牧用盐是供牲畜和禽类食用的,其是以食用盐为载体,又在食用盐里面添加一些畜禽需要的微量元素而作成的专门供给牲畜食用的盐,也不进入食用盐零售市场。①

无论从商品的特性、用途、质量标准,还是销售对象、外观、价格等方面来看,食用盐与工业用盐、畜牧用盐都有着很大的差别,不具有可替代性,我国目前对食盐实行专营,对工业盐等实行市场放开的盐业管理体制,且盐业管理体制也在进行改革,盐业相关立法正在修订。在这样的时代背景下,反垄断执法机构如何准确地实施我国《反垄断法》值得进行深入的研究。

二、我国盐业的发展历程与立法沿革

1949 年我国盐业管理体制进入全新的历史阶段,随后经历了产税统管、产销分管(1950 ~ 1953 年),产、运、销、税统管(1954 ~

---

① 参见《竞争执法公告 2016 年第 7 号内蒙古赤峰市盐业公司滥用市场支配地位行为处罚决定》,载国家工商行政管理总局网:http://www.saic.gov.cn/fldyfbzdjz/jzzfgg/201703/t20170309_232286.html,最后访问日期:2017 年 8 月 14 日。

1957 年),产、运、销、税分管(1958 ~ 1963 年),试办盐业托拉斯(1964 ~ 1965 年),产、运、销严重脱节(1966 ~ 1979 年),试办中国盐业总公司(1980 ~ 1987 年),成立中国盐业协会(1988 ~ 1993 年),确立市场经济条件下的食盐专营体制(1994 年至今)等发展阶段。①

第一,我国盐业管理体制与制度几经变迁。1978 年 3 月轻工业部成立盐务局主管盐业发展工作。1994 年国务院在中国轻工总会设立盐业管理办公室,主要承担盐业政策法规、行业宏观管理、发展规划以及盐政管理等职能。盐业管理办公室下属的中国盐业总公司,主要负责盐业发展日常工作。1998 年年底,党中央提出政企分开,政府与企业脱钩,国家轻工业局盐业管理办公室承担盐业管理的政府职能,中国盐业总公司承担盐业的生产经营职能,国家轻工业局盐业管理办公室与中盐总公司合署办公。同时,国家规定"大工业盐"(工业上用盐量较大的烧碱、纯碱等两碱工业用盐)不采用专营制度,我国制盐企业拥有"大工业盐"等产品的生产经营权利,制盐企业可以根据市场需求来自主安排"大工业盐"的生产和销售。由于我国盐资源丰富,制盐企业遍地开花,产能极度扩张,"大工业盐"市场呈现制盐企业小、散、多、乱等现象,因此,我国制盐企业综合竞争力还有待于进一步提高。

2001 年 2 月国务院机构改革撤销了国家轻工业局,盐业管理办公室移交至国家经济贸易委员会经济运行局,经济贸易委员会将监管职能委托给中盐总公司。2003 年国务院再次进行大部制机构改革,原国家计划经济委员会和国家经济贸易委员会改组为国家发展和改革委员会,盐业管理办公室移交至国家发展和改革

---

① 参见程龙刚:《中国现行盐业管理体制研究》,巴蜀书社 2009 年版,第 86 ~ 91 页。

委员会工业司(但只有盐业管理职能,并没有人员编制)。我国盐业管理体制没有要求国家、省、市上下对口,全国31个省、自治区、直辖市以及计划单列市,包括各市(地)、县,都设有盐务局和盐业公司,其中大部分是政企合一,合署办公,但机构分设,职能分开。[①] 2008年盐业管理办公室移交给工业和信息化部,工业和信息化部成为国务院盐业主管机构,主管全国盐业工作,负责制定盐业发展规划和产业政策,管理全国食盐专营工作,保证盐行业发展稳定。县级以上地方各级人民政府授权的盐业主管机构,则负责管理本行政区域内的食盐专营工作。

有学者认为,我国盐业管理体制的演进依赖历史并受到偶然性因素的冲击,当环境发生变化时,具有组织优势的集团(如盐业公司、两碱行业及后来的小工业盐用户)积极作出反应以影响政策。例如,20世纪90年代在消除碘缺乏症的机遇下盐业部门促成食盐专营,但由于遭到强势竞争性集团(两碱行业)反对,市场部分放开。我国盐业从计划到市场的艰难转型是各利益方积极影响决策的结果。[②]

第二,我国盐业立法不断加强但仍需进一步完善。为加强盐资源的保护和开发,加强盐业管理,促进盐业生产发展,保证盐的正常运销,适应社会主义建设和人民生活的需要,我国于1990年颁布实施了《盐业管理条例》,规定盐资源属于国家所有,国家对盐资源实行保护,并有计划地开发利用。国家鼓励发展盐业生产,对盐的生产经营实行计划管理,开发盐资源,开办制盐企业,必须经省级盐业行政主管部门审查同意,报省、自治区、直辖市人

---

① 参见杨双钊:《规制视角下我国盐业发展的五大瓶颈》,载《辽宁经济》2011年第10期。

② 参见严雷、刘晴:《国有垄断行业改革中的利益集团——20世纪80年代以来盐业管制的演进》,载《华东经济管理》2013年第1期。

民政府批准,并按规定向企业所在地工商行政管理机关申请,领取营业执照。私营企业和个人不得开发盐资源。盐的批发业务,由各级盐业公司统一经营,未设盐业公司的地方,由县级以上人民政府授权的单位统一组织经营。随后,《食盐加碘消除碘缺乏危害管理条例》(1994 年发布)、《食盐专营办法》(1996 年颁布,2013 年、2017 年修订)、《食盐价格管理办法》(2003 年发布,2017 年废止)等法规规章也陆续颁布实施。

2015 年 2 月 24 日根据国务院《关于取消和调整一批行政审批项目等事项的决定》(国发〔2015〕11 号),改为后置审批的工商登记前置审批事项目录包括食盐定点生产碘盐加工。2015 年 10 月根据国务院《关于"先照后证"改革后加强事中事后监管的意见》规定,法律、法规明确规定监管部门和监管职责的"先照后证"改革相关审批项目中包括食盐定点生产碘盐加工。

2016 年 4 月 22 日为推进我国盐业体制改革,实现盐业资源的有效配置,进一步释放市场活力,促进盐业健康可持续发展,国务院印发了《盐业体制改革方案》(国发〔2016〕25 号)。盐业体制改革方案提出要完善食盐定点生产制度、完善食盐批发环节专营制度、完善食盐专业化监管体制、改革食盐生产批发区域限制、改革食盐政府定价机制、改革工业盐运销管理、改革食盐储备体系、严格规范食盐生产批发企业资质、加快信用体系建设、加强科学补碘工作、加强应急机制建设、推动盐业企业做优做强、完善盐业法律法规体系等。其中,需要特别关注的是,在食盐生产批发区域限制改革中,会取消食盐定点生产企业只能销售给指定批发企业的规定,允许生产企业进入流通和销售领域,自主确定生产销售数量并建立销售渠道,以自有品牌开展跨区域经营,实现产销一体,或者委托有食盐批发资质的企业代理销售。会取消食盐批发企业只能在指定范围销售的规定,允许向食盐定点生产企业购盐并开展跨区域经营，省级食盐批发企业可开展跨省经营，省级以下食盐批发企业可在本省（区、市）范围内开展经营。在改革食盐政府定价机制中，会放开食盐出厂、批发和零售价格，由企业根据生产经营成本、食盐品质、市场供求状况等因素自主确定。我国盐业体制改革设置过渡期分步实施改革，自2017年1月1日开始，放开所有盐产品价格，取消食盐准运证，允许现有食盐定点生产企业进入流通销售领域，食盐批发企业可开展跨区域经营。现有食盐定点生产企业许可证和食盐批发企业许可证不再重新核发，有效期延至2018年12月31日。从2018年1月1日开始，现有食盐定点生产企业和批发企业可依照新的规定申请许可，根据许可范围从事相应的经营活动。

2017年4月13日国务院批转国家发展和改革委员会《关于2017年深化经济体制改革重点工作意见的通知》（国发〔2017〕27号）要求：全面实施盐业体制改革，打破食盐生产批发经营区域限制，完善食盐储备和监管机制，保证食盐安全稳定供应。

第三，我国启动盐业管理法规的修订工作并向社会公开征求意见。2016年5月工业和信息化部启动了《盐业管理条例》和《食盐专营办法》修订工作，修法围绕《盐业体制改革方案》确定的改革任务，对不相适应的制度提出了修订方案。2016年12月9日工业和信息化部就《盐业管理条例（修订征求意见稿）》和《食盐专营办法（修订征求意见稿）》向社会公众公开征求意见。[①] 2017年3月17日国务院法制办公室对工业和信息化部上报的《食盐专营办法（修订送审稿）》和《盐业管理条例（修订送审

① 参见《公开征求对〈食盐专营办法（修订征求意见稿）〉和〈盐业管理条例（修订征求意见稿）〉的意见》，载工业和信息化部网：http://www.miit.gov.cn/n1146285/n1146352/n3054355/n3057254/n3057260/c5410687/content.html，最后访问日期：2020年6月6日。

稿)》向社会公众征求意见。[①]

我国《盐业管理条例》拟修订内容主要包括:(1)完善盐业管理体制。根据《盐业体制改革方案》关于"工业和信息化部是国务院盐业主管机构,主管全国盐业工作"的规定,删除了"轻工业部是国务院盐业行政主管部门"的规定,明确盐业主管机构负责主管盐业工作(第4条)。同时,根据国务院机构改革情况,修改了"地质矿产行政主管部门""食品卫生监督机构"等措辞。(2)完善工业盐运销管理。根据《盐业体制改革方案》关于改革工业盐运销管理的要求,明确要求工业盐生产经营企业建立、保存生产和销售记录制度,在工业盐外包装上标明禁止食用,防止工业盐流入食盐市场。(3)删除与盐业发展和改革不一致的规定。条例关于盐资源实行计划开发、盐的生产实行国家计划管理、盐由国家统一分配调拨、盐的批发由盐业公司统一经营等规定,已不适应盐业生产经营的实际情况,也不符合《盐业体制改革方案》关于取消盐产品进入市场的各类限制、放开盐产品市场的改革要求。鉴于此,条例修订中删除了相关制度。(4)与《食盐专营办法》等法规做好制度衔接。《盐业管理条例》制定的时间早,有关食盐生产经营、复议诉讼等制度与其后的其他立法之间存在交叉。主要是在食盐生产经营方面,将禁止非食盐产品作为食盐销售的内容调整到《食盐专营办法》中统一规定(《盐业管理条例》仅对食盐批发应取得批发许可等作出原则规定);在复议诉讼方面,依据我国《行政处罚法》《行政诉讼法》等法律规定,对不服盐业主管机构行政处罚决定的复议机关、起诉时限、法律后果等制度进行了修改。

① 参见《国务院法制办公室关于〈食盐专营办法(修订送审稿)〉和〈盐业管理条例(修订送审稿)〉公开征求意见的通知》,载食品法规中心网:http://www.foodmate.net/law/dongtai/190497.html,最后访问日期:2017年8月16日。

我国《食盐专营办法》拟修订内容主要包括:完善食盐监管体制;完善食盐生产批发专营管理;强化食盐安全管理;保障食盐供应;建立食盐信用管理制度;删除了不适应改革要求的内容;加大违法行为的处罚力度。2017 年 12 月 26 日国务院正式公布了新修订的《食盐专营办法》,该办法对食盐专营制度的具体内容作了完善,强化了食盐质量安全的管控措施,完善了食盐供应安全制度。《食盐专营办法》的修订将打破盐业区域限制,引入市场竞争,发挥市场在资源配置中的决定性作用,同时,有利于更好地发挥政府作用,加强事中事后监管,确保食盐质量安全和供应安全。该办法重点对食盐定点生产制度和食盐批发环节的专营制度作了明确规定,即坚持和完善食盐定点生产、定点批发制度,取消食盐产、运、销等环节的计划管理,取消食盐产销隔离、区域限制制度,改革食盐定价机制,明确食盐价格由经营者自主确定等。

2019 年 12 月 25 日为深入贯彻落实《食盐专营办法》《盐业体制改革方案》《关于深化市场监管综合行政执法改革的指导意见》等法律法规和文件精神,进一步加强改革过渡期后的食盐专营管理,工业和信息化部办公厅、国家发展和改革委员会办公厅、国家卫生健康委办公厅印发了《关于进一步加强食盐专营管理有关工作的通知》,主要内容包括:(1)加强食盐专业化监管。盐业主管部门要加强与食盐质量安全监管等部门的协作配合,推进食盐专营执法和食盐质量安全执法联动。严格规范食盐专营执法,防止出现过度执法、随意执法和选择性执法等问题。(2)完善食盐定点企业资质管理。(3)规范食盐定点企业生产经营行为。取得食盐定点批发企业证书的食盐定点生产企业和省级食盐定点批发企业,可通过与其他食盐定点批发企业合作、自建分公司或销售网点、委托第三方物流配送等方式,以本企业名义(获证名称)开展跨省经营食盐业务。(4)保证合格加碘食盐供应。(5)落实食盐储备和应急管理。(6)规范食盐电子商务等。国家发展和改革委员会、工业和信息化部《关于加强改革过渡期食盐监管有关工作的通知》(发改电〔2016〕488号),工业和信息化部办公厅、国家发展和改革委员会办公厅《关于做好改革过渡期间食盐定点生产企业进入食盐流通销售领域和食盐批发企业开展跨区经营有关工作的通知》(工信厅联消费函〔2016〕585号),工业和信息化部办公厅、国家发展和改革委员会办公厅《关于加强改革过渡期间食盐专营管理有关工作的通知》(工信厅联消费〔2016〕211号),国家发展和改革委员会办公厅、工业和信息化部办公厅《关于进一步落实盐业体制改革有关工作的通知》(发改办经体〔2017〕604号)同时废止。①

三、我国食盐专营制度与反垄断执法

食盐专营制度,是我国盐业管理中的特色制度。专营,是指国家为了对一些投入少、收益大的稀缺资源进行经营垄断,或为了特殊的公共安全的需要而规定某类业务只能由国家设立的专营公司经营的法律制度。② 在我国古代,专营是增加国家财政收入的重要手段之一。食盐专卖最先开始于春秋战国时期的齐国,当时齐桓公任用管仲辅佐朝政,为使朝廷财政充裕实行了"官山海"。管仲提出"海王之国,谨正盐荚","通东莱之盐,而官出之",即食盐收归国家专卖,利润收归国家。之后,食盐专营制度逐渐开始转变为各诸侯国的一项重要国策。在秦朝统一六国前,

① 参见工业和信息化部办公厅、国家发展和改革委员会办公厅、国家卫生健康委办公厅《关于进一步加强食盐专营管理有关工作的通知》,载中央人民政府网:http://www.gov.cn/zhengce/zhengceku/2020-01/04/content_5466472.htm,最后访问日期:2020年2月27日。

② 参见翟业虎:《侵犯"黄页"专营权案法律评析》,载《法学》2002年第10期。

当时地处西方的秦国就已经对食盐实行了国营专卖。汉代盐专卖则是不完全的专卖形式,采用民制、官收、官运、官销的办法。唐玄宗开元元年(713 年),国家开始设立官吏对食盐实行私营官课,征税较轻。宋代的食盐专卖制度有两种形式,即禁榷法与通商法。其中,禁榷法是国家控制盐的产供销,实行全部专卖,主要有官卖、计口授盐、计税敷盐、计产敷盐、常平盐等类型;通商法是国家将盐售与商人,寓税于价,然后由商人在指定地区运销,实行局部专卖,主要有入中折中法、钱盐法、钞盐法、引法等类型。清代的食盐专营制度主要沿袭了明代制度,其盐法有官督商办、官督商销、官运商销、商运商销、商运民销、民运民销、官督民销 7 种形式。①

第一,我国食盐专营制度的形成与发展。食盐作为居民生存、生活的必需品,属于国家法定的基本生活保障用品。随着现代医学和公共卫生事业的发展,食盐加碘更是世界公认的持续消除碘缺乏病的安全、有效和便捷的主导措施,也是防治碘缺乏病的通行做法。为了加强对食盐的管理,保障食盐加碘工作的有效实施,保护公民的身体健康,1996 年 5 月我国颁布并实施《食盐专营办法》。国家对食盐的分配调拨实行指令性计划管理,食盐年度分配调拨计划,由国务院计划行政主管部门下达,国务院盐业主管机构组织实施。国家对食盐批发实行批发许可证制度。经营食盐批发业务,必须依法申请领取食盐批发许可证。未取得食盐批发许可证的,不得经营食盐批发业务。经营食盐批发业务的企业,由省、自治区、直辖市人民政府盐业主管机构审查批准,颁发食盐批发许可证,并报国务院盐业主管机构备案。食盐批发企

① 参见马昊楠:《废止食盐专营制度引关注——我国 2700 年食盐专营史回顾》,载《首都食品与医药》2015 年第 1 期。

业应当按照国家计划购进食盐,并按照规定的销售范围销售食盐。食盐零售单位和受委托代销食盐的个体工商户、代购代销店以及食品加工用盐的单位,应当从当地取得食盐批发许可证的企业购进食盐。2013 年 12 月 7 日《食盐专营办法》根据国务院《关于修改部分行政法规的决定》进行了修订。

根据我国《食盐专营办法》《食盐加碘消除碘缺乏危害管理条例》,为了加强食盐专营许可证的管理,国家发展和改革委员会 2006 年 4 月 28 日颁布《食盐专营许可证管理办法》,主要包括总则、食盐定点生产企业证书管理、食盐批发许可证管理、食盐准运证管理、附则五章。2008 年国家发展改革委员会盐业行政管理职能划归工业和信息化部,管理主体发生变更。根据国务院《关于第六批取消和调整行政审批项目的决定》(国发〔2012〕52 号)和国务院《关于取消和下放一批行政审批项目的决定》(国发〔2013〕44 号),工业和信息化部分别于 2013 年 1 月、2014 年 1 月将食盐准运许可和食盐定点生产许可审批权限下放至省级盐业主管部门。鉴于《食盐专营办法》第 11 条规定"经营食盐批发业务的企业,由省、自治区、直辖市人民政府盐业主管机构审查批准,颁发食盐批发许可证",食盐专营"三证"审批权限均在省级盐业主管部门,《食盐专营许可证管理办法》已经无实质意义,因此,2014 年 4 月 12 日国家发展和改革委员会废止了《食盐专营许可证管理办法》,这是行政权力下放和规章清理的结果。国家发展和改革委员会对《食盐专营许可证管理办法》的废止,并不是食盐专营制度的废止,食盐专营"三证"审批并未取消,只是目前已下放至省级盐业主管部门行使管理职能。

第二,我国食盐专营制度仍在不断变革之中。食盐专营主要有财税功能、维护社会秩序功能和健康功能,随着市场经济的发展和环境的变化,食盐专营的财政功能在现阶段已经严重弱化,食盐行业发展的重点已经转到健康功能上，并向丰富市场供应品种和提升品质方向发展。如果我国食盐专营制度仍然试图实现财税功能，不仅不利于健康功能的实现，更不符合市场化的规律，获利最多的只会是一小部分特殊利益集团，食盐生产厂商和消费者利益都会受损。尤其应当关注的是，我国现行食盐专营制度产生的初衷是预防碘缺乏病，在这一目标已基本得到实现，甚至，在全国范围内的食盐加碘工作使很多地区自 2010 年以来出现碘营养超标现象（在卫生部 2010 年的尿碘检测中，平均水平大于碘适宜量的有 16 个省区）的当下，[①]改革保证碘盐稳定供应的食盐专营制度就势在必行。

2016 年 4 月 22 日国务院《盐业体制改革方案》（国发〔2016〕25 号）要求：我国应完善食盐批发环节专营制度，在坚持批发专营制度的基础上改革食盐生产批发区域限制，取消食盐定点生产企业只能销售给指定批发企业的规定，允许生产企业进入流通和销售领域，取消食盐批发企业只能在指定范围销售的规定，省级食盐批发企业可开展跨省经营，省级以下食盐批发企业可在本省（区、市）范围内开展经营。

2016 年 9 月 19 日工业和信息化部办公厅、国家发展和改革委员会办公厅发布《关于做好改革过渡期间食盐定点生产企业进入食盐流通销售领域和食盐批发企业开展跨区经营有关工作的通知》（工信厅联消费函〔2016〕585 号），要求有序放开区域市场和打通产销环节，确保改革过渡期间食盐质量安全和供应安全，做好食盐定点生产企业（含多品种食盐定点生产企业）进入食盐流通销售领域和食盐批发企业开展跨区经营相关工作。2017 年

① 参见卢正刚、罗微：《中国食盐专营制度的历史变迁和改革刍议》，载《中共福建省委党校学报》2014 年第 4 期。

1月1日至2018年12月31日为改革过渡期,食盐定点生产企业证书和食盐批发企业许可证有效期至2018年12月31日为止。从2017年1月1日开始,食盐定点生产企业可持本省(自治区、直辖市)省级盐业主管机构颁发的食盐批发许可证(有效期至2018年12月31日为止)进入食盐流通销售领域,跨省(自治区、直辖市)自主经营。现有省级食盐批发企业、中国盐业总公司和取得食盐批发许可证的食盐定点生产企业开展跨省(自治区、直辖市)经营食盐业务,应主动将企业主要信息告知销售地省级盐业主管机构。从2017年1月1日开始,现有省级食盐批发企业、中国盐业总公司和取得食盐批发许可证的食盐定点生产企业(含多品种食盐定点生产企业)可以开展跨省(自治区、直辖市)自主经营。省级以下食盐批发企业在本省(自治区、直辖市)内开展跨区经营,应主动将食盐批发企业主要信息表告知本省(自治区、直辖市)省级盐业主管机构。从2017年1月1日开始,省级以下食盐批发企业可在本省(自治区、直辖市)内跨区自主经营。

2016年12月23日工业和信息化部、国家发展和改革委员会发布《关于加强改革过渡期间食盐专营管理有关工作的通知》,要求在2017年1月1日至2018年12月31日的改革过渡期内,食盐批发企业(含取得食盐批发许可证的食盐定点生产企业)开展食盐销售经营活动可以通过以下4种方式进行:(1)通过自建物流系统或与第三方物流企业签订配送合同委托其将食盐配送到商超、销售网点以及从事食品加工、餐饮服务的单位等食盐终端用户;(2)通过自建分公司进行食盐销售业务,自建的分公司不得委托没有食盐批发许可资质的单位、个人开展经营活动;(3)通过自建销售网点直接开展食盐销售业务;(4)通过现有渠道开展食盐销售业务。2017年12月26日修订后的《食盐专营办法》颁布实施,该办法第2条明确规定:国家实行食盐专营管理。

第三,食盐专营必然会引发反垄断执法的关注。食盐专营,是政府盐业主管机构委托盐业公司经营,盐业公司按照主管机构的要求完成食盐的生产、储运和销售,盐业公司因食盐专营制度的实施极易在食盐相关市场具有市场支配地位,从而引发反垄断执法对盐业公司是否从事滥用市场支配地位行为的关注。

我国构建食盐专营制度的主要目标,在于确保食盐安全和战略储备,但目前食盐专营制度在实施中却产生了偏差,使食盐业运行背离食盐专营制度应然状态。这些偏差主要表现为:(1)盐业公司的垄断力量突破食盐批发环节,不当地延伸至上游生产领域与下游零售领域,使食盐批发市场的专营扩张成为盐业产、供、销全行业的准独占。在欠缺制度有效约束背景下,食盐专营经销商可能通过压低生产商的供货价格,并凭借支配地位尽可能地抬高产品的市场销售价格来不公平地实现垄断利润。(2)食盐专营制度实施中存在的政企不分,专营权和监管权合二为一的客观现实,也可能会导致许多地方食盐专营制度扩大化,食盐专营监管被弱化,出现有的盐业公司对海水晶、海水素、足浴盐、沐浴盐等品种盐也实行变相“专营”,甚至对食盐包装物也实行“专营”的不合理现象。(3)食盐专营制度的设施有隔离食盐产业链,造成产与销相分离的局面。食盐生产企业没有食盐产品的商标、品牌,生产的盐产品必须按所谓的“法定出厂价格”批发给指定的各地方盐业公司,而不能直接进入市场与消费者直接见面,只能按计划调拨给盐业公司经销,这无疑会限制食盐批发市场可能出现的竞争,也是我国本次盐业管理体制进行改革的重点。(4)具有食盐专营主体资格的盐业公司将通过批发环节获取的超额利润作为其部门利益,不仅会造成国有资产流失和社会福利损失,也可能使盐业成为腐败重灾区。[①] 食盐专营制度的实施曾让各地盐业公司独占各地食盐批发市场并引发出一系列的问题,面对食盐专营制度凸显的种种不足,我国盐业体制改革责任重大,而反垄断执法可以通过遏制食盐专营制度中盐业公司的垄断行为,来消除食盐专营制度可能给市场竞争和消费者权益带来的消极效应,对盐业体制改革在一定程度上可以起到促进和保障的作用。

四、中国盐业集团有限公司与反垄断执法

中国盐业集团有限公司(原名中国盐业总公司)创立于 1950 年,现为国务院国资委监管的国有大型企业。主要承担两大任务:一是履行中央企业职责,实现国有资产保值增值;二是作为全国食盐生产经营主体,确保国家合格碘盐供应。中盐集团是我国盐行业龙头企业、唯一中央企业和唯一全国性企业,世界第二、亚洲最大的盐业企业和国内重要化工企业,拥有全资、控股子公司 43 家,职工近 3 万人。2017 年集团生产各类盐产品 1800 万吨,约占全国总产量的 20%,销售食盐 305 万吨,全国食盐市场占有率约 30%,产品销售遍布全国。除盐的核心业务外,还向盐化工下游产业链延伸,初步形成了无机化工、农业化工、精细化工、日用化工等系列产业布局,部分产品进入世界和全国前列。[②]

第一,中国盐业集团有限公司的发展历程。中国盐业总公司成立于 1950 年 2 月,原名为中国盐业公司,直属中央贸易部(后改为商业部)管理,主要经营华北、华东、中南 3 大地区盐产品的采购、运输、调拨、销售、保管及出口业务,并在中央贸易部的授权

① 参见王伟:《盐业垄断改革的法律困境与对策研究》,西南财经大学出版社 2014 年版,第 2 页。

② “中盐简介”,载中国盐业集团有限公司网:http://www.chinasalt.com.cn/gyzy/zyjj/,最后访问日期:2020 年 2 月 27 日。

下，领导与管理批发私商的盐业贸易。

1954 年中国盐业总公司划归中央轻工业部主管。1964 年经国务院同意，国家经委批准，在中国盐业公司的基础上，组建全国性的盐业托拉斯，名称仍为中国盐业公司，由国务院授权，集中统一管理全国盐行业。1968 年由于“文化大革命”运动，盐业托拉斯被迫解体。1980 年 2 月 28 日经原国家经济委员会“经轻〔1980〕80 号文件”批准，中国盐业公司更名为中国盐业总公司，与盐务总局“一套机构、两块牌子”，对盐业市场进行统一管理，但内部也开始按照政企分开原则进行改革，对下级机构分别进行对口管理，力图理顺盐业管理体制，且随着我国政府职能的不断调整，政企分开的力度不断加大。1988 年盐务总局撤销，中国盐业协会成立，盐务总局的主要行政管理职能剥离到轻工业部，部分管理职能移交给盐业协会，中国盐业总公司则成为经济实体，原有的部分直管盐场的职能也下放给地方政府管理。但中国盐业总公司和中国盐业协会的关系极为密切，甚至中国盐业总公司的领导兼任了中国盐业协会的会长。1990 年轻工业部又将行业管理职能划归中国盐业总公司，形成中国盐业总公司领导省级盐务局的局面，由于体制不顺，管理不力，出现了很多问题。① 2000 年 4 月经中央党政机关非金融类企业脱钩工作小组“国脱钩组〔2000〕9 号文件”批准，中国盐业总公司由中央企业工委(国务院国有资产监督管理委员会)管理，并开始了从行政性公司向生产经营性公司的转型。② 2018 年中国盐业总公司完成公司制改制，由全民所有制企业改制为国有独资公司，正式更名为中国盐业集

① 参见卢正刚、罗微:《中国食盐专营制度的历史变迁和改革刍议》，载《中共福建省委党校学报》2014 年第 4 期。

② 参见黄群慧、钟宏武、张蒽等编著:《中国盐业总公司考察》，经济管理出版社 2013 年版，第 1 页。

团有限公司。

第二，中国盐业集团有限公司的性质属于特殊企业。特殊企业，是指依特别法、专门法规或行政命令设立和运作的企业，依法从事政策性经营或承担着一定的管理职能，或者从事军工、航天等关系国计民生的重要活动，法定或由政府授权的一定的管理职能是各个行业特殊企业的共性特征。特殊企业的活动领域主要在：(1)政策性经营或在经营中承担一定的政府或公共管理职能的领域。(2)非竞争性的合法垄断领域。例如，石油开采和管线输送、铁路等具有自然垄断性质，客观上要求由一个主体统一经营管理，方能满足社会或公众利益的要求的领域；或者非自然垄断性的法定垄断领域，例如，航天、军工、邮政、造币、黄金和烟草等经营活动也须由特殊的企业或法人来承担。(3)竞争性领域和公用事业的特许经营。这一领域的特点是为了公众利益而有控制的竞争，政府对企业的经营方式和价格等有强制性要求。特许经营未必采取特殊企业的形式，普通商事企业、私营企业等都可经政府特许而经营电力、电信、航空、铁路暨水陆旅客运输、城市公共交通等公用事业，但其中由政府出资或控股的以及关系国计民生的重要的私营企业，往往采取特殊企业的形式。(4)国有农场、林场、建设兵团等具有社区性、地域性、政权组织性的某些经营领域。(5)为完成特殊任务而设立的特殊企业或法人。[①] 中国盐业集团有限公司在对直属盐业销售公司、制盐企业进行管理的同时，还会负责全国食盐生产、调运和销售计划指标的分配，特别是在国家发展和改革委员会作为国务院授权的国家盐业行政主管部门期间，由于国家发展和改革委员会盐业管理办公室缺乏相

① 参见刘文华主编：《经济法》(第5版)，中国人民大学出版社2017年版，第123～126页。

应的人员编制和力量配备，盐业管理办公室的行业管理和食盐分配计划在很大程度上都依靠中国盐业集团有限公司的协助，中国盐业集团有限公司履行了很重要的盐业管理职能。在地方层次上，除北京、天津、山西、辽宁、湖南、云南、青海、西藏等省（市、自治区）外，我国23个省、直辖市、自治区盐业行政管理部门和盐业公司都是“一套班子，两块牌子”的政企合一格局；许多省（市、区）盐业公司都实行省、市、县盐业公司垂直管理，如山东、江西、广东等省区。这些省级盐业公司既是省级盐业主管部门，担负着盐业管理的行政职能，又垄断本区域的食盐批发业务，有的还涉足食盐生产。[①] 当然，部分省（市、区）盐业行政管理具有多样性，如河北省盐务管理局（省盐业公司）负责生产企业和市场管理，而省盐业专营总公司由省供销合作总社主管，负责盐的储存、运输、销售及防治碘缺乏的具体实施。重庆市2006年将市盐业总公司整体划转给重庆化医集团，作为化医集团的全资子企业，保留重庆市盐业总公司独立法人资格，由化医集团对市盐业总公司履行出资人职责。青海省盐务管理局由省经委主管，负责盐的生产企业、省内盐的生产、销售计划和盐政市场管理；盐业股份公司由西部矿业集团控股，主要承担盐的部分生产企业和全省盐的调运、销售。[②]

中国盐业集团有限公司长期以来，既承担全国盐行业的行业管理、产销计划编制等行政管理职能，又涉足食盐的生产、批发甚至下游盐化工等实业经营领域，是典型的特殊企业。地方盐业公司也大多是以管理与经营双重身份在运营，也当然具有

---

① 参见樊玉然、吕福玉：《效率视角的盐业规制改革：从激励性规制到市场化》，载《宏观经济研究》2012年第8期。

② 参见曾绍伦、王伟：《我国盐业管理体制之负面效应探析》，载《四川理工学院学报》（社会科学版）2010年第3期。

特殊企业的特征。根据我国《反垄断法》的规定，国有经济占控制地位的关系国民经济命脉和国家安全的行业以及依法实行专营专卖的行业，国家对其经营者的合法经营活动予以保护，并对经营者的经营行为及其商品和服务的价格依法实施监管和调控，以维护消费者利益，促进技术进步。上述行业的经营者应当依法经营、诚实守信、严格自律，接受社会公众的监督，不得利用其控制地位或者专营专卖地位损害消费者利益。因此，作为特殊企业的中国盐业集团有限公司与地方盐业公司，应受到我国《反垄断法》的规制。

第三，反垄断执法会关注盐业公司的不当行为。盐业公司作为我国食盐专营的唯一经营主体，基本上由中国盐业集团有限公司、各省（自治区、直辖市）盐业公司、市（地、州、盟）盐业公司以及县（旗、市辖区）盐业公司 4 级盐业公司构成。2000 年以来，中国盐业总公司盐年产量迅速扩大，盐生产量现居亚洲第一位、世界前十名，是全国食盐生产、运销的专营主体单位，是中国最大的盐业生产企业和销售企业。盐业公司作为一个系统，在盐行业各相关主体中事实上处于核心地位，起关键作用，对整个盐业及其上、下游产业的经营、发展具有决定性的影响力。①

虽然我国工业盐生产销售已经导入市场竞争机制，但在食盐批发管理上仍沿袭了专营销售模式。根据我国《盐业管理条例》第 20 条“盐的批发业务，由各级盐业公司统一经营”以及《食盐专营办法》第 2 条“国家对食盐实行专营管理”、第 12 条“国家实行食盐定点批发制度。非食盐定点批发企业不得经营食盐批发业务”、第 14 条“食盐定点批发企业应当从食盐定点生产企业或者

---

① 参见王伟：《盐业垄断改革的法律困境与对策研究》，西南财经大学出版社 2014 年版，第 121 页。

其他食盐定点批发企业购进食盐,在国家规定的范围内销售。食盐定点批发企业在国家规定的范围内销售食盐,任何单位或者个人不得阻止或者限制”、第16条“食盐零售单位应当从食盐定点批发企业购进食盐”的规定,再根据我国《反垄断法》第17条第2款“本法所称市场支配地位,是指经营者在相关市场内具有能够控制商品价格、数量或者其他交易条件,或者能够阻碍、影响其他经营者进入相关市场能力的市场地位”和第18条认定经营者具有市场支配地位,应当依据下列因素:(1)该经营者在相关市场的市场份额,以及相关市场的竞争状况;(2)该经营者控制销售市场或者原材料采购市场的能力;(3)该经营者的财力和技术条件;(4)其他经营者对该经营者在交易上的依赖程度;(5)其他经营者进入相关市场的难易程度;(6)与认定该经营者市场支配地位有关的其他因素的规定,在我国盐业体制没有改革完成之前和食盐专营制度的背景下,中国盐业集团有限公司或者地方盐业公司在国家规定的范围内,易被认定具有市场支配地位。我国《反垄断法》规定,禁止具有市场支配地位的经营者从事下列滥用市场支配地位的行为:(1)以不公平的高价销售商品或者以不公平的低价购买商品;(2)没有正当理由,以低于成本的价格销售商品;(3)没有正当理由,拒绝与交易相对人进行交易;(4)没有正当理由,限定交易相对人只能与其进行交易或者只能与其指定的经营者进行交易;(5)没有正当理由搭售商品,或者在交易时附加其他不合理的交易条件;(6)没有正当理由,对条件相同的交易相对人在交易价格等交易条件上实行差别待遇;(7)国务院反垄断执法机构认定的其他滥用市场支配地位的行为。因此,盐业公司是否从事了滥用市场支配地位行为值得反垄断执法关注。

另外,在我国盐业管理体制的变革过程中,由于中央部委之间在盐业管理上存在分歧,盐业主管部门频繁撤立变更,并一直缺乏相应的人手和配备，中国盐业集团有限公司实际上行使着全国食盐定点生产计划、批发许可和食盐准运证管理等多项行政权力。而在地方层面，全国绝大部分省、自治区、直辖市的盐业公司会直接负责本区域食盐计划安排、生产、调运，甚至进行本地区的盐政执法。[①] 因此，中国盐业集团有限公司以及地方盐业公司在行使盐业管理职能时，其本身已经成为当然的行政主体，构成了我国《反垄断法》禁止从事滥用行政权力，排斥、限制或妨碍市场竞争的经法律、法规授权的组织，反垄断执法也因此会关注中国盐业总公司及地方盐业公司是否从事了行政垄断行为。

五、我国盐业反垄断执法重点关注的行为

我国盐业产业链从原盐生产开始，依据最终用途的不同分为食盐批发零售、小工业盐（两碱工业用盐之外的其他工业用盐）销售和工业盐销售三条流通渠道，这三条流通渠道适用的管理体制有所不同。对于食盐的生产和批发零售，我国实行的是专营制度；对于两碱工业盐，我国实行的是供需直接见面的市场开放政策；对于小工业盐，我国《食盐专营办法》并未规定专营制度，但在实践中却出现了专营扩大化现象，很多地方的盐业公司对小工业盐也都实行了专营。即使是对已经放开的两碱工业盐，为防止其冲击食盐市场，有一些地方的盐业公司也对其进行了不合理的干涉。盐业专营会造成盐业不合理的纵向产业组织结构，产业链上的生产和购销环节会被人为地割裂开来进而造成效率损失。[②] 针对盐业公司的行为，我国反垄断执法会从维护市场竞争和消费者

---

① 参见符颖、王先林：《反垄断法对食盐专营的豁免与适用》，载《湘潭大学学报》（哲学社会科学版）2012 年第 6 期。

② 参见樊玉然、吕福玉：《效率视角的盐业规制改革：从激励性规制到市场化》，载《宏观经济研究》2012 年第 8 期。

权益的视角进行规制，目前，盐业被查处的反垄断执法案件主要集中于差别待遇行为与搭售行为，而行政垄断行为的规制也会成为反垄断执法的关注点。

第一，反垄断执法对差别待遇行为的规制。2014 年 9 月内蒙古自治区工商行政管理局接到消费者投诉举报，称内蒙古自治区赤峰市盐业公司在腌制盐销售旺季，在特定地区停止向零售商批发传统腌制用 500 克装日晒盐，只供应新的腌制用 800 克装湖水晶盐，两种盐品标识上标注的生产厂家、生产原料、执行标准、营养成分均相同，以购买等量的两种盐品计算，消费者购买 800 克装湖水晶盐需多支出 81.25% 的费用，请求工商机关予以查处。经国家工商行政管理总局授权，内蒙古自治区工商行政管理局于 2014 年 11 月 21 日对赤峰市盐业公司涉嫌滥用市场支配地位实施差别待遇的垄断行为进行立案调查，于 2016 年 8 月 16 日对涉案当事人作出行政处罚决定。

差别待遇，是指具有市场支配地位的经营者在提供相同产品或者服务时，没有正当理由，对交易条件相同的交易相对人实行不同的交易价格或交易条件的行为。差别待遇行为在很多情况下是经营者的一种营销战略，也是经营者行使经营自主权的表现，但是，当具有市场支配地位的经营者没有正当理由实施差别待遇时，就可能产生排除、限制竞争的后果，并因此受到反垄断法的规制。反垄断法禁止的差别待遇行为的构成要件是：(1)经营者必须具有市场支配地位。(2)经营者对条件相同的交易相对人实行不同的交易价格或交易条件。“条件相同”，是指经营者所提供的商品或服务的质量、状态、级别、型号等都相同，只是由于交易相对人不同而给予不同的待遇。差别待遇的具体表现为：实行不同的交易数量、品种、品质等级；实行不同的数量折扣等优惠条件；实行不同的付款条件、交付方式；实行不同的保修内容和期限、维修内容和时间、零配件供应、技术指导等售后服务条件等。(3)经营者从事差别待遇行为没有正当理由。(4)差别待遇行为已经造成或可能造成排除、限制竞争的后果。①

在“内蒙古自治区赤峰市盐业公司差别待遇反垄断案”中,因为(1)赤峰市盐业公司被认定具有市场支配地位。(2)2014 年 9 月赤峰市盐业公司及其所属分支机构在食用盐库存充足的情况下,对赤峰市地域内的食盐零售商,采取不同地区供应不同品种的方式,造成毗邻外省地区食盐零售商的食用盐品种多,本市地域内食盐零售商的食用盐品种少,对本市地域内与毗邻外省地区食盐零售商在食用盐交易品种上实施了差别待遇。(3)因为生产企业并未停止向赤峰市盐业公司供应 500 克装日晒盐,赤峰市与辽宁、河北两省接壤地区食盐价格较低,存在较大的“价格断层”,赤峰市盐业公司只在与辽宁、河北两省毗邻地区继续销售 500 克装日晒盐的目的可能是防止外省低价盐“侵销”赤峰市市场,与自然灾害等因素无关,赤峰市盐业公司实施差别待遇没有正当理由。(4)赤峰市盐业公司在赤峰市地区腌制秋菜季节批发供应食用盐时,采取拒绝交易的方式实施差别待遇,侵害了广大居民消费者的合法权益,给食用盐生产销售市场的公平竞争造成了不良影响。赤峰市盐业公司作为赤峰市行政区域内专营专卖食用盐的独家经营者,却以平抑与毗邻省份过大的价格断层和防止外省低价盐“侵销”为由,对与外省毗邻的边界地区和其他本市地域内食盐零售商的腌制盐供应实行差别待遇的行为,构成了滥用市场支配地位实施差别待遇的违法行为。②

---

① 参见孟雁北:《反垄断法》(第 2 版),北京大学出版社 2017 年版,第 180 页。

② 参见《内蒙古赤峰市盐业公司滥用市场支配地位行为处罚决定》,载国家工商行政管理总局网:http://www.saic.gov.cn/zwgk/gggs/jzzf/cfjd/201609/t20160929_171490.html,最后访问日期:2016 年 10 月 5 日。

第二,我国盐业反垄断执法对搭售行为的规制。经国家工商行政管理总局授权,湖南省工商行政管理局于2015年7月15日对湖南盐业股份有限公司永州市分公司涉嫌滥用市场支配地位强制搭售的垄断行为进行立案调查,于2016年10月26日对涉案当事人作出行政处罚决定。①

搭售,是指经营者者利用其市场支配地位,违背交易相对人的意愿,没有正当理由,在提供产品或服务时强行搭配销售其他商品或服务的不合理的附条件交易行为。反垄断法禁止的搭售行为的构成要件是:(1)经营者具有市场支配地位。(2)两种或两种以上的产品或服务被捆绑销售。如果不存在两种或两种以上的产品或服务,则不会构成搭售行为。(3)经营者违背交易相对人的意愿,要求购买方在购买产品或者劳务时,必须同时购买另一种从交易性质和习惯上均与合同标的无关的产品或者劳务。(4)搭售行为没有正当理由。经营者进行搭售时可能具有正当、合理的理由,如销售的效率、消费者的便利与要求、约定俗成的交易习惯、产品的使用要求等。(5)搭售行为已经造成或可能造成排除、限制竞争的后果。

2014年1月至2015年3月,为完成目标销售任务,湖南盐业股份有限公司永州市分公司组织和要求其下属新田分公司、祁阳分公司及江华分公司在向零售商批发食盐时实行强制搭售,即湖南盐业股份有限公司永州市分公司下属3个县分公司在销售畅销的350克装绿色加碘精制盐和400克装绿色加碘精制盐(以下简称普通畅销盐)时,在不同时段不同程度按照不等的比例,向零售商强制搭售滞销的320克装海藻碘盐、320克装绿色精制低钠

---

① 参见《竞争执法公告2016年14号湖南盐业股份有限公司永州市分公司垄断行为案》,载国家工商行政管理总局网:http://www.saic.gov.cn/fldyfbzdjz/jzzfgg/201703/t20170309_232293.html,最后访问日期:2017年8月14日。

盐(以下简称滞销盐),该强制搭售行为不是永州分公司基于自身正常经营活动而采取的措施,按照正常商业惯例,食盐零售商从食盐批发企业采购食盐,应由食盐零售商自主选择食盐品种,而不应被强制搭售。根据我国《反垄断法》第7条的规定,依法实行专营专卖行业的经营者应当依法经营,严格自律,不得利用专营专卖地位损害消费者利益的规定,永州市分公司组织下属3个县分公司在不同时段,不同程度地向零售商批发畅销食盐时强制搭售滞销食盐,严重影响食盐零售商的进货选择权,导致食盐零售商滞销盐库存积压,零售商有时不得不将积压的被强搭滞销食盐降价或亏本销售,损害了零售商的利益。当事人的搭售行为使有些零售商为了弥补损失,不得已提高畅销食盐的价格;还有些零售商因搭售资金被占用,不能提供充足的畅销食盐,导致普通畅销食盐短缺,使消费者不能自由选购食盐品种,进而损害了消费者的利益。湖南盐业股份有限公司永州市分公司的行为已经构成我国《反垄断法》禁止的没有正当理由搭售商品的滥用市场支配地位行为。

第三,我国盐业反垄断执法对行政垄断行为的规制。行政垄断行为,是指政府及其经法律、法规授权的组织滥用行政权力,排斥、限制或妨碍市场竞争的行为。从事行政垄断行为的主体是依法享有行政管理权的行政机关及具有行政管理权的企业或其他社会组织,包括职权行政主体与授权行政主体。依法享有行政管理权的行政机关是当然的行政垄断实施主体,而具有行政管理权的企业或其他社会组织的主体属性则应视具体情况来定,这类主体所实施的垄断行为可能是行政垄断行为,也可能是经济垄断行为。只有在凭借行政权力实施垄断行为的情况下,才成为行政垄断行为的主体。[①] 我国盐业的行政主体也包括盐业主管机关和经

① 参见郑鹏程:《行政垄断的法律控制研究》,北京大学出版社2002年版,第46页。

法律、法规授权具有盐业管理权的企业或其他社会组织。

首先,我国盐业主管机关如果滥用行政权力,损害市场竞争会受到反垄断法的禁止。例如,最高人民法院指导性案例5号——“鲁潍(福建)盐业进出口有限公司苏州分公司诉江苏省苏州市盐务管理局盐业行政处罚案”(以下简称“鲁潍案”)就体现了司法对于破除盐业行政垄断体制的助推作用,尽管“鲁潍案”并不是典型的反行政垄断的案件,其所涉及的主要是地方政府规章与地方性法规限制工业盐运输与经营活动,对其设定行政处罚的问题。我国《盐业管理条例》并未设置工业盐准运证制度,也未对批发工业盐的经营行为设定行政处罚,但地方政府对这些活动进行限制并设定处罚已经成为普遍现象,在“鲁潍案”发布之时(2012年4月9日),在可以查找到相关规定的29个省、自治区、直辖市中,提供处罚依据的地方政府规章有12部,地方性法规有17部。[①] “鲁潍案”之后,浙江、天津、辽宁、云南、河北等省市先后修改了相关规定,删除了其中对于工业盐运输或经营的行政处罚条款。[②] 尽管“鲁潍案”的影响不容忽视,但又不可避免具有一定的局限性,因为在现行盐业管理体制下,盐业管理权力的边界比较模糊,盐业主管部门的管理范围与管理行为的界限在中央层面未得到统一划定,这就给了地方立法和行政机关扩张的空间,盐业行政主管部门仍存在空间使原先的管理行为以“合法”的面貌出现。面对如此复杂的盐业行政管理现状,司法权的有效行使更

---

① 参见戴杕:《盐业垄断的司法破除与局限——从指导性案例5号鲁潍案的影响与后续发展谈起》,载《政治与法律》2017年第4期。

② 参见沈岿:《指导案例助推垄断改革——以指导案例5号为分析对象》,载《行政法学研究》2014年第2期。

大程度上仍有赖于立法权对行政权力“合法运作”的建构。[①] 值得关注的是,国家发展和改革委员会新闻发言人在2017年5月18日的新闻发布会上表示,我国盐业改革后仍然存在地方保护主义,有的地方盐务局设置行政壁垒,阻碍外地食盐进入本地市场。比如,《盐业体制改革方案》已明确取消食盐准运证,有的地方盐务局还以此为理由阻碍外省食盐进入市场,甚至有个别地方盐务局公开发文进行地方保护。在这些问题解决的过程中,反垄断执法对行政垄断行为的规制可以发挥重要作用。

其次,在我国现行盐业管理体制下,盐业公司利用与生俱来的政治资源优势,可能会影响和游说盐业主管部门的决策,借助食盐专营制度,将不属于专营范围的盐产品生产和经营纳入管理范畴。如广东省、河南省、山东省、广西壮族自治区等在发布地方法规时以加强食盐专营为名,强化对工业盐的计划管理,将国家本没有列入专营之列的小工业盐也纳入专营之列,以行政执法的方式对本该自由竞争的盐产品强制实施监管。我国盐业主管部门不当的监管行为如果没有充分的法律依据且损害了市场竞争,当然属于我国《反垄断法》禁止的行政垄断行为。

最后,中国盐业集团有限公司和地方盐业公司由于兼具市场经营者和盐业管理者双重角色,当其根据授权行使盐业管理者的职能时,如果滥用被授予的盐业管理权限,损害市场竞争,仍属于我国《反垄断法》禁止的行政垄断行为。例如,原国家经济贸易委员会经济运行局盐业办公室2001年组织调查组到山东、江苏、青海、四川等8个重点地区进行调查,调查组认为,盐业管理体制存在很多问题,其中就包括:(1)政企不分,垄断经营,倚“政”为

---

① 参见戴杕:《盐业垄断的司法破除与局限——从指导性案例5号鲁潍案的影响与后续发展谈起》,载《政治与法律》2017年第4期。

"企"谋利；(2)各级盐业公司以加强食盐市场监管为名，超越权限，以地方立法实行事实上的地区封锁，食盐专营已经成了盐业部门垄断经营的"护身符"。[①] 再如，有的盐业公司常常以加强对食盐管理为名，对大工业盐实行销售备案、放运监管、指定到盐业公司结算等控制措施，实际控制工业盐的生产、销售，以保护食盐专营为名摄取工业盐销售中的利润等。[②] 行使盐业管理授权的盐业公司，当然不得从事滥用行政权力，消除或限制市场竞争的行为。

六、结论

在国企改革、行业改革、政府职能转变的当下，我国盐业在朝着市场化和放松管制的方向加速推进。我国盐业体制改革在不断释放市场活力的过程中，需要反垄断执法对改革的内容和改革的成果，从维护市场竞争保护消费者权益的视角出发予以保障。

需要特别指出的是，我国食盐专营制度并不会使食盐行业得到反垄断法的豁免，中国盐业集团有限公司以及地方盐业公司特殊企业的定位也不会使这些主体得到反垄断法的豁免，我国已经出现的食盐行业反垄断执法案例也已经充分证明了这一点。随着我国食盐专营制度的完善，盐业政企的进一步分开，盐业公司对食盐购销环节垄断力量的不断消解，盐业体制改革的最终目标应该是市场化，并且应由社会性规制取代经济性规制来确保食盐的质量安全，而在这样的盐业体制改革过程中，我国盐业反垄断执法维护市场竞争的使命会越来越艰巨和重要。

---

① 参见曾绍伦、王伟：《我国盐业管理体制之负面效应探析》，载《四川理工学院学报》(社会科学版)2010 年第 3 期。

② 参见戴杕：《盐业垄断的司法破除与局限——从指导性案例 5 号鲁潍案的影响与后续发展谈起》，载《政治与法律》2017 年第 4 期。

结　论

本书对我国管制行业反垄断执法之理论问题和我国管制行业反垄断执法之典型行业问题两大部分进行了有针对性的系统研究,得到如下主要结论。

一、反垄断执法应关注管制行业的个性特征

管制行业的个性特征会对我国管制行业反垄断执法工作产生影响,因此,对管制行业个性特征的关注是反垄断执法工作的基础和前提。

第一,管制行业具有较高的市场集中度甚至具有垄断状态,根据自然垄断理论,这种市场竞争结构大多是一种合理的垄断。管制行业具有规模经济性、范围经济性和网络经济性。由于规模经济性,在由单个企业提供所有产出才是最有效的产业中,垄断问题是与生俱来的;范围经济性意味着,同时生产两种或两种以上的产

品是有效率的,而当企业之间的相互依赖度较高时,交易成本会很高,高交易成本解释了为什么存在范围经济时,通常只有单个企业生产产品;网络经济性,是指管制行业在提供服务时容易形成网络系统,这种网络系统使一定区域内只存在一家企业就足够了,更多企业的存在会是一种资源的浪费。尽管自然垄断理论仍处于不断变动之中,但是从其演变过程可知,自然垄断的产生、存在都是客观经济规律作用的结果,是"自然"产生的垄断,也是合理的垄断。

第二,管制行业中包括自然垄断业务和竞争性业务。管制行业的业务具有特殊性,但这并不意味着管制行业的所有业务都具有自然垄断性,管制行业还存在大量的可竞争的业务。例如,电力业包括电力设备供应、电力生产(发电)、高压输电、低压配电和电力供应等多种业务领域,其中,只有高压输电和低压配电属于自然垄断业务,而电力设备供应、电力生产和供应则属于竞争性业务。面对管制行业中的自然垄断业务和竞争性业务,反垄断执法会有不同的考量要素。

第三,综观世界管制行业改革实践的经验,管制行业主要经历了三大根本性改革,即产权改革、经济自由化、规制改革,这些重大改革依据的主要是现有的市场经济理论,但无论是基本的市场经济理论,还是由拉丰和蒂罗尔等经济学家开创和发展的现代规制理论,都没有从本质上直面转型环境下的管制行业改革。我国管制行业改革走的是一条比较独特的道路。在管制行业国有企业的产权改革上,我国并没有进行大规模的产权私有化改革;在经济自由化改革中,我国虽然在破除垄断引入竞争机制,但是只是引入有限竞争,强调的是有效竞争的概念而不是充分竞争的概念;而在规制改革上,无论是管理体制,还是产业立法以及规制政策改革，都具有中国自己的特点。[①] 我国管制行业反垄断执法也因此会面临诸多独特的挑战。

第四，我国管制行业本身有专门的法律、法规或者国家政策对其进行调整和规范，如《邮政法》《铁路法》《电信条例》等。这些专门的法律、法规和政策虽然会对管制行业中经营者的权利和义务在《公司法》等企业法律法规的基础上作出专门的具体规定，但是这些行业法律法规在立法时并没有获得优先于反垄断法适用的特权。由于反垄断法为了保护市场公平竞争需要对经济关系进行全面、系统、整体的调整，更由于反垄断法是市场经济的基本法律，是具有普遍性意义的法律规则，它不同于仅在某个具体的部门或行业实施的特殊性、专门性的法律规则，应统一实施于各个行业和部门。因此，在法律授权相关执法机构对管制行业的经营者的行为进行规范时，并不存在“行业立法优先”的理念，也不存在“行业监管为主，反垄断执法为辅”的理念。

二、反垄断执法关注管制行业反垄断执法与产业规制行为之间的关系

管制行业广泛存在的产业规制行为，使反垄断执法必须处理好反垄断执法与产业规制行为的关系问题。

第一，管制行业产业规制行为对我国《反垄断法》的适用范围界定会产生影响。由于管制行业的规模经济性、范围经济性和网络经济性，这种市场竞争结构可能是一种合理的垄断，但行业的特殊性并不意味着管制行业当然获得了我国《反垄断法》适用除外的资格，管制行业广泛存在的与政府产业规制有关的法律、法

---

① 参见张昕竹、马源、冯永晟：《中国垄断行业规制与竞争实证研究》，中国社会科学出版社 2011 年版，第 2 ~ 4 页。

规或者政策并不意味着管制行业获得了豁免适用《反垄断法》的特权,因此,在没有法律明确规定的情形下,管制行业并不会获得《反垄断法》的当然豁免。但是,由于管制行业的政府产业规制行为具有合理性和合法性的基础,并不与反垄断法必然冲突,除非该产业主管部门的行为构成了"滥用行政权力,排除、限制竞争行为",目前,反垄断执法机构本身无权对这些政府产业规制措施进行审查和执法,经营者遵守政府产业规制措施的行为,只要其有充分的法律依据,就可以被推定为不适用《反垄断法》,因此,我国《反垄断法》的适用范围会因政府产业规制而受到一定程度的限制。

第二,随着我国管制行业改革的逐步推进,市场在资源配置中发挥越来越重要的作用,产业政策在管制行业中地位的淡化会强化竞争政策的作用,产业政策的不断重构和改革会逐步减少竞争政策和产业政策冲突的可能性,产业政策的有效性并不必然以损害竞争为代价,产业政策需要关注是否引入竞争机制,如何引入竞争机制以及如何减少对市场竞争的不当伤害等问题,我国管制行业产业政策的发展方向,应当是构建竞争友好型的产业政策。在竞争友好型产业政策中,政府强制性因素会被淡化,从而使产业政策背后的政府主导的权力因素可以与市场主体的自我选择进行较好的平衡协调制约乃至融合,同时,也能有效地防止产业政策的负面效应。竞争友好型产业政策可以实现竞争政策与产业政策的融合或者达成竞争政策与产业政策微妙的平衡,可以预防产业政策失灵,促使不合理限制市场竞争的产业政策的及时退出,而产业政策的自我重塑、公平竞争审查制度的构建以及反垄断法的有效实施则是实现我国管制行业竞争友好型产业政策的主要路径。

第三,管制行业大多是政府产业规制比较严格的行业,这种规制表现在市场准入控制、价格规制等方面，我国管制行业的产业政策需要进行公平竞争审查，产业规制行为也要进行公平竞争审查。当然，公平竞争审查的目标并不是要废止管制行业规制行为，而是要防止规制权力的滥用以及过度适用，促进管制行业规制政策的转型，进而预防和减少行政垄断行为的产生，也可以纠正政府部门可能存在的将扭曲市场竞争视为促进产业发展的不正确做法，使管制行业规制行为的负面效应能够得到有效抑制，使行业规制措施对市场竞争的影响是有界限的、适度的、必要的、合理的。管制行业规制行为通过公平竞争审查可以避免以政府的判断和选择代替市场机制来维护市场竞争，通过公平竞争审查可以重视市场竞争进而保证行业规制措施应当尽可能小地对竞争造成不必要损害或不合理影响；通过公平竞争审查可以在管制行业规制措施的制定和实施不得不对市场竞争产生消极影响时，选择对市场竞争损害或影响最小的方案。

第四，我国管制行业反垄断法执法既不能缺位，也不能越位，既不能使管制行业的反垄断执法演变为产业监管，也不能弱化反垄断法的作用。我国反垄断法执法机构与政府产业规制机构的关系，取决于竞争政策与产业政策之间的关系，取决于反垄断法与产业规制法律制度之间的关系，取决于反垄断执法行为与政府产业规制行为之间的关系，因此，反垄断法执法机构与政府产业规制机构之间会呈现多元化而不是单一的关系模式。这些多元的关系模式主要是：（1）各司其职关系模式；（2）约束制衡关系模式；（3）重叠执法关系模式；（4）互动协调关系模式。需要特别指出的是，这些关系模式会同时存在，而不是选择性地非此即彼地存在。

三、管制行业反垄断执法关注行业特点对具体执法工作的影响

管制行业反垄断执法应遵循平等原则和个案分析原则,但在反垄断执法过程中,管制行业具有较高的市场集中度甚至具有垄断状态等行业特点也会对具体反垄断执法产生一定的影响。

第一,尽管管制行业具有特殊性,反垄断法在规制管制行业的垄断协议行为、滥用市场支配地位行为、经营者集中行为时,反垄断分析框架不会发生任何的变化。但是,由于管制行业与社会公共利益和国家整体经济利益具有更密切的关联性,社会公共利益在我国管制行业的反垄断执法中如何被考量本身就是利益衡量的结果。在我国管制行业反垄断执法中,无论是垄断协议的豁免对于社会公共利益的评估,还是滥用市场支配地位行为中对社会公共利益实现的关注,以及经营者集中反垄断审查对于国际竞争力抗辩理由的思考,都表明我国管制行业反垄断执法在关注竞争要素的同时,也会比其他行业更多地考量非竞争性要素。

第二,管制行业经营者市场支配地位的认定相对较容易。管制行业是市场准入控制比较严格的产业,因此,在管制行业经营者涉嫌滥用市场支配地位的反垄断案件中,市场支配地位的认定相对比较容易,举证的负担也相对较轻。例如,在"中国电信、联通反垄断案"中,尽管在相关市场界定中,中国电信、中国联通是否具有市场支配地位的问题上也存在一定的争议,但是关于该案的讨论,更多还是集中在中国电信、中国联通是否从事了滥用行为,以及这些滥用行为是否具有正当理由的问题上,从而表明在中国反垄断法的执法中,认定管制行业经营者是否具有市场支配地位这一主体条件相对容易一些,举证负担也相对轻松。

第三,管制行业国有企业常以政府产业规制和国有股权管理作为其行为正当性的抗辩理由。我国管制行业国有企业的经营

自主权与一般市场主体的经营自主权相比，会受到政府产业规制和国有股权管理的双重限制，因此，管制行业国有企业常常会以政府产业规制或国有股权管理作为其行为正当性的抗辩理由。例如，为了维护社会公共利益，根据我国《价格法》的规定，由于管制行业的重要性，管制行业经营者的自主定价权会受到限制，与一般市场主体相比，会更多地出现政府定价和政府指导价的情形，从而使其能从事的价格垄断行为的种类相对来说是有限的。当政府产业规制和国有股权管理的双重属性，使管理要素与竞争要素交织在一起时，我国管制行业反垄断执法需要应对和考量管制行业国有企业无权自主决策的情形。

第四，我国管制行业反垄断执法与经营者承诺制度具有天然的契合性。经营者承诺制度的目的不是宽大或者宽恕，而是通过中止或终止反垄断调查来实现对市场竞争的维护和社会整体利益的维护。反垄断执法案件是否适宜采用承诺制度，影响因素有多种，如所涉垄断行为的危害性、复杂性、典型性以及承诺制度的适用效率、适用的可行性等，我国经营者承诺制度的适用范围、适用条件均契合于管制行业的反垄断执法，且管制行业反垄断执法适用经营者承诺制度，可以避免反垄断规制与产业规制之间的冲突并推动管制行业的改革。

四、管制行业反垄断执法关注具体管制行业反垄断执法指南的研究与制定

我国管制行业反垄断执法必须与管制行业改革、管制行业监管实现互动与协调，我国管制行业反垄断执法必须与产业法律制度、价格法律制度实现互动与协调，虽然反垄断执法机构在规制不同的管制行业中所体现出的价值理念、指导原则相同，但是不同的管制行业面临的反垄断执法问题和挑战各具特点，因此，有

必要关注和研究不同的管制行业的反垄断执法指南的制定工作。管制行业不同,市场结构、竞争状况以及企业对市场竞争的影响力并不完全一样,我国石油天然气、电信、电力等行业的市场结构和竞争压力就存在比较大的差异。

第一,全球电信市场已实现了从受规制下的垄断到规制下竞争的转变,电信市场的结构和竞争状况发生了深刻的变化。放松电信行业规制,引入竞争,构建有效的电信市场竞争结构,提高电信竞争效率,是我国电信行业改革的目标,也是我国电信行业反垄断执法的目的。目前,我国已经开始对反垄断法在电信行业的实施进行深入研究,且电信行业反垄断的案件也已经不断涌现。在理论研究和案例积累相对丰富的时候,建议国务院反垄断委员会可以参照正在向社会公开征求意见的《关于汽车业的反垄断指南》制定关于电信业的反垄断指南,对电信行业反垄断执法的分析框架、容易涉嫌垄断的经营行为等进行有针对性的规定。

第二,石油天然气行业的垄断问题是与生俱来的,我国石油天然气产业既不是纯粹的自然垄断性产业,也不是纯粹的竞争性产业,在产业的未来发展以及政府对产业进行规制的时候,会采取非自然垄断性领域与自然垄断性领域相分离的政策。对于石油天然气产业上游与下游这些非自然垄断领域,我国应当放宽进入壁垒,允许更多的企业进入,以充分发挥市场竞争机制的作用。与此同时,政府仍需控制进入非自然垄断领域的企业绝对数量,并要求这些企业达到最小经济规模的要求,以避免低水平的过度竞争,进而实现有效竞争。对于自然垄断性领域,如石油天然气管道输送业务,政府应进行更多的规制来防止企业滥用自然垄断形成的市场力量。我国不仅应当加强对石油天然气产业的事后监管,而且反垄断执法机构也需要加强对石油天然气行业的垄断协议行为、滥用市场支配地位行为、经营者集中行为和行政垄断行为的执法力度。随着石油天然气行业反垄断案件的不断涌现，在条件成熟时，国务院反垄断委员会也可以启动关于石油天然气行业反垄断指南的研究和制定工作。

第三，我国电力行业以输配电网络为基础的产业经济属性，决定了电力行业并存着竞争与垄断；社会公用事业的政治属性，决定了电力行业必须同时注重效率与公平；电力运行高度协调统一的技术属性，决定了电力行业中安全风险与竞争风险并存。因此，我国电力体制改革是一项系统性工程，需要有序、有效、稳妥推进。电力行业不是整个行业都具有自然垄断性，不同的产业环节反垄断执法遇到的问题是不同的。在我国电力行业不断推进市场化改革的过程中，竞争性的发电、售电环节会引发是否存在垄断协议行为、滥用市场支配地位行为的反垄断执法关注；自然垄断性的输电配电环节会引发是否存在滥用市场支配地位行为的反垄断执法关注；动态改革过程中的电力管制行为会引发是否存在滥用行政权力，排除限制竞争的反垄断执法关注。随着电力行业反垄断案件的不断涌现，在条件成熟时，国务院反垄断委员会也可以启动关于电力行业反垄断指南的研究工作。

第四，在国企改革、行业改革、政府职能转变的当下，我国盐业在朝着市场化和放松管制的方向加速推进。我国盐业体制改革在不断释放市场活力的过程中，需要反垄断执法对改革的内容和改革的成果，从维护市场竞争保护消费者权益的视角出发予以保障。需要特别指出的是，我国食盐专营制度并不会使食盐行业得到反垄断法的豁免，中国盐业集团有限公司以及地方盐业公司特殊企业的定位也不会使这些主体得到反垄断法的豁免，我国已经出现的食盐行业反垄断执法案例也已经充分证明了这一点。随着我国食盐专营制度的完善，盐业政企的进一步分开，盐业公司对食盐购销环节垄断力量的不断消解，盐业体制改革的最终目标应该是市场化,并且应由社会性规制取代经济性规制来确保食盐的质量安全,而在这样的盐业体制改革过程中,我国盐业反垄断执法维护市场竞争的使命会越来越艰巨和重要。随着盐业反垄断案件的不断涌现,在条件成熟时,国务院反垄断委员会也可以启动关于盐业反垄断指南的研究工作。

总之,《反垄断法》对于解决我国管制行业存在的问题只能起到一定的作用,打破管制行业的垄断也不是《反垄断法》一部法律能够独自完成的历史任务,但管制行业反垄断执法不仅可以制止管制行业的排除、限制竞争行为,而且可以制衡政府的产业规制行为,可以推动管制行业的改革,推动产业政策的法治化和产业规制行为的法治化,可以推动经济体制改革以及政治体制改革的逐步深入。当我国管制行业改革逐步引入竞争机制并呈现放松管制的趋势时,我国反垄断法发挥作用的空间也会越来越大,反垄断法在市场经济当中的重要性也将更加凸显。

参考文献

一、中文著作

1. 程龙刚:《中国现行盐业管理体制研究》,巴蜀书社 2009 年版。

2. 崔民选主编:《中国能源发展报告(2011)》,社会科学文献出版社 2011 年版。

3. 崔之元:《"看不见的手"范式的悖论》,经济科学出版社 1999 年版。

4. 戴龙:《滥用市场支配地位的规制研究》,中国人民大学出版社 2012 年版。

5. 丁茂中:《反垄断法与经济现象的点面透视研究》,法律出版社 2013 年版。

6. 董理:《自然垄断产业规制改革的国际比较——对电信业的分析》,复旦大学出版社 2013 年版。

7. 高培勇编著:《公共经济学》(第 3 版),中国人民大学出版社 2012 年版。

8. 黄群慧、钟宏武、张蒽等编著:《中国盐业总公司考察》,经济管理出版社 2013 年版。

9. 胡甲庆:《电信行业规制与反垄断规

制法律问题研究》,中国社会科学出版社 2012 年版。

10. 黄振中、赵秋雁、谭柏平:《中国能源法学》,法律出版社 2009 年版。

11. 焦海涛:《反垄断法实施中的承诺制度》,法律出版社 2017 年版。

12. 金河禄、蔡永浩:《中韩两国竞争法比较研究》,中国政法大学出版社 2012 年版。

13. 井志忠:《从垄断到竞争——日美欧电力市场化改革的比较研究》,商务印书馆 2009 年版。

14. 孔祥俊:《反垄断法原理》,中国法制出版社 2001 年版。

15. 李宏舟:《日本规制改革问题研究:理论、内容与绩效》,中国社会科学出版社 2016 年版。

16. 李剑:《反垄断法核心设施理论研究》,上海交通大学出版社 2015 年版。

17. 梁庚尧:《南宋盐榷——食盐产销与政府控制》,东方出版中心 2017 年版。

18. 林卫斌:《网络型产业市场构造与规制——以电力行业为例》,北京大学出版社 2017 年版。

19. 刘继峰:《反垄断法》,中国政法大学出版社 2012 年版。

20. 刘文华主编:《经济法》(第 5 版),中国人民大学出版社 2017 年版。

21. 娄耀雄主编:《电信法》,对外经济贸易大学出版社 2010 年版。

22. 娄耀雄:《电信法学研究》,北京邮电大学出版社 2010 年版。

23. 娄耀雄编著:《电信监管法律问题研究》,北京邮电大学出版社 2015 年版。

24. 孟雁北:《中国〈石油天然气法〉立法的理论研究与制度构建》,法律出版社 2015 年版。

25. 孟雁北等:《管制行业改革法律问题研究——以石油天然气产业为例证》,法律出版社 2016 年版。

26. 孟雁北:《反垄断法》(第 2 版),北京大学出版社 2017 年版。

27. 祁欢:《公共服务业反垄断豁免法律制度研究》,知识产权出版社 2013 年版。

28. 清华大学环境资源与能源法研究中心课题组编著:《中国能源法(草案)专家建议稿与说明》,清华大学出版社 2008 年版。

29. 芮明杰、陶志刚:《中国产业竞争力报告》,上海人民出版社 2004 年版。

30. 沈敏荣:《法律的不确定性——反垄断规则分析》,法律出版社 2001 年版。

31. 史际春:《国有企业法论》,中国法制出版社 1997 年版。

32. 史际春主编:《经济法学评论》(第 17 卷),中国法制出版社 2017 年版。

33. 苏永钦:《走入新世纪的私法自治》,中国政法大学出版社 2002 年版。

34. 孙彦红:《欧盟产业政策研究》,社会科学文献出版社 2012 年版。

35. 唐敏:《电力行业竞争法律机制研究》,法律出版社 2013 年版。

36. 唐昭霞:《中国电力市场结构规制改革研究》,西南财经大学出版社 2011 年版。

37. 王丹:《中国石油产业发展路径:寡占竞争与规制》,中国社会科学出版社 2007 年版。

38. 王伟:《盐业垄断改革的法律困境与对策研究》,西南财经大学出版社 2014 年版。

39. 王晓晔:《竞争法学》,社会科学文献出版社 2007 年版。

40. 王晓晔主编:《中华人民共和国反垄断法详解》,知识产权出版社 2008 年版。

41. 王晓晔:《反垄断法》,法律出版社 2011 年版。

42. 王永强:《电信行业垄断的法律规制》,武汉大学出版社 2017 年版。

43. 王中美:《公共服务业的垄断与反垄断》,上海社会科学院出版社 2012 年版。

44. 武盈盈:《中国自然垄断产业组织模式演进问题研究——以天然气产业为例》,经济管理出版社 2014 年版。

45. 续俊旗等:《中欧电信法比较研究》,法律出版社 2008 年版。

46. 杨嵘编著:《石油产业经济学》,西安交通大学出版社 2010 年版。

47. 叶明:《行业协会限制竞争行为的反垄断法规制》,法律出版社 2010 年版。

48. 叶卫平:《反垄断法价值问题研究》,北京大学出版社 2012 年版。

49. 殷继国:《反垄断执法和解制度:国家干预契约化之滥觞》,中国法制出版社 2013 年版。

50. 游钰:《公用事业反垄断利益关系研究》,法律出版社 2017 年版。

51. 余东华:《横向并购反垄断控制中的效率抗辩研究》,北京大学出版社 2014 年版。

52. 余晖、秦虹主编:《公私合作制的中国试验》,世纪出版集团、上海人民出版社 2005 年版。

53. 于良春:《自然垄断与政府规制》,经济科学出版社 2003 年版。

54. 于文轩:《石油天然气法研究——以应对气候变化为背景》,中国政法大学出版社 2014 年版。

55. 张江莉:《反垄断制度与政府管制》,北京师范大学出版社 2011 年版。

56. 张守文:《经济法总论》,中国人民大学出版社 2009 年版。

57. 张昕竹、马源、冯永晟:《中国垄断行业规制与竞争实证研究》,中国社会科学出版社 2011 年版。

58. 张昕竹、马源、冯永晟:《中国电信行业规制(上卷):电信竞争时代》,中国社会科学出版社 2012 年版。

59. 赵会茹、李春杰、李泓泽编著:《电力产业管制与竞争的经济学分析》,中国电力出版社 2007 年版。

60. 郑鹏程:《行政垄断的法律控制研究》,北京大学出版社 2002 年版。

61. 种明钊主编:《竞争法》,法律出版社 2005 年版。

62.《中国盐业发展报告》编写组:《中国盐业发展报告 2015》,经济管理出版社 2016 年版。

63. 周汉华:《政府监管与行政法》,北京大学出版社 2007 年版。

64. 周其仁:《竞争与繁荣——中国电信业进化的经济评论》,中信出版社 2013 年版。

65. 周佑勇:《行政裁量治理研究——一种功能主义的立场》,法律出版社 2008 年版。

二、外文著作或译著

1. [美]查尔斯·沃尔夫:《市场或政府:权衡两种不完善的选择/兰德公司的一项研究》,谢旭译,中国发展出版社1994年版。

2. [美]丹尼斯·W.卡尔顿、杰弗里·M.佩洛夫:《现代产业组织》(第4版),胡汉辉、顾成彦、沈华译,中国人民大学出版社2009年版。

3. [美]弗兰克·道宾:《打造产业政策——铁路时代的美国、英国和法国》,张网成、张海东译,上海人民出版社2008年版。

4. [美]丹尼·罗德里克:《相同的经济学,不同的政策处方——全球化、制度建设和经济增长》,张军扩、侯永志等译,中信出版社2009年版。

5. [美]赫伯特·霍温坎普:《联邦反托拉斯政策——竞争法律及其实践》,许光耀、江山、王晨译,法律出版社2009年版。

6. [美]保罗·萨缪尔森、威廉·诺德豪斯:《宏观经济学》(第16版),萧琛等译,华夏出版社1999年版。

7. [美]小贾尔斯·伯吉斯:《管制和反垄断经济学》,冯金华译,上海财经大学出版社2003年版。

8. [美]约瑟夫·P.托梅因、理查德·D.卡达希:《美国能源法》,万少廷译,法律出版社2008年版。

9. [美]曼斯费尔德:《微观经济学》,黄险峰译,中国人民大学出版社1999年版。

10. [英]安东尼·奥格斯:《规制——法律形式与经济学理论》,骆梅英译,中国人民大学出版社2008年版。

11. [英]费里德利希·冯·哈耶克:《法律、立法与自由》(第2卷、第3卷),邓正来等译,中国大百科全书出版社2000年版。

12. [英]迈克·费恩塔克:《规制中的公共利益》,戴昕译,中国人民大学出版社 2014 年版。

13. [德]哈特穆特·毛雷尔:《行政法学总论》,高家伟译,法律出版社 2000 年版。

14. [英]约翰·亚当斯、王德章等主编:《公共经济学——理论、论据和案例研究》,科学出版社 2010 年版。

15. [美]富兰克林·德·罗斯福:《罗斯福选集》,关在汉编译,商务印书馆 1982 年版。

三、论文

1. 宾雪花、何强:《美国产业政策立法及对中国的三启示》,载《法学杂志》2013 年第 8 期。

2. 曹丽媛、贺运政:《中国电力监管体制改革的过去、现在与未来》,载《华北电力大学学报》(社会科学版)2017 年第 2 期。

3. 陈明艺、赵聪聪:《基于中国成品油定价机制的石油双寡头行为分析》,载《经济与管理》2012 年第 10 期。

4. 陈宝国、林仕铭:《论反垄断法适用除外制度——探究我国保留烟草专卖制度的法律依据》,载《湖北经济学院学报》(人文社会科学版)2006 年第 9 期。

5. 陈秀山:《我国竞争制度与竞争政策目标模式的选择》,载《中国社会科学》1995 年第 3 期。

6. 陈甬军、胡德宝:《中国电信产业垄断分析——基于剩余需求法的实证研究》,载《广西社会科学》2008 年第 8 期。

7. 崔惠民、周德发:《西方国家自然垄断行业政府规制实践变迁与理论演化》,载《经济研究导刊》2011 年第 3 期。

8. 戴枤:《盐业垄断的司法破除与局限——从指导性案例 5 号鲁潍案的影响与后续发展谈起》,载《政治与法律》2017 年第 4 期。

9. 戴龙:《日本反垄断法实施中的竞争政策和产业政策》,载《环球法律评论》2009 年第 3 期。

10. 丁国峰:《电信业滥用市场支配地位的法律规制——以电信联通涉嫌垄断为例》,载《江淮论坛》2012 年第 3 期。

11. 董成惠:《经营者集中反垄断审查的豁免标准与实施机制——兼评南车北车并购案》,载《天津法学》2017 年第 3 期。

12. 樊玉然、吕福玉:《效率视角的盐业规制改革:从激励性规制到市场化》,载《宏观经济研究》2012 年第 8 期。

13. 冯晓琦、万军:《从产业政策到竞争政策:东亚地区政府干预方式的转型及对中国的启示》,载《南开经济研究》2005 年第 5 期。

14. 符颖、王先林:《反垄断法对食盐专营的豁免与适用》,载《湘潭大学学报》(哲学社会科学版)2012 年第 6 期。

15. 高梁:《垄断行业和国有企业改革》,载《政治经济学评论》2010 年第 3 期。

16. 高鹏、王海英、朱金华、王立献:《2011 ~ 2013 年中国油气管道进展》,载《国际石油经济》2014 年第 6 期。

17. 龚微、洪永红:《一般竞争管制与行业竞争管制在电信管制中的冲突与协调——加拿大电信管制的经验及对我国的启示》,载《法学论坛》2005 年第 1 期。

18. 管乃生:《国有管制行业改革的新思考》,载《经济体制改革》2016 年第 1 期。

19. 郭丽、河金英、靳智强:《也论我国自然垄断行业的垄断特征与法律规制——与郑鹏程先生商榷》,载《广西政法管理干部学院学报》2004 年第 1 期。

20. 郭宗杰、余亚君:《反垄断承诺信息公开制度研究》,载《市场经济与价格》2014 年第 12 期。

21. 郝银钟、席作立:《宪政视角下的比例原则》,载《法商研究》2004 年第 6 期。

22. 侯利阳:《产业政策何以向竞争政策转变:欧盟的经验与上海的现实》,载《上海交通大学学报》(哲学社会科学版)2016 年第 1 期。

23. 侯卓:《论中国石油行业的三维法律规制》,载《石油化工管理干部学院学报》2014 年第 1 期。

24. 胡峰:《自然垄断行业政府规制理论述评》,载《思想战线》2012 年第 3 期。

25. 黄进喜:《反垄断法适用除外制度的法理分析与制度完善》,载《东南学术》2011 年第 1 期。

26. 黄义:《反垄断承诺制度中利害关系人权益保障问题研究》,载《价格理论与实践》2014 年第 2 期。

27. 黄勇、赵栋:《经营者承诺制度研究》,载《价格理论与实践》2012 年第 2 期。

28. 季晓南:《全面认识社会主义市场经济下的垄断与竞争》,载《经济日报》2012 年 4 月 6 日。

29. 焦海涛:《反垄断法承诺制度的适用范围研究》,载《法商研究》2013 年第 2 期。

30. 焦海涛:《社会政策目标的反垄断法豁免标准》,载《法学评论》2017 年第 4 期。

31. 江飞涛、李晓萍:《直接干预市场与限制竞争:中国产业政策的取向与根本缺陷》,载《中国工业经济》2010 年第 9 期。

32. 江山、黄勇:《论中国石油行业的反垄断法适用》,载《现代法学》2011 年第 4 期。

33. 孔玲、田军:《浅析非竞争因素在经营者集中反垄断审查中的法律地位》,载《法律适用》2013 年第 4 期。

34. 李虹:《中国电力工业监管体制改革研究》,载《管理现代化》2004 年第 6 期。

35. 李美娟:《刍议发电侧电力市场的默契合谋与规制》,载《现代财经》2010 年第 7 期。

36. 李剑:《反垄断法实施与产业政策的协调——产业政策与反垄断法的冲突与选择》,载《东方法学》2011 年第 1 期。

37. 李剑:《论反垄断法中的环境豁免问题》,载《环境保护》2013 年第 11 期。

38. 李俊峰:《产业规制视角下的中国反垄断执法架构》,载《法商研究》2010 年第 2 期。

39. 李彤:《浅析成品油定价机制的问题和对策》,载《市场经济与价格》2011 年第 4 期。

40. 李炜:《论〈反垄断法〉经营者集中条款对特殊行业的适用除外》,载《中国农业银行武汉培训学院学报》2008 年第 6 期。

41. 李占五:《"十二五"时期我国能源管理体制改革任务及着力点》,载《中国能源》2011 年第 6 期。

42. 刘大洪、谢琴:《自然垄断行业改革研究——从自然垄断行业是否为合理垄断的角度出发》,载《法学论坛》2004 年第 4 期。

43. 刘桂清:《产业政策失效法律治理的优先路径——"产业政策内容法律化"路径的反思》,载《法商研究》2015 年第 2 期。

44. 刘桂清:《反竞争经营者集中的公共利益辩护:路径选择与制度建构》,载《政法论坛》2016 年第 5 期。

45. 刘贵祥:《滥用市场支配地位理论的司法考量》,载《中国法学》2016 年第 5 期。

46. 刘慷、王彩霞:《从产业政策到竞争政策——由日本学者对产业政策的质疑说起》,载《黑龙江对外经贸》2008 年第 11 期。

47. 刘孔中:《公务部门行为适用公平交易法之范围》,载《政大法学评论》总第 55 期。

48. 刘权:《目的正当性与比例原则的重构》,载《中国法学》2014 年第 4 期。

49. 刘社建:《中国产业政策的演进、问题及对策》,载《学术月刊》2014 年第 2 期。

50. 陆剑:《发展中国家产业政策和竞争政策的选择与协调》,载《宏观经济研究》2015 年第 4 期。

51. 卢正刚、罗微:《中国食盐专营制度的历史变迁和改革刍议》,载《中共福建省委党校学报》2014 年第 4 期。

52. 吕建中:《关于油价问题的几点认识——兼谈如何破解国内成品油价格改革难题》,载《价格理论与实践》2008 年第 6 期。

53. 马昊楠:《废止食盐专营制度引关注——我国 2700 年食盐专营史回顾》,载《首都食品与医药》2015 年第 1 期。

54. 马瑞:《浅析电力行业垄断力滥用——以〈中华人民共和国反垄断法〉为视角》,载《中国证券期货》2012 年第 1 期。

55. 孟霈泽:《"石油垄断有功"的再思考——兼论石油行业推向市场的制度保障》,载《济宁学院学报》2016 年第 3 期。

56. 孟庆春、杨立春:《动态博弈在国有垄断行业市场准入中的应用》,载《现代管理科学》2009 年第 12 期。

57. 孟雁北:《反垄断法视野中的行业协会》,载《云南大学学报法学版》2004 年第 3 期。

58. 孟雁北:《拒绝交易权的限制问题研究》,载《广东商学院学报》2005 年第 1 期。

59. 孟雁北:《论特殊行业经营者集中行为的反垄断执法原则》,载《上海交通大学学报》(哲学社会科学版)2010 年第 6 期。

60. 孟雁北:《互联网行业相关市场界定的挑战——以奇虎诉

腾讯反垄断案判决为例证》,载《电子知识产权》2013 年第 4 期。

61. 秦大伟、赵彦辉:《规制理论在自然垄断行业的应用》,载《合作经济与科技》2010 年第 1 期。

62. 邵颖:《对行政契约特权的控制及救济》,载《中州大学学报》2014 年第 3 期。

63. 单东:《我国石油行业行政垄断的成因、危害及解决之对策》,载《经济社会体制比较》2010 年第 5 期。

64. 沈岿:《指导案例助推垄断改革——以指导案例 5 号为分析对象》,载《行政法学研究》2014 年第 2 期。

65. 史际春、肖竹:《公用事业民营化及其相关法律问题研究》,载《北京大学学报》(哲学社会科学版)2004 年第 4 期。

66. 史际春、徐瑞阳:《产业政策视野下的垄断与竞争问题——以银行卡清算产业的法律规制为例》,载《政治与法律》2016 年第 4 期。

67. 史际春、赵忠龙:《竞争政策——经验与文本的交织进化》,载《法学研究》2010 年第 5 期。

68. 史际春、赵忠龙:《行政垄断及其规制的再审视》,载《社会科学》2011 年第 9 期。

69. 史际春:《资源性公用事业反垄断法律问题研究》,载《政治与法律》2015 年第 8 期。

70. 时建中:《我国〈反垄断法〉的特色制度、亮点制度及重大不足》,载《法学家》2008 年第 1 期。

71. 时建中:《论竞争政策在经济政策体系中的地位——兼论反垄断法在管制型产业的适用》,载《价格理论与实践》2014 年第 7 期。

72. 时建中:《强化公平竞争审查制度的若干问题》,载《行政管理改革》2017 年第 1 期。

73. 史先诚:《兼并政策与产业政策——论竞争政策的优先适用》,载《南京政治学院学报》2004 年第 2 期。

74. 苏林波:《"政府失灵"与转型期政府职能重构》,载《理论导刊》2006 年第 8 期。

75. 孙晋:《论经营者集中审查制度在国有企业并购中的适用》,载《华东政法大学学报》2015 年第 4 期。

76. 王炳:《反垄断中止调查与终止调查制度:契约化还是行政化》,载《中国行政管理》2015 年第 9 期。

77. 王翀:《论反垄断法的价值目标冲突及协调》,载《政法论丛》2015 年第 3 期。

78. 王健、朱宏文:《"三网融合"与法律变革——兼论我国反垄断法如何应对"三网融合"的挑战》,载《法商研究》2008 年第 4 期。

79. 王健:《我国成品油市场中的反垄断问题》,载《法学》2012 年第 2 期。

80. 王健:《政府管制的竞争评估》,载《华东政法大学学报》2015 年第 4 期。

81. 王俊豪、周小梅:《大部制背景下垄断性产业的管制机构改革——以中国电力管制机构改革为例》,载《中国工业经济》2008 年第 7 期。

82. 王敏娜:《从澳大利亚电力监管体系看我国电力监管体制改革方向》,载《华北电力大学学报》(社会科学版)2015 年第 6 期。

83. 王先林:《从微软垄断案看市场支配地位及其滥用》,载史际春主编:《经济法学评论》(第 1 卷),中国法制出版社 2000 年版。

84. 王先林:《试论竞争政策与贸易政策的关系》,载《河北法学》2006 年第 1 期。

85. 王先林:《论我国反垄断法的平等适用》,载《法治研究》2007 年第 5 期。

86. 王先林:《超高定价反垄断规制的难点与经营者承诺制度的适用》,载《价格理论与实践》2014 年第 1 期。

87. 王先林:《垄断行业监管与反垄断执法之协调》,载《法学》2014 年第 2 期。

88. 汪向东:《三网融合中的规制政策:国际发展趋势与评论》,载《中国信息界》2006 年第 14 期。

89. 王伟:《新电改下中国电力监管体制改革路径》,载《中共中央党校学报》2016 年第 5 期。

90. 王文、孙早、牛泽东:《产业政策、市场竞争与资源错配》,载《经济学家》2014 年第 9 期。

91. 王孝莹:《建国以来中国石油行业制度变迁的理论与实证分析》,载《东岳论丛》2009 年第 11 期。

92. 王中义、罗松:《从〈能源法〉草案看中国的能源市场体系框架》,载《重庆科技学院学报》(社会科学版)2009 年第 2 期。

93. 吴汉洪、权金亮:《日本、韩国的竞争评估制度及对中国的启示》,载《中国物价》2016 年第 4 期。

94. 肖叶飞:《传媒产业融合与政府规制改革》,载《国际新闻界》2011 年第 12 期。

95. 徐丽枝:《论滥用市场支配地位行为中的正当理由》,载《山东财政学院学报》2013 年第 2 期。

96. 许石慧:《反垄断与产业监管的制度范式及选择——以比较经济法为路径的思考》,载《政法论丛》2005 年第 3 期。

97. 严雷、刘晴:《国有垄断行业改革中的利益集团——20 世纪 80 年代以来盐业管制的演进》,载《华东经济管理》2013 年第

1 期。

98. 杨登杰:《执中行权的宪法比例原则——兼与美国多元审查基准比较》,载《中外法学》2015 年第 2 期。

99. 杨军、栗侠:《〈反垄断法〉对电网企业的影响探析》,载《陕西电力》2009 年第 2 期。

100. 杨双钊:《规制视角下我国盐业发展的五大瓶颈》,载《辽宁经济》2011 年第 10 期。

101. 杨文明:《滥用市场支配地位规制中的正当理由规则研究》,载《河南财经政法大学学报》2015 年第 5 期。

102. 叶高芬:《澳大利亚行政性垄断规制经验及其启示——基于"国家竞争政策"的解读》,载《中国社会科学院研究生院学报》2015 年第 3 期。

103. 叶卫平:《产业政策法治化再思考》,载《法商研究》2013 年第 3 期。

104. 叶卫平:《产业结构调整的反垄断法思考》,载《法商研究》2010 年第 6 期。

105. 叶卫平:《产业政策法治的现状与展望——深圳大学"产业政策法治理论研讨会"综述》,载《法学》2013 年第 5 期。

106. 张江莉:《反垄断法对垄断性监管的规范——从"电子监管网"到"绿坝软件"》,载《中国法学》2010 年第 4 期。

107. 张杰:《基于产业政策视角的中国产能过剩形成与化解研究》,载《经济问题探索》2015 年第 2 期。

108. 张敏、杨宇昕:《比例原则视角下商业道德的认定——以互联网新型不正当竞争案件为对象》,载《上海商学院学报》2016 年第 6 期。

109. 张伟、于良春:《中国竞争政策体系的目标与设计分析》,载《财经问题研究》2010 年第 6 期。

110. 张耀伟:《双重垄断下中国垄断行业改革:逻辑次序与路径选择》,载《经济理论与经济管理》2008 年第 8 期。

111. 张宇燕:《国家放松管制的博弈——以中国联合通信有限公司的创建为例》,载《经济研究》1995 年第 6 期。

112. 张蕴萍:《规制能力提升是深化中国垄断行业政府规制体制改革的有效途径》,载《理论学刊》2015 年第 8 期。

113. 张占江:《电力行业的反垄断法规制研究》,载《华北电力大学学报》(社会科学版)2006 年第 4 期。

114. 张占江:《反垄断法与行业监管制度关系的建构——以自然垄断行业内限制竞争问题的规制为中心》,载《当代法学》2010 年第 1 期。

115. 张占江:《竞争倡导研究》,载《法学研究》2010 年第 5 期。

116. 曾绍伦、王伟:《我国盐业管理体制之负面效应探析》,载《四川理工学院学报》(社会科学版)2010 年第 3 期。

117. 翟业虎:《侵犯"黄页"专营权案法律评析》,载《法学》2002 年第 10 期。

118. 郑鹏程:《论我国自然垄断行业的垄断特征与法律规制》,载《法学评论》2001 年第 6 期。

119. 钟刚:《反垄断法实施中的产业政策定位与协调——以〈汽车品牌销售管理实施办法〉为分析起点》,载《江西社会科学》2015 年第 7 期。

120. 朱潇潇:《美国反托拉斯法域外适用的外国主权强制抗辩》,载《中国外资》2012 年第 8 期。

121. Aghion P., Dewatripont M., Du L., Harrison A., Legros P., "Industrial Policy and Competition", *NBER Working Paper*, 2012.

122. George J. Stigler, Claire Friedland, "What can Regulators Regulate? The Case of Electricity", *Journal of Law and Economics*, Vol. 5, 1962.

123. Zheng Wentong, "Transplanting Antitrust in China: Economic Transition, Market Structure, and State Control" (January 10, 2011), *University of Pennsylvania Journal of International Law*, Vol. 32, No. 2, 2010.

后　记

2017年北京的秋天，爽朗的风，越来越多的银杏树叶，一如既往地美丽，我主持的"垄断行业反垄断执法问题研究"的社科基金项目终于结项。这本专著是在项目研究报告的基础上完成的，但因为项目结项的时间比较长，也因为中间穿插了许多必须要完成的事情，书稿的出版就被拖延了下来，也因此让我有机会对很多议题进行了再思考。

感谢王晓晔教授、盛杰民教授、时建中教授、黄勇教授、王先林教授……对我的帮助与鼓励。竞争法学术共同体的学术圈非常活跃，这里有热心提携后辈的长者，有才华横溢的青年才俊，还有独立自由的学术氛围以及团结友爱的传统，对于从事竞争法的学者来说，是很难得的科研环境，我很喜欢。感谢这个圈子里我所有的兄弟姐妹们！

感谢史际春教授对现实敏锐的洞察力和深厚的理论功底对我的影响和帮助。我一直记得,在我写作《我国〈反垄断法〉之于垄断行业适用范围问题研究》这篇论文时,史老师对我的指点以及关于罗马法的阐释。

感谢于立教授对我的学术引导,尤其是于老师关于竞争、垄断、自然垄断是市场的概念,而不是行业、产业概念的讲座,是我将本书最终定名为"管制行业反垄断执法问题研究"的重要原因。

感谢吴汉洪教授、韩立余教授在我对管制行业反垄断执法问题进行思考时,从经济学与法学视角给我的思想启迪以及学术支持!

感谢李艳芳教授、李淑英老师、姚海放教授对我的支持与鼓励,他们温暖且坚定地期望我静下来进行学术论文写作的督促,是我从事学术研究的动力源泉之一。

感谢人大法学院尤其是经济法教研室我的师长和同事们,感谢他们对我一如既往的信任、宽容、鼓励与支持!

感谢我可爱的学生们! 铁打的营盘,流水的你们,我会一直记得你们每一个人的模样,也一直记得在项目结项过程中,欣玥一次次去复印结项材料和研究报告,一次次跑科研处、财务处的身影。

感谢法律出版社法治与经济分社沈小英社长与刘晓萌编辑、黄筝编辑! 因为小英建设性的提议,有了"竞争和产业规制文丛";因为晓萌编辑、黄筝编辑的认真与努力,有了本书的顺利出版!

感谢我热爱的北京那些大大小小的咖啡馆……尤其要谢谢我家附近的漫咖啡。无数个假日,我和女儿坐在那里一人写论文,一人写作业或两个人悄悄聊天。谢谢我们家的罗先生,他因为我们母女对咖啡馆的喜爱送给我们非常高大上的咖啡机,虽然我们更喜爱的是咖啡馆里大大的木桌子,以及那里的灯光、音乐、空气中咖啡的味道。在这些快乐的日子里,我慢慢完成了这本书,我最心爱的女儿罗孟昕同学也度过了她的比我想象中要丰富有趣和轻松惬意得多的高中时光,开始了因为每个学期都有高数而苦乐参半的大学岁月。

感谢这所有的一切,我知道,这些就是我可以在略显寂寞、略带清苦、有时迷茫的学术研究道路上能够一直愉悦前行的缘由!

孟雁北

2020 年 6 月 28 日于北京龙腾苑

图书在版编目(CIP)数据

管制行业反垄断执法问题研究 / 孟雁北著. -- 北京 : 法律出版社, 2020
ISBN 978 -7 -5118 -9982 -8

Ⅰ. ①管… Ⅱ. ①孟… Ⅲ. ①反垄断法－行政执法－研究－中国 Ⅳ. ①D922.294.4

中国版本图书馆 CIP 数据核字(2020)第 073918 号

管制行业反垄断执法问题研究
GUANZHI HANGYE FANLONGDUAN ZHIFA WENTI YANJIU

孟雁北 著

策划编辑 沈小英
责任编辑 刘晓萌 黄 筝
装帧设计 汪奇峰

出版 法律出版社
总发行 中国法律图书有限公司
经销 新华书店
印刷 固安华明印业有限公司
责任校对 王晓萍
责任印制 吕亚莉

编辑统筹 法治与经济出版分社
开本 A5
印张 10.125
字数 236 千
版本 2020 年 8 月第 1 版
印次 2020 年 8 月第 1 次印刷

法律出版社/北京市丰台区莲花池西里 7 号(100073)
网址/www.lawpress.com.cn
投稿邮箱/info@lawpress.com.cn
举报维权邮箱/jbwq@lawpress.com.cn
销售热线/400 -660 -8393
咨询电话/010 -63939796

中国法律图书有限公司/北京市丰台区莲花池西里 7 号(100073)
全国各地中法图分、子公司销售电话:
统一销售客服/400 -660 -8393/6393
第一法律书店/010 -83938432/8433 西安分公司/029 -85330678 重庆分公司/023 -67453036
上海分公司/021 -62071639/1636 深圳分公司/0755 -83072995

书号:ISBN 978 -7 -5118 -9982 -8 **定价:**58.00 元